# REFLEXION UND GEFÜHL

## DIE THEOLOGIE FICHTES
## IN SEINER VORKANTISCHEN ZEIT

VON

REINER PREUL

VERLAG WALTER DE GRUYTER & CO.
BERLIN 1969

# THEOLOGISCHE BIBLIOTHEK TÖPELMANN

HERAUSGEGEBEN VON

K. ALAND, K. G. KUHN, C. H. RATSCHOW UND E. SCHLINK

18. BAND

Gedruckt mit Unterstützung der Theologischen Fakultät
der Universität Göttingen

R. PREUL

# REFLEXION UND GEFÜHL

## VORWORT

Die vorliegende Untersuchung wurde im Wintersemester 1968/69 von der Theologischen Fakultät der Georg-August-Universität Göttingen als Dissertation angenommen.

Herr Professor D. Dr. Dr. h. c. Wolfgang Trillhaas hat das Entstehen der Arbeit durch wissenschaftlichen und persönlichen Rat großzügig gefördert. Ihm gilt mein besonderer Dank. Ebenso möchte ich Herrn Professor D. Emanuel Hirsch, von dem ich mannigfache Hinweise zum Verständnis der idealistischen Philosophie, vor allem der Lehre Fichtes erhielt, an dieser Stelle herzlich danken. Einen sachkundigen Berater fand ich auch in Herrn Privatdozent Dr. Hans-Walter Schütte. Mein Dank gilt ferner dem Verlag Walter de Gruyter und den Herausgebern der „Theologischen Bibliothek Töpelmann", die der Aufnahme meiner Arbeit in diese Reihe zugestimmt haben.

Zur Durchführung meines Promotionsvorhabens wurde mir von der „Stiftung Volkswagenwerk" ein Stipendium gewährt. Die Theologische Fakultät Göttingen hat in dankenswerter Weise die Deckung des Druckkostenzuschusses übernommen. Bei der Korrektur hat mir Herr Vikar Ludwig Oschatz geholfen.

Reiner Preul

# INHALTSVERZEICHNIS

# ABKÜRZUNGSVERZEICHNIS

G I 1, G I 2, G I 3   J. G. Fichte — Gesamtausgabe der Bayerischen Akademie der Wissenschaften, hrsg. von Reinhard Lauth und Hans Jacob, Reihe I, Werke, Bd. 1—3, Stuttgart-Bad Cannstatt 1964 ff.

G II 1, G II 2   J. G. Fichte — Gesamtausgabe der Bayerischen Akademie der Wissenschaften, hrsg. von Reinhard Lauth und Hans Jacob, Reihe II, Nachgelassene Schriften, Bd. 1 und 2, Stuttgart-Bad Cannstatt 1962, 1967

Hach. 1—13   J.-J. Rousseau, Œuvres complètes, Édition Hachette, Paris 1909 ff.

Kant 1—28   I. Kant, Gesammelte Schriften, hrsg. von der Königlich Preußischen Akademie der Wissenschaften, Berlin 1900 ff.

Lachm. 1—23   G. E. Lessings sämtliche Schriften, hrsg. von Karl Lachmann, 3. Aufl. (besorgt durch Franz Muncker), Stuttgart 1886 ff.; ND Berlin 1968

M I—VI   J. G. Fichte, Ausgewählte Werke in sechs Bänden, hrsg. von Fritz Medicus, Leipzig 1912; ND Darmstadt 1962

RE   Realencyclopädie für protestantische Theologie und Kirche, 3. Aufl., Leipzig 1896 ff.

Schulz I, II   J. G. Fichte, Briefwechsel. Kritische Gesamtausgabe, hrsg. von Hans Schulz, 2 Bde., Leipzig 1925

SL 98   Das System der Sittenlehre nach den Prinzipien der Wissenschaftslehre, Jena 1798

SW 1—8   J. G. Fichte, Sämtliche Werke, Bd. 1—8, hrsg. von Immanuel Hermann Fichte, Berlin 1845—1846

SW 9—11   J. G. Fichte, Nachgelassene Werke, Bd. I—III, hrsg. von Immanuel Hermann Fichte, Bonn 1834—1835

WL   Wissenschaftslehre

Zitate aus Schriften Fichtes ohne Bandangabe beziehen sich auf G II 1.


Verzeichnis der häufiger zitierten Schriften Fichtes mit Ausnahme der Jugendschriften

Das System der Sittenlehre nach den Prinzipien der
Wissenschaftslehre, 1798 ...................... = M II, S. 391—759

Rückerinnerungen, Antworten, Fragen .......... = M III, S. 199—237

Die Grundzüge des gegenwärtigen Zeitalters ...... = M IV, S. 391—648

Die Anweisung zum seligen Leben .............. = M V, S. 103—307

Die Staatslehre ............................ = M VI, S. 417—625

Verzeichnis der häufiger zitierten Schriften Kants

Verzeichnis der häufiger zitierten Schriften Lessings

# EINLEITUNG

Sucht man aus den verhältnismäßig zahlreichen Fichtebiographien und Gesamtdarstellungen der Fichteschen Philosophie ein Bild des jungen Fichte, des Theologiestudenten, Kandidaten und Hauslehrers, zu gewinnen, so erhält man bald den Eindruck, daß wir von der Gedankenwelt des werdenden Philosophen eine ebenso lückenhafte Kenntnis besitzen wie von den äußeren Ereignissen seines damaligen Lebens. Insbesondere über seine Theologie, nach der wir im Hinblick auf sein Studium zuerst fragen, wissen wir kaum etwas Bestimmtes.

Es hat weiter den Anschein, daß wir über diese Dürftigkeit unserer Kenntnis nicht hinauskommen können. Aus Fichtes eigener Feder ist uns nur Spärliches aus jenen Jahren (1780 bis 1790) erhalten. Auch die Angaben Immanuel Hermann Fichtes, des einzigen nennenswerten Gewährsmannes, über den Werdegang seines Vaters vermitteln nur einige Anhaltspunkte und einen allgemeinen Eindruck von der geistigen und charakterlichen Eigenart des jungen Mannes[1].

So sieht sich die Forschung hauptsächlich auf Rückschlüsse aus Fichtes späteren Schriften angewiesen. Aber diese Rekonstruktionen erschöpfen sich naturgemäß in einigen allgemeinen Klassifizierungen; man vermißt Lebendigkeit, Kontur und Zusammenhang. So weiß man z. B., daß Fichte Determinist war; aber schon in der Frage, ob sein Determinismus mehr durch Gedanken Spinozas[2] oder mehr durch Leibniz und Wolff[3] geprägt war, gehen die Meinungen auseinander.

Es kommt ein weiterer Gesichtspunkt hinzu, der bislang dem Versuch einer sorgfältigen zusammenhängenden Darstellung der Theologie des vorkantischen Fichte entgegenstand. Daß wir uns zunächst nur ein ungenaues Bild machen können, scheint gar kein bedeutender Verlust

---

[1] I. H. Fichte: Johann Gottlieb Fichtes Leben und literarischer Briefwechsel, Bd. I, 2. Aufl. 1862, S. 3—39.

[2] So z. B. E. Hirsch: Die idealistische Philosophie und das Christentum, Studien des apologetischen Seminars, 14, 1926, S. 145 Anm. 2.

[3] Vgl. z. B. W. Kabitz: Studien zur Entwicklungsgeschichte der Fichteschen Wissenschaftslehre aus der Kantischen Philosophie, 1902, S. 6; H. Heimsoeth: Fichte, 1923, S. 17 ff.

zu sein. Ist es doch die herrschende Meinung, daß die Fichtesche Philosophie, so selbständig sie sich auch fortentwickelt haben mag, ursprünglich allein aus der Lehre Kants, vor allem aus seiner Moralphilosophie,
erwachsen sei. Alles, was Fichte vorher gedacht haben mag, scheint demgegenüber nicht ins Gewicht zu fallen.

Ein flüchtiger Blick auf Fichtes Briefe und Aufzeichnungen aus jener
Zeit ist geeignet, diese Ansicht zu bestätigen. Man findet in diesen Zeug-
nissen einen unruhigen Geist, der mancherlei Projekte macht, vieles an-
fängt und nichts zu Ende führt, der, einem harten und launenhaften
Schicksal ausgesetzt, von den gegensätzlichsten seelischen Stimmungen
fortgerissen wird. Ein Zeichen dieser zermürbenden äußeren und inneren Unruhe ist die Liste der verschiedenen Berufsziele, die Fichte im
Laufe dieser zehn Jahre in Aussicht genommen hat: Pfarrer[4] (hierzu
fühlte er sich am meisten berufen), Jurist[5], Fürstenerzieher[6], sogar
Staatsmann[7]; an den Beruf des akademischen Lehrers scheint er am we-
nigsten gedacht zu haben. Ferner sehen wir ihn kurzfristig als Literatur-
kritiker[8] tätig, er versucht sich als Schriftsteller[9], als Pädagoge in verschiedenen Hauslehrerstellen[10], nimmt Schauspielunterricht[11], versucht
eine Redeschule zu gründen[12].

Das Interesse, das man dem jungen Fichte entgegenbrachte, war daher
im wesentlichen ein rein biographisches. Man hat höchstens versucht,

---

[4] Schulz I, S. 112 f. Ich führe nur diese eine Stelle an, da sie Einblick gibt in
die Gründe, die Fichte bei der Wahl seines Studiums bestimmt haben.

[5] ebd., S. 9 f.

[6] ebd., S. 61, 86; vgl. S. 45.

[7] ebd., S. 103; vgl. S. 164.

[8] ebd., S. 102. Die dort erwähnte „kritische Schrift", an der Fichte „ehemals
einigen Antheil hatte", ist, wie R. Lauth nachgewiesen hat, die 1788 erschie-
nene „Kritische Uebersicht der neuesten schönen Litteratur der Deutschen".
R. Lauth: Vierzehn Rezensionen J. G. Fichtes aus dem Jahre 1788, Kantstudien, 59, 1968, S. 5—57. Die Rezensionen sind dort neu veröffentlicht.
Ich halte allerdings die Besprechung von Friedrich August Weißhuhns Publi-
kation „Satyrische und scherzhafte Aufsätze. Herausgegeben von einem berühmten Journalisten", 1787, nicht für ein Erzeugnis Fichtes. Meine Gründe
sind in einem Brief dargelegt, den Prof. Lauth freundlicherweise mit ab-
drucken ließ; a.a.O., S. 14, Anm. 21a.

[9] Schulz I, S. 99.

[10] ebd., S. 105.

[11] ebd., S. 97, 123.

[12] ebd., S. 17 f.; vgl. den „Plan anzustellender Redeübungen", G II 1, S. 129 ff.

Parallelen aufzuzeigen zwischen einzelnen Charakterzügen, wie sie sich in solcher Lage ausbilden mußten, und der späteren Lehre des Philosophen[13]. Sachliche Bedeutung wurde fast allein den „Aphorismen über Religion und Deismus" beigemessen, der letzten Schrift Fichtes aus unserem Zeitraum. Darüber hinaus stößt man nur auf gelegentliche Bemerkungen, die auf die Verwandtschaft einzelner Motive mit späteren Gedanken hinweisen.

Die vorliegende Untersuchung widerspricht dem auf den ersten Blick gewonnenen Bild des Zusammenhangslosen und Bedeutungslosen. Sie unternimmt den Versuch, aus den verschiedenartigen erhaltenen Schriftstücken (Fragmenten, Predigten, Briefen, Gelegenheitsproduktionen mannigfacher Art) einen zusammenhängenden Gedankengang, der Fichtes Philosophie später tiefgreifend bestimmen sollte, herauszuschälen und in seiner Entwicklung darzustellen. Sie erforscht die Genesis einer Eigentümlichkeit des Fichteschen Denkens — E. Hirsch hat sie als Fichtes Lehre vom „Überzeugungsgefühl", das im Gewissen vernommen wird, bezeichnet[14] — in der vorkantischen Periode des Philosophen. Obwohl die Arbeit damit ihre Motivation und bestimmte Fragestellung aus Beobachtungen zur späteren Lehre Fichtes gewinnt, meint sie doch zugleich den zentralen Gedanken, das wichtigste Problem des werdenden Philosophen zu erfassen — freilich nur, soweit das überlieferte Material einen solchen Schluß zuläßt. Ob dieser Anspruch gerechtfertigt ist, oder ob die gewonnene Fragestellung eine erhebliche Verengung in der Deutung der Texte mit sich bringt, entscheidet sich u. a. daran, ob und in welchem Maße sich ein Einfluß des nachgezeichneten Gedankens und der mit ihm verknüpften Motive auch in Überlegungen geltend macht, die

---

[13] Diesen Weg haben vor allem M. Wundt (Fichte-Forschungen, 1929) und sein Schüler E. Gelpcke (Fichte und die Gedankenwelt des Sturm und Drang, 1928) beschritten. Neben zutreffenden Beobachtungen hat dieses Verfahren, wo man seine Grenzen verkannte, auch zu ganz eigenwilligen Hypothesen geführt; so etwa, wenn man versucht (s. Gelpcke, a.a.O., S. 56—72, 274 ff.), Fichtes Charakter als Sturm-und-Drang-Typus und die Ichphilosophie als Ausdruck eines vom Sturm und Drang geprägten Lebens- und Selbstverständnisses zu verstehen. — Auch die heutige marxistische Fichteforschung, die vor allem an Fichtes politischen Schriften interessiert ist, findet in der Regel den Schlüssel ihrer Interpretation in der Biographie des jungen Fichte.

[14] Vgl. z. B.: Fichtes Religionsphilosophie im Rahmen der philosophischen Gesamtentwicklung Fichtes, 1914, S. 61.

nicht unmittelbar Fragen der Religion zum Thema haben. Die Untersuchung wirft daher gelegentlich besonders auf ästhetische und pädagogische Probleme, die den jungen Fichte beschäftigt haben, einen kurzen
Blick.

Nach einem sachlichen Zusammenhang zu fragen, berechtigt nicht
allein die Tatsache, daß ein solcher Versuch bislang unterblieben ist.
Auch die den Herausgebern der entstehenden neuen Gesamtausgabe zu
dankende Bereicherung der Textgrundlage ermutigt dazu. Vor allem
das im Nachlaß aufgefundene Fragment über die „Absichten des Todes
Jesu" gestattet einen Einblick in die Theologie des jungen Fichte. Der
Quellenwert der einzelnen Dokumente kann erst im Zusammenhang
ihrer Interpretation erörtert werden. —

Der entscheidende Gesichtspunkt, unter dem die Texte eine Beziehung nicht nur untereinander, sondern auch auf die spätere Lehre Fichtes erhalten, ist im vorhergehenden nur erst angedeutet worden. Daß
die Lehre vom Gewissensgefühl, d. h. die Voraussetzung eines alles konkrete ethische und religiöse Denken begleitenden und leitenden Gefühls
des Guten und Wahren, kurz: eines Evidenzgefühls ein Charakteristi-
kum des Fichteschen Idealismus ist, darf als bekannt vorausgesetzt werden. Vor allem die Arbeiten E. Hirschs haben immer wieder auf die
grundlegende Bedeutung dieses Momentes hingewiesen[15].

Zwei Beobachtungen vor allem legen es nahe, die Wurzeln und Vor-
stufen dieser Anschauung in der geistigen Auseinandersetzung und vor
allem in den theologischen Überlegungen des jungen, vorkantischen
Fichte zu suchen. Um der Interpretation nicht vorzugreifen, muß ich
hier auf Ausführlichkeit verzichten.

a) Das Wahrheits-, Evidenz- oder Überzeugungsgefühl ist für Fichte
eine unmittelbar erfahrbare Tatsache des Bewußtseins. Jeder Leser seiner
populären Schriften, besonders seiner Reden und öffentlichen Vorlesungen, sieht sich immer wieder an seinen eigenen Wahrheitssinn oder sein
Wahrheitsgefühl verwiesen[16]. Fichte setzt voraus, daß die Vorstellung
eines Wahrheitsgefühls seinen Zeitgenossen vertraut ist, nur in der philosophischen Deutung und in dem systematischen Stellenwert, den das

---

[15] Ich verweise hier nur auf das Kapitel über das „Evidenzgefühl" in: Fichtes
Religionsphilosophie im Rahmen der philosophischen Gesamtentwicklung
Fichtes, 1914, S. 126—129.
[16] M I, S. 222; M IV, S. 401, 411, 442, 523, 636; M V, S. 51, 134, 639; vgl. M
IV, S. 464, 492, 498, 500 u. ö.

Phänomen dadurch erhält, liegt das Besondere der Fichteschen Gefühlslehre. In der Tat war die Rede von einem moralischen Gefühl, einem
Sinn oder Geschmack für das Wahre usw. ein überaus beliebtes Motiv
in verschiedenen der Aufklärung angehörenden literarischen, philosophischen und theologischen Richtungen[17]. Insbesondere Rousseau und
Lessing, deren Namen der junge Fichte als erste unter seinen „Lieblingsautoren" nennt[18], ferner Spalding, dem er in der „Appellation an das
Publikum" Verehrung und Dankbarkeit bezeugt[19], kennen einen Gefühlsbegriff, der dem Fichteschen verwandt erscheint. Alles deutet darauf hin, daß die Fichte eigentümliche Lehre ihre Wurzeln in den geistigen Auseinandersetzungen seiner vorkantischen Zeit hat.

b) Ein Blick auf die „Aphorismen über Religion und Deismus", die
mit Recht als eine Zusammenfassung der Erkenntnisse des jungen Fichte
gelten, bestätigt diese Vermutung. Religion und Deismus (oder Spekulation) werden dort im Namen des Dualismus von Gefühl und Reflexion
einander gegenübergestellt. Eigentümlicherweise hat die Fichteforschung
ihre Aufmerksamkeit fast ausschließlich der deterministischen Spekulation zugewandt. Im Blick auf die spätere häufige Gegenüberstellung von
Spinozismus und Philosophie der Freiheit hat sie die Aphorismen allein
als Ausdruck der durch die Rezeption der Kantischen Philosophie überwundenen Verirrung der frühen geistigen Entwicklung Fichtes gewertet.
Damit hat sie das über Religion und Empfindung Gesagte in seiner Bedeutung verkannt; sie hat übersehen, daß auch diese Seite der Aphorismen das Endprodukt einer langen und intensiven gedanklichen Bemühung ist. Es ist ein Ergebnis der Arbeit, daß dieses Übersehen auch zu
einem einseitigen Verständnis der geistigen Befreiung geführt hat, die
die Philosophie Kants für Fichte bedeutete. Wenn Fichte seinen unmittelbaren Eindruck von dieser Philosophie mit der geläufigen Rede-
wendung beschreibt, „daß Kopf und Herz dabei gewönnen"[20], so will er
damit nicht nur sagen, daß sie ihn überzeuge. In dem Worte „Herz"
verbirgt sich die Entwicklungsgeschichte seiner religiösen und sittlichen
Grundgedanken. Diese Geschichte ist nun in ein neues Stadium eingetreten, das durch ein neues, nämlich durchsichtiges und harmonisches
Verhältnis des moralischen und religiösen Gefühls zur freien philosophischen Reflexion gekennzeichnet ist.

[17] Vgl. unten Teil II, Kap. 7.
[18] Brief an Frau von Koppenfels vom 11. 6. 1790, Schulz I, S. 100.
[19] M III, S. 191.
[20] Schulz I, S. 123.

Diese letzte Beobachtung macht deutlich, daß sich die Geschichte des Gefühlsbegriffes im Denken des jungen Fichte nur so beschreiben läßt, daß wir seine jeweilige Beziehung zur freien prüfenden Reflexion herausarbeiten. Die allgemeinste Frage, mit der wir an die Texte herangehen müssen, lautet: Wie ist religiöse Gewißheit möglich? oder — um es mit dem von Fichte bevorzugten Ausdruck, der beide Momente, Denken und Fühlen, in eins begreift, zu sagen: Wie ist innerliche „Überzeugung" von der Wahrheit der Religion möglich? Wir werden sehen, daß wir damit auch die theologische Fragestellung des jungen Fichte getroffen haben.

Mit der Zielsetzung der Arbeit verbinden sich einige methodische Bemerkungen.

a) Da wir eine Geschichte, nämlich die Vorgeschichte der Fichteschen Lehre vom Überzeugungsgefühl darstellen wollen, müssen wir uns selbstverständlich an die Chronologie der Texte halten. Der Schwerpunkt der Untersuchung fällt dabei in den einzelnen Kapiteln jeweils auf wenige Hauptdokumente. Es liegt in der Folgerichtigkeit der geistigen Entwicklung Fichtes begründet, daß der chronologische Aufbau der Arbeit zugleich einen systematischen ermöglicht. Freilich kann der Interpret dabei nicht ganz auf ordnendes Eingreifen verzichten. Die Wurzeln der in Teil IV (Die Krise der Religion) dargestellten Spannung reichen in die Zeit des ersten größeren theologischen Entwurfs (Teil II) zurück. Die hier vollzogene vorläufige Ausklammerung der durch die deterministische Spekulation heraufbeschworenen Problematik hat jedoch daran einen Anhalt, daß Fichte, wie wir sehen werden, sich offenbar selbst bemüht hat, die Fragenkreise so lange wie möglich auseinanderzuhalten und gesondert zu Ende zu denken.

b) Es ist das Interesse der Arbeit, das religiöse Denken des jungen Fichte darzustellen und eine sachliche Kontinuität darin nachzuweisen. Damit treten zwei Fragenkomplexe für uns in den Hintergrund. Einmal der biographische im engeren Sinn. Wir wollen Fichtes Gedanken nicht in erster Hinsicht als Ausdruck eines bestimmten Persönlichkeitstypus verstehen. Es läßt sich zwar schon beim jungen Fichte eine Übereinstimmung zwischen Denken und Leben, Denken und Charakter nachweisen; es ist auch unverkennbar, daß die Texte Ausdruck eines leidenschaftlichen Suchens nach innerer Klarheit und religiösem Lebenssinn sind — vor allem im Kapitel über die Krise der Religion wird uns auch die Person Fichtes lebendig werden —, aber in welchem Maße und

in welchem Sinne die Charaktereigentümlichkeiten sowie die äußeren
Lebensschicksale Fichtes einen Einfluß auf die Entwicklung seiner religiösen und ethischen Grundgedanken ausgeübt haben, ist schon im
Blick auf die immer noch schmale Textgrundlage eine schlechterdings
nicht zu lösende Frage. Persönlichkeit und Werk stehen zwar im Zusammenhang, aber die Persönlichkeit kann uns nicht Schlüssel zum
Werk sein.

c) Mehr Beachtung müssen wir einem anderen, aber ebenfalls unter-
geordneten Fragenkomplex schenken, dem nach den ideengeschichtlichen
Hintergründen. Die ideengeschichtliche Interpretation setzt die Erfassung des Fichteschen Gedankens und seiner Entwicklungsmomente voraus. Sie erfolgt daher jeweils gegen Ende eines darstellenden Teils[21]. Ihr
Sinn ist in erster Linie die Erhellung des geistesgeschichtlichen Ortes der
Gedanken Fichtes und ihre präzisere Erfassung durch ideengeschichtlichen Vergleich mit ähnlichen Motiven und Gedankengängen in verschiedenen Traditionen der Theologie der deutschen Aufklärung und
der zeitgenössischen Literatur. Die Frage, auf welchen Wegen sich
Fichte bestimmte Einsichten seiner Zeit angeeignet habe, die im einzelnen wegen der Fülle der Ableitungsmöglichkeiten sehr schwer zu beantworten ist, tritt hinter dem Interesse an der geistesgeschichtlichen
Ortsbestimmung zurück. Ich versuche jedoch, beide Fragen miteinander
zu verbinden, indem ich im allgemeinen nur Schriften solcher Autoren
zum Vergleich heranziehe, mit denen Fichte nachweislich in geistiger
Auseinandersetzung gestanden hat. Ohne eine solche Regel der Beschränkung müßte die Untersuchung ins uferlose geraten. Besonderes
Gewicht lege ich auf die Frage nach dem Verhältnis zu Lessing, Rousseau
und Spalding. Aber auch der Vergleich mit unbedeutenderen Geistern
wie Christian Bastholm und Carl Ferdinand Hommel begründet sich
aus dieser Regel. — Am Ende der eigentlichen Darstellung[22] wird der
Versuch unternommen, aus der beschriebenen Entwicklung des jungen
Fichte einen neuen Gesichtspunkt für die Beurteilung der Grundlagen
der theologischen Aufklärung zu gewinnen.

d) Lediglich die Vorgeschichte einer eigentümlichen Theorie Fichtes
wollen wir gründlich erforschen. Sie endet, da mit der Kantrezeption
ein ganz neuer Entwicklungsabschnitt beginnt, im Jahre 1790. Für die

---

[21] Nur beim dritten Teil ist sie unterblieben, da er sich als Pendant zum zweiten verstehen läßt.
[22] Teil IV, Kap. 4

spätere Funktion des sittlichen und religiösen Gefühls können daher im
Schlußkapitel nur einige Orientierungspunkte bezeichnet werden. Auch
kann ich mich dort auf bereits geleistete Arbeit berufen.

e) Wir tun mit unserer Interpretation einen Blick in ein w e r d e n -
d e s Denken. Daher kann uns die Beobachtung, daß es sich in mannigfache Widersprüche verwickelt, nicht überraschen. Wir werden sehen,
daß kaum ein Teilgedanke des Entstehenden in sich feststeht, als ausge-
reift erscheint oder von Fichte selbst als völlig gewiß empfunden wird.
Gerade das die einzelnen Theoreme begleitende unübersehbare Moment
der Unsicherheit ist ein deutliches Kennzeichen dafür, daß Fichte mit
den Problemen ringt. Die Unsicherheit äußert sich freilich weniger im
Zweifel an der Richtigkeit des Gemeinten als vielmehr in der Unvollkommenheit der gedanklichen Erfassung und Begründung. Diesem
Sachverhalt gegenüber ist dem Interpreten äußerste Zurückhaltung im
kritischen Urteil auferlegt. Seine Kritik muß sich vorerst im Aufzeigen
der Widersprüche in der Theorie erschöpfen, d. h. sie ist eins mit der
Darstellung. Kritik als Auseinandersetzung mit der Sache selbst ist erst
gerechtfertigt und durchführbar, nachdem die Theorie in sich abgeschlossen oder wenigstens in ein reiferes Stadium eingetreten ist. Das ist
sie aber erst im späteren System des Philosophen. Da indes die erschöp-
fende Darstellung der fertigen Theorie jenseits der Aufgabe dieser
Arbeit liegt, kann auch die Auseinandersetzung mit der Sache nicht
mehr in ihr geleistet werden.

# I. ANFÄNGE EINER THEORIE DER ÜBERZEUGUNG

Die Frage nach Wesen und Möglichkeit der religiösen Überzeugung scheint Fichte schon früh bewegt zu haben. Wir stoßen auf sie gleich in der ersten der aus den Jahren 1780 bis 1970 erhaltenen Schriften, der von Fichte auf den 5. Oktober 1780 datierten Pfortenser Valediktionsrede. Freilich erscheint das Problem hier in einer durch das Thema der Arbeit „De recto praeceptorum poëseos et rhethorices usu" modifizierten Form[1].

Die Rede darf als ein verläßliches Zeugnis von Fichtes damaligem Wissen und Denken angesehen werden[2]. Der Abiturient will in ihr nicht nur an einem selbstgewählten Thema zeigen, was er in Schulpforta gelernt hat, er ist sich zugleich bewußt, das Gelernte mit ganz selbständigen Gedanken zu verbinden. Das gilt in besonderem Maße von dem uns interessierenden Abschnitt, den ich im folgenden als religionspädagogischen Exkurs bezeichne[3]. Fichte betont, er habe die von ihm hier dargelegte Methode des Lernens und Lehrens weder im Gespräch mit Gelehrten noch durch Lektüre der Fachliteratur kennengelernt[4].

---

[1] Ich gebe sämtliche Zitate aus Fichtes Jugendschriften in der ursprünglichen Orthographie. Lediglich unverständliche Abkürzungen ersetze ich durch die volle Schreibweise. Entsprechendes gilt auch für Zitate aus anderen Schriften der damaligen Zeit. — Der Originaltext der Rede ist G II 1, S. 6—29 erstmals veröffentlicht. Ich zitiere im folgenden nur nach Seitenzahlen. Der Leser wird gebeten, die Übersetzung der Rede von M. Runze: Neue Fichte-Funde aus der Heimat und Schweiz, 1919, S. 31—79 nach Möglichkeit nicht zu benutzen, da sie leider zahlreiche den Sinn entstellende Fehler enthält. Eine das Wesentliche heraushebende Zusammenfassung des Gedankenganges der Rede gibt X. Léon: Fichte et son temps, Bd. I, S. 48—51.

[2] S. 6. Vgl. H. Wenke: Schule und Leben. Eine Würdigung des Pförtner Alumnus Johann Gottlieb Fichte, Zeitschrift für Pädagogik, 8, 1962, S. 236; I. H. Fichte: a.a.O., S. 17 Anm.

[3] S. 19, Z. 37—S. 21, Z. 15.

[4] S. 21.

## 1. Zwei Wege des Lernens und Lehrens

Auf das eigentliche Thema der Rede, das damals viel verhandelte Problem des Verhältnisses von Genie und Regeln des Geschmacks, und auf Fichtes Beitrag zur Lösung dieses Problems kann die Arbeit nicht mit der nötigen Ausführlichkeit eingehen. Die Interpretation des religionspädagogischen Exkurses erfordert jedoch vorab einen Blick auf Stellung und Funktion des Abschnitts im Gedankengang der Rede.

Fichte beginnt mit der Frage nach dem Wesen (natura) der Regeln. Die ästhetischen Gesetze, denen jedes sprachliche Kunstwerk unterworfen ist, beruhen auf der Kenntnis des menschlichen Gemüts. Dabei hat der Künstler einmal auf die allen Menschen gemeinsamen Empfindungen zu achten, zum andern aber — und darauf legt Fichte entscheidendes Gewicht — auf ihre Abwandlungen in der jeweiligen Zeit[5]. Die Gemütsart des Zeitgenossen, seine Verhaltensweisen und Reaktionen, die im Charakter seines Volkes und seiner Zeit, in der Religion, in den Sitten und in der Erziehung begründet sind, sind das Kriterium, nach dem sich die Regeln des künstlerischen Schaffens richten müssen. Von hier aus schränkt Fichte dann die Vorbildlichkeit der antiken Meisterwerke, die z. B. Gellert besonders entschieden verteidigt hatte, stark ein[6]. In einem kurzen Zwischenstück wird die Frage nach dem historischen Ursprung (origo) der Kunstregeln, d. h. die Frage nach der Priorität des Werkes oder der Regeln, im Sinne Gellerts gelöst: Die Kunstrichter, besonders Aristoteles, gewannen ihre Regeln aus den schon vorliegenden Kunstwerken; dennoch muß man annehmen, daß die Regeln jenen Dichtern und Rednern bereits beim Erschaffen ihrer Werke unbewußt vorschwebten[7]. Der zweite Hauptteil der Rede handelt dann über die

---

[5] S. 7—11.

[6] S. 11 ff. Vgl. Chr. F. Gellert: Von den Ursachen des Vorzugs der Alten vor den Neuern in den schönen Wissenschaften, besonders in der Poesie und Beredsamkeit. Eine Vorlesung, Sämtliche Schriften, 5. Th., Abhandlungen und Reden, 1769, S. 262 ff. Fichte erwähnt diese Rede S. 16. Gellert ist überhaupt in den Fragen der Ästhetik Fichtes unmittelbarer Gesprächspartner. Die Anregung zu seinem Thema hat er durch die Lektüre von Gellerts Rede „Wie weit sich der Nutzen der Regeln in der Beredsamkeit und Poesie erstrecke" (a.a.O., S. 154 ff.) empfangen. Fichte erwähnt diesen Umstand aber nicht, ohne zugleich zu betonen, daß seine Gesamtauffassung von der Gellerts sehr weit abweiche; S. 28.

[7] S. 17 ff.

rechte Anwendung (usus) der Regeln oder über das Verhältnis zwischen Genie und Geschmack[8]. Die Erörterung dieser Frage, des eigentlichen Themas der Abhandlung, wird eingeleitet durch den religionspädagogischen Exkurs. Diese seine Stellung in der Gesamtdisposition läßt darauf schließen, daß ihm eine wesentliche Bedeutung für die Lösung des Hauptproblems zukommt.

Welchen Zusammenhang aber hat die Frage, wie ein Kind sich eine Vorstellung von Gott macht, mit dem Problem der richtigen Anwendung der ästhetischen Regeln? Was hindert Fichte, die Lösung des Problems sofort in Angriff zu nehmen, da doch schon jetzt zu erraten ist, wie sie ausfallen wird? Nachdem einmal festgestellt und anhand anerkannter Beispiele gezeigt ist, daß jedes Kunstwerk unter Regeln steht, kann es nur noch darum gehen, das Genie vor der Unterdrückung durch die Regeln bzw. durch die Kunstkritik zu bewahren, so daß die letzte Formel lauten muß: Ex his omnibus facile poterit perspici, neque judicium, id est, praecepta, sine ingenio, neque ingenium sine judicio vel praeceptis quicquam valere[9]. So hatte auch Gellert entschieden[10]. Es läßt sich nun freilich nur an Beispielen und an Einzelproblemen zeigen, wie das in der Formel geforderte ausgewogene Verhältnis gewahrt wird[11]. Aber im Unterschied zu Gellert ist für Fichte die Frage nach dem richtigen Gebrauch doch noch nicht dadurch hinreichend beantwortet, daß man denjenigen, der sich zum Künstler oder zum Kritiker bilden will, auf allerlei Vorbilder einerseits und auf Beispiele des Verkehrten andererseits hinweist und im übrigen von ihm Übung, Gelehrsamkeit, Welt- und Menschenkenntnis sowie ein „edles Herz" erwartet[12]. Fichte nimmt all diese Forderungen auch auf, aber er forscht zugleich nach einem ausschlaggebenden Grund des richtigen oder fal-

---

[8] S. 19 ff.

[9] S. 27.

[10] a.a.O., S. 154 f. — Auch Lessing urteilt bekanntlich ähnlich. Vgl. Lachm. 10, S. 190, 215. Daß Fichte Lessings Literaturkritik kennt, beweist u. a. der Umstand, daß er sich S. 12 auf sie in einer Detailfrage beruft. Vgl. Lessings Schriften. Zweyter Theil, 1753, Lachm. 5, S. 74—95 (15. bis 19. Brief).

[11] S. 25 ff. In diesem Abschnitt der Rede sind die Berührungen mit Gellert besonders häufig. Beide beurteilen z. B. „die Neuen" überwiegend negativ.

[12] Chr. F. Gellert, a.a.O., S. 185 f. u. ö. Es könnte durch einen ins einzelne gehenden Vergleich nachgewiesen werden, daß die unmittelbar auf den religionspädagogischen Exkurs folgenden kritischen Bemerkungen auf Gellert zielen.

schen Umgangs mit den Regeln. Er erkennt, und das ist an Gellert gemessen seine weiterführende Entdeckung, daß der Gebrauch der Regeln abhängt von der Art, wie sie erlernt wurden.

Daß hier der sachliche Angelpunkt seiner Überlegungen liegt, wird schon daran deutlich, daß ihm diese Erkenntnis die Disposition der Rede zerbricht. Während er sie einerseits in zwei Hauptteile (natura und usus praeceptorum) gliedert[13], muß er in der abschließenden Zusammenfassung des Gedankengangs doch drei Schritte unterscheiden: Hac igitur oratiuncula, quantum potui, demonstrare volui cum universam praeceptorum artis oratoriae et poëseos n a t u r a m , tum docere, qua ratione potissimum in iis a d d i s c e n d i s versari debeamus, et quomodo sit iis recte  u t e n d u m [14]. Daß aber  dem Vorgang des Erlernens, der Art der jeweiligen Aneignung entscheidende Bedeutung zukommt, gilt nicht nur für die Erkenntnis der ästhetischen Regeln. Fichte entdeckt hier ein allgemeines Gesetz[15], das sich offenbar — deshalb wählt er dieses Beispiel — am deutlichsten an dem Problem, wie der Mensch zu allererst sich einen Begriff von Gott macht, entwickeln läßt. Damit ist die Funktion des religionspädagogischen Exkurses zunächst hinreichend gekennzeichnet.

Fichte setzt mit der grundsätzlichen Unterscheidung zweier Weisen der geistigen Aneignung ein: Omnes res, quas ignotas antea nobis, percipimus et comprehendimus animo, duobus praesertim modis addisci posse mihi videntur. Possunt enim nobis tradi ita, ut extrinsecus, ut ita dicam, in animum nostrum illatae videantur, id est, ut ab alio rem statim omnem, ut est, percipiamus: vel . . . eo modo, ut rem nostra ipsi ratione perspexisse et invenisse videamur, doctore id tantum spectante, ut nos in vias inducat, quibus id invenire possimus[16]. Daß Fichte, obwohl es ihm in erster Linie um das Lernen, das percipere, comprehendere, perspicere, invenire geht, zugleich auch auf die Tätigkeit des Lehrers reflektiert, so daß man zwei Wege des Lernens und zwei entsprechende Wege des Lehrens unterscheiden muß, ist vor allem durch das nun folgende Beispiel aus der kirchlichen Kinderlehre bedingt. Es steht ja nicht in der Wahl des Kindes, ob es den richtigen

---

[13] s. bes. S. 6, Z. 22 f; 17, Z. 5 ff.
[14] S. 27 f. Hervorhebungen von mir.
[15] Vgl. S. 21: . . . cum ad omnes fere scientias, quae traduntur juventuti, adhiberi queat haec methodus.
[16] S. 19 f.

Weg zur Gotteserkenntnis einschlägt, sondern es ist Sache der Kunst des Katecheten.

Das Kind soll begreifen: summum aliquod numen huic mundo inesse, quod nos omnes perfectione, et virtute longe antecellat, et quod haec omnia produxerit[17]. Es geht also um den Inhalt des ersten Artikels, wie ihn die Normaltheologie der damaligen Zeit zusammenfaßte[18].

Fichte ist sich natürlich bewußt, daß eine hinreichende Durchdringung dieses Gegenstandes die Fassungskraft des Kindes übersteigt; es kann nur versucht werden, ihm eine so deutliche Erkenntnis zu vermitteln, als es seine geringe Kraft zuläßt[19]. Aber das Kind soll sich dabei nicht nur einen Begriff von Gott machen und von seinem Dasein überzeugt werden, Fichte will zugleich in ihm die Gefühle der Liebe und Verehrung gegen Gott erwecken und seinen Willen zum Gehorsam bewegen[20]. Es ist nun Fichtes Überzeugung, daß dieses Ziel nur dadurch erreicht werden kann, daß das Kind, durch die ihm verborgene Kunst des Erziehers geleitet, selbsttätig den Gottesbegriff erzeugt und aus eigenem Antrieb sich von der Realität dieser Erkenntnis zu vergewissern sucht: Potero ... animum ejus ita dirigere, ut ipse intelligat, esse aliquem, qui haec omnia produxerit, et ipse, sua sponte, num Deus sit, ex me quaerat[21]. Das Lehrmittel des Erziehers ist dabei die Anschauung und das Beispiel. Das Kind werde, so meint Fichte, während es etwa einem Gärtner beim Anlegen und Versetzen der Beete zuschaut, von selbst den Analogieschluß auf Gott, den Gärtner aller Dinge, vollziehen[22].

---

[17] S. 20.

[18] Der Religionsunterricht in Schulpforta wurde nach Hutters Kompendium erteilt. Als Einleitung in die Philosophie dienten Joh. Aug. Ernestis „Initia doctrinae solidioris", 5. Aufl. 1776. Vgl. Cap. IV, § 6 der von Ernesti verfaßten „Erneuerte(n) Schulordnung für die Chursächsischen drey Fürsten- und Landschulen, Meißen, Grimma und Pforta", 1773, Evangelische Schulordnungen, hg. von R. Vormbaum, Bd. III, 1864, S. 613—648. Eine anschauliche Schilderung des religiösen Lebens in Pforta gibt der achte Brief in Fr. Aug. Weißhuhns Schrift: Über die Schulpforte. Nebst einigen vorläufigen Betrachtungen über die Schulerziehung überhaupt, 1786. Weißhuhn war Fichtes Freund und Mitschüler.

[19] S. 20.          [20] ebd.          [21] ebd.

[22] ebd.

Evident ist, daß die entgegengesetzte Lehr- und Lernmethode scheitern muß. Das Kind würde weder die Definition noch die Demonstration des Lehrers, den Gottesbeweis, fassen[23]. Fichte hat später die Un-
zulänglichkeit dieser Methode noch viel schärfer herausgearbeitet[24]. Hier
urteilt er vorsichtiger: Das Kind könne auf diesem Wege, wenn der
Lehrer die Erklärung völlig seiner Fassungskraft anpasse, vielleicht eine
gewisse Einsicht erlangen, und sein Gemüt werde vielleicht in einem
gewissen Grade bewegt werden[25]. Man darf diese gemäßigte Ausdrucks-
weise zum großen Teil darauf zurückführen, daß Fichte sich bewußt
ist, hier die allgemeine und also auch in Pforta geübte Unterrichts-
praxis zu charakterisieren[26]. Es genügt ihm vorerst, die größere Taug-
lichkeit seiner Methode einsichtig zu machen.

## 2. Der Wert der selbständigen Erkenntnis

Fichte legt das entscheidende Gewicht auf das Moment der Selbsttätigkeit des Erkennenden. Fertig Übernehmen (ab alio rem statim
omnem, ut est, percipere) oder selbst Erkennen, selbst Finden (rem
nostra ipsi ratione perspicere et invenire) lautet der entscheidende
Gegensatz. Es kommt alles an auf die propria deliberatio[27].

Das Moment der Selbsttätigkeit ist — so beurteilt Fichte die Tragweite seiner Einsicht — die unumgängliche Bedingung für jede gründliche Erkenntnis. Fichte möchte seine Methode in den verschiedensten
Bereichen der Wissenschaften angewendet sehen[28]. Die Gültigkeit seiner
Behauptung könne jeder bei sich selbst an einem beliebigen Gegenstand nachprüfen, si animum suum observare volet[29]. Hier tritt deutlich hervor, daß der eigentliche Gegenstand des Exkurses der Akt des
Erkennens als solcher ist. Auf die allgemeinste Aussage gebracht lautet
Fichtes Grundsatz: Erkenntnis kann streng genommen nicht vermittelt
werden, sie ist immer ein spontaner Akt. Das kommt am schärfsten

---

[23] ebd.
[24] s. Teil III, Kap. 2.
[25] S. 20.
[26] Vgl. S. 21, Z. 4 ff.
[27] S. 21.
[28] S. 21.
[29] S. 20.

zum Ausdruck in der Wendung: ipse per me rem ... intellexi[30]. Fichte wiederholt die Formulierung bei der Anwendung seiner Erkenntnis auf die Frage der Erlernung der Geschmacksregeln: ut ipse per se ea praecepta invenisse videatur[31].

Es läßt sich im folgenden nicht vermeiden, Fichtes Gedanken — auch terminologisch — etwas zu systematisieren. Zu einer solchen Betrachtung fordert Fichte indes selbst heraus, wenn er bemerkt, er könne den Vorzug seiner Methode „aus der Natur des menschlichen Geistes" beweisen, wenn damit der Rahmen der Rede nicht überschritten würde[32]. Fichte hat also eine kleine Philosophie in Bereitschaft.

Ihre Grundfrage ist offenbar: Wie ist Überzeugung möglich? Dieses Thema klingt an, wenn Fichte das Ungenügen der abgelehnten Methode als Erfahrung an sich selbst beschreibt: Verumtamen vidi, eam (sc. der jeweilige Sachverhalt, den er verstehen wollte) necdum satis alte in animum descendisse, ut tam certe mihi de ea persuasum foret, quam e.g. de axiomatibus Mathematicis mihi persuasum est...[33]. Wenn sich nun zwar noch nicht ermitteln läßt, ob Fichte den Begriff Überzeugung schon damals genau bestimmt hat[34], so ist doch deutlich, daß es ihm hier um die subjektive Gewißheit und ihre Bedingungen in der Natur des menschlichen Geistes geht, also um das mit dem Wort Überzeugung Gemeinte. Dagegen fragt Fichte offenbar noch nicht nach den objektiven Bedingungen einer Erkenntnis. Wir haben keinen Beleg, daß ihn etwa das Problem des Verhältnisses von Denken und Sein damals schon sehr bewegt habe[35]. So hegt er in dem angeführten Beispiel keiner-

---

[30] S. 21.

[31] S. 23.

[32] S. 20.

[33] S. 20.

[34] Vgl. z. B. M III, S. 96 ff.

[35] In der „Vergleichung des vom Hrn. Prof. Schmid aufgestellten Systems mit der Wissenschaftslehre", 1796, bezeugt Fichte allerdings, daß die Frage nach dem „Grund unserer Behauptung, daß unsern Vorstellungen etwas außer uns entspreche", ihn „von seinen frühesten Jahren an beunruhiget" habe. G I 3, S. 252 f. Auf diese Frage wurde er zweifellos bei der Begegnung mit der Leibniz-Wolffischen Schulphilosophie, also wohl erst während seiner Universitätsjahre, gestoßen. Ernestis Initia doctrinae solidioris, deren Stärke die faßliche Einführung in die Hauptterminien der Schulphilosophie und -theologie ist, sind kaum geeignet, zu einem tieferen Nachdenken über das grundlegende erkenntnistheoretische Problem anzuleiten. Vgl. den Abschn. De Facultate Cognoscendi, a.a.O., S. 117—141.

lei Zweifel hinsichtlich der Realität des Begriffes von Gott als dem
Schöpfer. Die herkömmlichen Gottesbeweise a posteriori, die er z. B.
aus Ernestis Lehrbuch kennengelernt haben mag[36], hält er für zwingend: Nunc declarabo, quid sit summum numen, et multis ex rerum
natura argumentis, ut aliquis sit, qui haec omnia produxerit, necesse
esse, demonstrabo[27]. Es geht ihm nur darum, daß der Gedanke tief
genug in die Subjektivität des Erkennenden eindringt, um das satis alte
in animum descendisse[38]. Die zu erschließende Theorie Fichtes ist daher
noch nicht eigentlich als Erkenntnistheorie, sondern besser als Theorie
der Überzeugung zu bezeichnen.

Als wesentliche Bedingung der Überzeugung hat Fichte nun hier das
Moment der Selbsttätigkeit erwiesen. Die Überzeugungskraft der selbsttätig vollzogenen Erkenntnis läßt sich nach drei Seiten hin genauer
beschreiben.

a) Nur das Selbstgefundene ergibt einen deutlichen Begriff. So war
es bei dem Kinde, so hat es Fichte an sich selbst beobachtet: Saepe enim
mihi hoc accidit, ut, cum novae adhuc et inexpertae rei acutissimam
et ad philosophicas rationes exactissimam demonstrationem audivissem
aut legissem, veritatis viribus coactus illi assentirer, id est quid illi
opponerem, non haberem[39]. Dieser Satz bestimmt sehr genau den
Punkt, bis zu dem die rezeptive Methode im günstigsten Fall zu führen
vermag. Der vorgetragene Beweis war absolut schlüssig. Fichte verstand
auch den Gedankengang und konnte sich der logischen Stringenz nicht
entziehen. Gleichwohl stimmte er nicht vorbehaltlos, sondern nur aus
Mangel an Gegenbeweisen zu. Die letzte, alle Zweifel beseitigende Klarheit des Begriffes war nicht erreicht, denn diese ist nur durch die selbständige Konstruktion des Zusammenhangs eines Gedankens möglich.
Nur die Fichtesche Methode führt zum Verstehen.

b) Nur das Selbstgefundene hat einen Einfluß auf das Gefühl. Wirk-
liche Frömmigkeit, Liebe zu Gott und Ehrfurcht, entsteht nur auf dem
Wege des eigenen Forschens und Findens. Das zeigt das Beispiel zwingend. Es ist aber bemerkenswert, daß Fichte nicht nur für diesen Fall,
sondern ganz grundsätzlich den Einfluß der Erkenntnis auf das Gefühl
verlangt. Er tadelt, daß jene ihm vorgetragenen philosophisch korrek-
ten Beweise ihn nicht „bewegt" hätten[40]. Das erklärt sich wieder aus

---

[36] a.a.O., S. 231—240.
[37] S. 20.          [38] ebd.; vgl. S. 23, Z. 33 f.
[39] S. 20.
[40] S. 21, Z. 1 f.

der eigentümlichen Richtung seiner Überlegung. Es geht ihm ja darum, daß das Erkannte nicht allein ins Gedächtnis aufgenommen wird, sondern daß es in die Tiefe der Subjektivität eindringt. Die innerste Spitze der Subjektivität ist aber die Empfindung. Zur Überzeugung gehört nicht nur die intellektuelle Klarheit, sondern auch das Ergriffensein im Gefühl.

c) Das auf diese Weise zur festen inneren Überzeugung Gewordene kann auch nicht ohne Einfluß auf die Willensbestimmung und damit auf das Handeln des Menschen sein. Hier wird nach Fichtes Meinung die Leistung seines Verfahrens am deutlichsten greifbar. Er erläutert es an einem weiteren Beispiel: Wenn Glaube und Leben bei so vielen Christen keinen Zusammenhang erkennen lassen, so kann daran nur jene falsche religiöse Erziehung schuld sein[41]. Die Sicherheit, mit der Fichte dagegen auf den moralischen Erfolg seiner Methode rechnet, ist bemerkenswert: Si enim propria deliberatione rationem suam cognitione nostrae religionis imbuerint; quovis pignore contendam, eos digne etiam ea religione, quam profitentur, esse victuros[42]. Eine Wahrheit wirklich erkennen und nach ihr leben ist eins.

Das Moment der Selbsttätigkeit gewährleistet also nach Fichtes psychologischer Analyse des Erkenntnisaktes eine innerliche Aneignung, bei der alle Grundvermögen des Gemütes — Intellekt, Gefühl und Wille — von dem jeweiligen geistigen Gehalt durchdrungen und in ein ausgewogenes Verhältnis gesetzt werden. Die Wahrheit wird fester innerer Besitz des ganzen Menschen. —

Die nach dem Modell der religiösen Gewißheit entwickelte Theorie bewährt ihre Kraft auch bei der Lösung des verhandelten ästhetischen Problems. Werden die Regeln schulmäßig erlernt, so wird man sie schließlich entweder gänzlich verachten oder pedantisch befolgen[43]. Entwickelt der Künstler oder Kritiker sie dagegen selbst aus der Beobachtung seines eigenen Inneren, aus der Einfühlung in seine Zeitgenossen und aus dem Studium vorbildlicher Kunstwerke, so erlangt er neben der vollständigen Kenntnis der Regeln zugleich die Fähigkeit des sicheren und freien Umgangs mit ihnen[44], d. h. er bildet seinen

---

[41] S. 21.    [42] ebd.

[43] S. 21 f. Fichte denkt hier einerseits an gewisse Stürmer und Dränger, andererseits an Gottsched und seine Schule, wendet sich also gegen die gleichen Extreme wie Lessing allenthalben.

[44] S. 23 ff.

Geschmack[45]. Dieser ist — hier wird das Charakteristische der Fichte-
schen Theorie noch einmal von einer anderen Seite deutlich — eine dem
Gleichgewicht und Ineinander der drei Momente in der religiösen
Überzeugung vergleichbare Harmonie zwischen ratio, affectus und
phantasia[46], die durch einen über diese drei Vermögen verlaufenden
Aneignungsprozeß hergestellt wird.

Im Hinblick auf die spätere Gestalt des herausgearbeiteten Theorems
ist nun noch der Punkt zu bestimmen, an welchem Fichtes Gedanken
einer Fortbildung fähig sind. Fichte führt die Möglichkeit einer gründlichen, Intellekt, Gefühl und Willen gleichermaßen erfassenden Überzeugung auf einen einzigen Faktor zurück: die Selbsttätigkeit. Die
Reihenfolge der drei Momente, an denen Fichte die Überlegenheit
seiner Methode erweist, ist von hier aus nicht zufällig. Die Selbsttätigkeit, das freie Untersuchen und Konstruieren, führt zu einem deutlichen Begriff; das so Gefundene vermag die Seele zu bewegen und
verbindet sich mit dem Gefühl; diese Verbindung gewinnt schließlich
über den Willen Einfluß auf das Leben. Dieser Dreischritt läßt sich
besonders schön an dem Satz beobachten: Verumtamen vidi, eam (rem)
necdum satis alte in animum descendisse, (a) ut tam certe mihi de ea
persuasum foret, quam e.g. de axiomatibus Mathematicis mihi persuasum est, (b) neque me ea commoveri, (c) voluntatemque meam
dirigi sensi[47]. Er ist aber auch in den beiden Beispielen deutlich zu
erkennen.
Dabei ist jedoch nicht an ein zeitliches Nacheinander gedacht. Vielmehr setzt eins das andere als Bedingung seiner Möglichkeit voraus und
folgt unmittelbar und notwendig aus ihm. Es ist nun das Charakteristische im Hinblick auf die spätere Fortbildung, daß das Gefühl erst
an zweiter Stelle auftritt. Es setzt die allein auf der Selbsttätigkeit be-
ruhende intellektuelle Gewißheit voraus und gesellt sich als unmittelbares Begleitmoment hinzu. D a s  G e f ü h l  h a t  d i e  F u n k t i o n
d e r  V e r i n n e r l i c h u n g  d e s  r a t i o n a l  E r f a ß t e n. Die Zustimmung wird durch das Gefühl noch nicht aktiv mitbewirkt. E s

---

[45] S. 24: „Praecepta enim ita cognita idem sunt ... quod judicium. (der Ge-
schmak)."
[46] S. 24; vgl. S. 23: aequalitas et temperamentum quoddam inter omnes nostri
facultates.
[47] S. 20.

h a t   n o c h   k e i n e   s e l b s t ä n d i g e   b e g r ü n d e n d e   F u n k -
t i o n.
Es fällt ferner auf, daß Fichte die Beteiligung des Gefühls und des
Willens fordert, ohne ausdrücklich auf diejenigen Inhalte zu reflektieren, für die eine solche Forderung nur Sinn hat. Wenn er freilich
seine Beispiele aus dem Bereich des Religiösen wählt, so scheint er doch
die Entsprechung zwischen seiner Überzeugungstheorie und diesem Inhalt gespürt zu haben, aber er bestimmt nicht die Grenze ihrer Gültigkeit. Wir werden sehen, wie später mit dem tieferen Eindringen in
theologische und ethische Fragen auch die Theorie der Überzeugung an
Bestimmtheit gewinnt und ihre charakteristische Veränderung erfährt.

### 3. Zum geistesgeschichtlichen Hintergrund von Fichtes Theorie

Man darf Fichte die Versicherung glauben, daß er seine Theorie selbständig entwickelt habe. Andererseits ist sie doch nicht so originell, wie
man nach seiner Aussage annehmen müßte, er habe sie, so sehr er sich
auch in der Literatur seines Jahrhunderts umgesehen habe, nirgends
wiedergefunden[48].
Die Aufgabe, die Fichte dem Lehrenden zuschreibt, erinnert doch
z. B. stark an die indirekte Methode des Erziehers in Rousseaus Émile[49],
der durch sein unbemerktes Arrangement alle den Zögling auf Abwege
führenden Einflüsse beseitigt und ihm so die ungestörte Entwicklung

---

[48] S. 21.
[49] Die Frage, ob Fichte schon damals den Émile gelesen hatte, läßt sich nicht
sicher beantworten. Es ist aber aus folgenden Gründen sehr wahrscheinlich:
Auf S. 16 beruft er sich auf Johann Georg Heinrich Feders „Der neue Emil
oder von der Erziehung nach bewährten Grundsätzen", 1768. Sollte er nur
den neuen Emil gelesen haben? Es ist auch wohl nicht anzunehmen, daß
Fichte, als er sich in der zeitgenössischen pädagogischen Literatur zu orien-
tieren suchte, gerade den Émile nicht zur Kenntnis genommen haben sollte,
den doch kein erzieherisches Werk unerörtert lassen konnte. Andererseits darf
man kaum ein intensives Studium des Émile voraussetzen. Hätte Fichte sonst
nicht ein anderes Beispiel zum Beleg seiner Methode gewählt? Rousseau
möchte ja die Religion aus der Welt des Kindes ganz heraushalten und sie
erst dem Jugendlichen vermitteln. Hach. 2, p. 228 f.

aller seine Kräfte und das eigene Finden des Richtigen ermöglicht[50]. Fichte bezeichnet die Funktion des Lehrers als ein inducere[51]. Er veranschaulicht diese Tätigkeit innerhalb seines Beispiels mit einem Satz, der geradezu von Rousseau übernommen sein könnte: Potero exemplis, a rebus, quae eo ipso tempore, dum cum illo loquor, oculis ejus subjectae sunt ... ut ipse quo consilio hunc sermonem instituerim non videat, animum ejus ita dirigere, ut ipse intelligat ...[52]. Besonders das Moment der Verborgenheit der Absicht und des Arrangements des Erziehers ist bezeichnend. Das Kind soll sich frei von jeder Beeinflussung fühlen[53].

Die Frage, ob Fichte wenigstens diesen Gesichtspunkt von Rousseau oder aus der von ihm beeinflußten philanthropinistischen Literatur übernommen hat, muß jedoch offen bleiben. Dieses Moment ist außerdem auch nur für das gewählte Beispiel von Bedeutung; es ist kein unablöslicher Bestandteil der Methode, deren allgemeine Gültigkeit Fichte beansprucht. Im Unterschied zu Rousseaus méthode négative[54] ist Fichtes Theorie nicht auf eine bestimmte Altersstufe zugeschnitten[55].

Wichtiger als eine Einordnung der in der Valediktionsrede enthaltenen pädagogischen Grundsätze ist aber, daß die Forderung der Selbsttätigkeit sich in einen weiteren geistesgeschichtlichen Rahmen stellen läßt. Die Betonung der Notwendigkeit der selbständigen Erkenntnis hat ja ihren festen Ort in der Polemik der theologischen Aufklärung gegen Autorität und blindes Fürwahrhalten. Ein schönes und Fichtes Theorie sehr nahe kommendes Beispiel enthalten Karl Friedrich Bahrdts wenig später entstandene „Briefe über die Bibel im Volkston": „Ihr schadet eurem Verstande und eurem Herzen, weil ihr durch jenen blinden

---

[50] Zahlreiche Beispiele besonders in den ersten drei Büchern des Émile. Vgl. zur Rolle des Erziehers: M. Rang: Rousseaus Lehre vom Menschen, 2. Aufl. 1965, S. 339, 373 ff.; A. Ravier: L'Éducation de l'homme nouveau, Bd. II, 1941, S. 5—36.

[51] S. 20.    [52] ebd.

[53] vgl. Hach. 2, p. 89; s. a. p. 62.

[54] vgl. Hach. 2, p. 60 f.

[55] Den aus seiner Theorie der Überzeugung entspringenden pädagogischen und lernpsychologischen Grundsätzen ist Fichte treu geblieben. Er hat sie in seiner Hauslehrerzeit erprobt und präzisiert. Aber auch etwa in den „Aphorismen über Erziehung", 1804, findet man noch manchen Gedanken, den schon die Valediktionsrede enthielt. SW 8, S. 353—360.

Glauben an menschliche Belehrungen euch von eigenen Nachdenken zurückhaltet und allen Prüfungsgeist erstickt..." „Wenn ihr im Gegentheil selbst nachdenkt, wenn ihr forscht, beobachtet, vergleicht, wenn ihr jeden Gedanken, der euch aufstößt, gleichsam auf eignen Grund und Boden versetzt und ihn in eurer Seele wachsen und reifen laßt, wenn ihr dann seinen Werth aus seinen Früchten empfinden lernt, wenn ihr seht, wie dieser Gedanke den Geist erhebt, das Herz veredelt, und recht erquickenden Trost in eure Seele bringt, dann Brüder, dann ists euch ein ganz anderes Ding um die Wahrheit... dann lernen wir die Wahrheit lieben: und dann erst wird unser Eifer in ihrer Befolgung ächt und dauerhaft seyn[56]." Der im Exkurs der Valediktionsrede beobachtete Dreischritt ist hier unschwer wiederzuerkennen. Auch für Bahrdt ist dabei der selbständige Vollzug des Erkenntnisaktes der entscheidende Punkt.

In Fichtes Verwerfung der äußerlichen Lehr- und Lernmethode ist bereits ein Stück des bei Bahrdt wie überhaupt in der Aufklärung virulenten polemischen Bezugs enthalten. Fichte hat später, wie wir verschiedentlich sehen werden, die hier anglegte Antithetik gegen Autorität und blinden Glauben stärker herausgestellt. Die intellektuelle Selbsttätigkeit bleibt für ihn unumgängliche Bedingung aller religiösen Gewißheit, freilich nicht die einzige[57].

Ebenso läßt sich Fichtes Drängen auf Verinnerlichung der religiösen Erkenntnis auf den Rahmen einer bestimmten Tradition innerhalb der deutschen Aufklärung beziehen. Es ist das Eigentümliche dieser Strömung, daß sich in ihr der selbstverständliche Glaube an einen gewissen Kanon ethischer und religiöser Grundwahrheiten mit der Wärme und Lauterkeit des empfindsamen Herzens verbindet. Es läßt sich nachweisen, daß Fichte sich mit dem vielleicht reinsten Vertreter dieser Richtung auseinandergesetzt hat, mit Chr. F. Gellert. Da wir auch in der Folgezeit bei Fichte auf Gellert verwandte Züge stoßen werden, unter-

---

[56] K. F. Bahrdt (anonym erschienen): Briefe über die Bibel im Volkston. Eine Wochenschrift von einem Prediger auf dem Lande, Bd. I, 1782, S. 7, 9. Bahrdt hat diesen Gedanken, der sein Verständnis von Aufklärung zusammenfaßt, oft wiederholt. In der Schrift „Über Aufkärung und die Beförderungsmittel derselben von einer Gesellschaft", 1789, hat er ihn am breitesten entfaltet. Fichte hat diese Schrift später sehr geschätzt. G II 1, S. 211.
[57] vgl. das abschließende Urteil X. Léons über die Valediktionsrede, a.a.O., S. 51.

suche ich dieses Verhältnis etwas ausführlicher als unter dem angege-
benen Vergleichspunkt erforderlich[58].

Offensichtlich hat Fichte in dem Sammelband der Reden und Abhandlungen Gellerts nicht nur die beiden von ihm erwähnten Aufsätze
aufmerksam studiert. Ein Teil des religionspädagogischen Exkurses ist
ein so deutlicher Anklang an Gellerts „Betrachtungen über die Religion"[59], daß man auf eine genaue Kenntnis dieser reichhaltigen Rede
schließen darf:

| | |
|---|---|
| „Es giebt Leute, die der Religion alle äußerliche Ehre erzeigen, die sie mit ihren Lippen und Geber-den ehren und verteidigen, | Id quoque quod multi mirantur, multos homines, qui religionem Christianam pro unice vera ha-beant, |
| die man kaum durch Martern der Henker dahin bringen würde, zu behaupten, daß sie nicht von Gott wäre, | neque ullo forsan tormento eam deserere cogerentur |
| und die sie dennoch in ihrem Her-zen und mit ihrem Wandel mitten unter ihrem Eifer schänden[60]." | ita tamen vivere, ut religionem sacrosanctam animum eorum non commovisse, moresque eorum non correxisse videas, facile ex hac re declarari poterit[61]. |

Auch die Wendung „quod multi mirantur" deutet auf Gellert, der
sich über jene Scheinchristen verwundert: „Eine Sache verachten und
sie nicht kennen, ist lächerlich. Aber eine Sache hochschätzen und sie
nicht kennen, ist dieses weniger unvernünftig[62]?"

Fichte ist nun offenbar der Meinung, daß Gellert den Widerspruch
nicht richtig zu erklären und daher auch keinen Weg zu seiner Be-
hebung anzugeben vermag. Es ist der gleiche Vorwurf, den Fichte auch
bei der Frage nach der richtigen Anwendung der ästhetischen Regeln

---

[58] Der ebenfalls mögliche Vergleich mit Gedanken, die im Pietismus lebendig
waren, scheidet hier aus, weil Fichte in Schulpforta (aber auch später) kaum
mit pietistischen Kreisen in Berührung gekommen ist.

[59] a.a.O., S. 96—113.

[60] a.a.O., S. 105.

[61] S. 21.

[62] a.a.O., S. 105.

gegen Gellert erhebt[63]. Gellert führt den Widerspruch zwischen Denken, Fühlen und Tun auf einen Mangel an Eifer zurück. „Die Wissenschaft der Seligkeit hat das mit allen menschlichen Künsten und Wissenschaften gemein, daß sie zuerst mit dem Verstande gefaßt werden muß, ehe sie durch die Anwendung unser wahres Eigenthum wird. Wer hat aber jemals die leichteste Wissenschaft ohne Fleiß und anhaltende Mühe in seinen Verstand gebracht[64]?" „Ist es genug", fährt Gellert fort, „sie sich den Worten nach in der Jugend bekannt machen zu lassen? Ist es denn bey aller Unterweisung wohl möglich, daß wir in dem Alter in welchem wir fast nichts, als den Gebrauch eines noch leeren Gedächtnisses und einer rohen Einbildungskraft haben, ist es wohl möglich, daß wir die Hoheit der Religion da können einsehen lernen[65]?" Fichte glaubt zeigen zu können, daß es möglich ist — er führt es in seinem Beispiel vor — und wie es möglich ist, daher fährt er den zitierten Gedanken zu Ende führend fort: Si enim propria deliberatione rationem suam cognitione nostrae religionis imbuerit, quovis pignore contendam, eos digne etiam ea religione, quam profitentur, esse victuros[66]. Gellert übt dagegen keinerlei Kritik an der schulmäßigen katechetischen Praxis. Bloßes Auffassen mit dem Gedächtnis und rein verstandesmäßige Bemächtigung des Stoffes genügt ihm natürlich nicht, aber er läßt es doch unbeanstandet am Anfange des Aneinungsprozesses stehen. Die Empfindung, die Verinnerlichung tritt immer erst später hinzu.

Fichtes Theorie schließt ein solches zeitliches Nacheinander aus. Die Erregung und Bestimmung der Empfindung ist zwar von der gedanklichen Erfassung des Gegenstandes abhängig, aber sie hat mit ihr Schritt zu halten, sie vollendet den einen Akt des Sichüberzeugens. Das aber ist nur möglich, wenn man richtig, d. h. selbsttätig lernt. Beginnt man erst einmal damit, sich die Wahrheiten der Religion „den Worten nach in der Jugend bekannt machen zu lassen"[67], so ist der Fehler auch durch fortgesetzte „Mühe, die wir bey erwachsenen Jahren auf die Religion wenden"[68], kaum zu beheben. Gellert fehlt das Moment der propria deliberatio.

---

[63] S. 21.
[64] a.a.O., S. 106.
[65] a.a.O., S. 107.
[66] S. 21.
[67] a.a.O., S. 107.
[68] a.a.O., S. 106; vgl. S. 108 f.

Der Aufsatz „Von der Vortrefflichkeit und Würde der Andacht"[69]
zeigt, daß Gellert es durchaus nicht mit der Mahnung zu fleißigem
Lernen hat bewenden lassen. Die innere Sammlung auf die Wahrheiten
der Religion, die Betrachtung des leidenden Erlösers und die gewissen-
hafte Selbstprüfung vor den Augen Gottes bewirken eine unmittelbare
Reinigung und Erhebung des Herzens. Aber auch in dieser Abhandlung
vermißt man das Motiv der Spontaneität. —

Abgesehen von dieser Differenz weiß sich Fichte jedoch mit Gellert
wieder einig. Niemand kennt die Religion, der nicht ganz von ihr ergriffen und verwandelt ist. „Die Absicht der Religion bestehet darinne,
daß sie unsre falschen Begriffe reinigen, die Neigungen unsers Herzens
bessern, in Ordnung bringen, und sie und unsre Handlungen den Gesetzen der Vernunft und Tugend unterwerfen, uns mit uns selber eins,
Gott ähnlich, und uns daher zufrieden machen soll[70]." Er betont: „Sie
entzückt nicht allein den Verstand durch ihre Schönheit; nein, die Religion läßt sich empfinden, und eben deswegen ist sie ein Mittel, alle
Menschen an sich zu ziehen, weil alle Menschen ihre Kraft und den
Frieden, den sie dem Herzen giebt, schmecken können[71]." Die ganze
Abhandlung Gellerts erstrebt diese Verinnerlichung der Wahrheiten der
Religion, weil sich nur im Blick auf die Tiefe des Gemüts und der
Empfindung die reinigende und erlösende Kraft des Christentums als
der „Lehre, die uns weise, tugendhaft und glücklich macht"[72], dar-
tun läßt.


### 4. Zur anthropologischen Grundlage von Fichtes Theorie

Hat Fichte seinen Grundgedanken selbständig entwickelt, so kann er
ihn nur aus der psychologischen Selbstanalyse gewonnen haben. Die
Wahrheit seiner Theorie läßt sich unmittelbar durch die Beobachtung
des eigenen Ich einsehen. Jeder kann die gleiche Erfahrung machen, si
animum suum observare volet[73]. Auch Immanuel Hermann Fichte hat
die psychologische Argumentationsweise der Rede bemerkt; er urteilt,

---

[69] a.a.O., S. 213—231.
[70] a.a.O., S. 105.
[71] a.a.O., S. 111 f.
[72] a.a.O., S. 96.
[73] S. 20.

man würde „kaum darin den künftigen tiefsinnigen Denker, eher den scharfsinnigen Beobachter der menschlichen Natur vorausahnen"[74].

Es ist bezeichnend, daß Fichte von dem werdenden Dichter oder Kritiker vor allem Studium der Muster und vor aller Beobachtung des Zeitgenossen den scharfen und zergliedernden Blick in das eigene Innere fordert. Vorbedingung alles künstlerischen Schaffens ist die psychologische Menschenkenntnis; diese beginnt aber bei der Erforschung des eigenen Ich: Hoc igitur erit spectandum futuro aut oratori aut poëtae, ut mentem hominum cognoscat, neque sic solum ut in Metaphisicis eam cognoscere discimus, sed ut abditissimas humani animi latebras ut ajunt, perquirat, neque quicquam oculos ejus fallat, quod in intimo aliorum animo latet. Eam sibi ut comparet, diligenti primum opus erit cura, ut seipsum cognoscat, id est, ut tamquam diligens aliquis speculator, omnia, quae sentit, appetit, secum cogitat, quomodo flectatur ejus animus, quibus phantasia delectetur, diligenter observet, nec quicquam sibi transire patiatur[75]. Die Fortsetzung dieses Satzes spricht die fundamentale Bedeutung aus, die die psychologische Ichanalyse nach Fichtes Meinung besitzt: Haec enim exercitatio non solum bonorum morum, verum etiam omnis doctrinae magistra est.

Die psychologische Selbstbeobachtung vermag Fichtes Theorie der Überzeugung aber nur dann als wahr und gültig zu erweisen, wenn sich diese zugleich auf das allgemeine Wesen des menschlichen Geistes und Gemütes gründen läßt. Diesen Anspruch erhebt Fichte in der Tat: Facile videndum est, alteram methodum multo esse praestantiorem priore: cujus rei causas ex natura humani animi afferre haud adeo difficile foret, si his hic locus esset[76]. Daher ist nun noch nach den in der Rede erkennbaren anthropologischen Grundanschauungen zu fragen, soweit sie die Voraussetzung des Fichteschen Theorems sind.

Fichte entwickelt seine Methode gleich bei ihrer ersten Charakterisierung aus einer philosophischen Prämisse: omnis scientiae et sapientiae semina in mentibus hominum insita esse atque innata, nec quoquam nisi excitatione eorum opus esse[77]. Es bleibt zunächst undeutlich,

---

[74] I. H. Fichte, a.a.O., S. 17.

[75] S. 23. Auch Gellert fordert vom Künstler, er müsse „die Welt und das menschliche Herz sorgfältig studieren" (Wie weit sich der Nutzen der Regeln in der Beredsamkeit und Poesie erstrecke, a.a.O., S. 185), aber diese Forderung ist nur eine unter anderen.

[76] S. 20. Hervorhebung von mir.

[77] S. 20.

was Fichte mit „semina" an dieser Stelle meint. Denkt er an eingeborene Ideen, an Erkenntnisse a priori oder an bloße Vermögen, die
mit der allgemeinen Natur des menschlichen Geistes gegeben sind?
Jedenfalls will er sagen, daß jeder Erkenntnisakt an ein Etwas anknüpft,
das als ursprünglich in jedem Menschen vorausgesetzt werden kann.
Jeder geistige Akt läßt sich zurückführen auf unmittelbare anthropologische Faktoren. Diese Aussage entspricht ganz seiner These, die psychologische Selbstbeobachtung, wie er sie als erste Bedingung des künstlerischen Schaffens beschrieben hat, und der Vergleich des auf diesem
Wege Entdeckten mit an anderen Menschen gewonnenen Beobachtungen sei Lehrmeisterin allen Erkennens und Wissens. Die psychologische
Beobachtung führt zur deutlichen Erkenntnis des Wesens des menschlichen Geistes und Gemütes (notitia animi humani[78]), d. h. des Systems
der im Innern jedes Menschen angelegten Verhaltensmuster und Ope-
rationen. Dieses System ist Bezugspunkt allen positiven Wissens. Von
hier aus erhält Fichtes Methode des eigenen Findens, der selbsttätigen
Erkenntnis ihre philosophische Begründung.

Das mit der Metapher vom Keim und seiner Entfaltung Gemeinte
läßt sich aber wenigstens in einem Moment noch klarer erfassen. Jede
Erkenntnis, jedenfalls jede moralische und religiöse Überzeugung, enthält das Element der Gefühlsbestimmung. Das setzt, da nach dem den
Exkurs begründenden Gesetz jeder Sinnakt ein Akt der Anknüpfung
an ursprüngliche Faktoren ist, ein System von ursprünglichen Gefühlen,
Motionen, Antrieben, Bestrebungen voraus. Das Bestehen einer solchen
Grundlage wird von Fichte nachdrücklich behauptet: in omnium hominum animis eorundem affectuum semina inclusa jacent, sed non apud
omnes eodem modo evolvuntur[79].

Diese Formel — Fichte wiederholt sie mit geringfügigen Abweichun-
gen an verschiedenen Stellen seiner Rede[80] — ist ihm offenbar ein
grundlegendes philosophisches Axiom. Zunächst, im Zusammenhang des
Themas seiner Rede, ist die im Gefühl begründete Gleichheit der
menschlichen Seele die allgemeine Voraussetzung der Einwirkung eines
Menschen auf den anderen durch das Medium der Kunst, denn der
Künstler will mit seinem Gedicht oder seiner Rede die in ihm lebendigen Empfindungen auch in seinem Leser oder Hörer erwecken[81].

---

[78] S. 23.
[79] S. 7.
[80] S. 19, 25.
[81] vgl. bes. S. 19. Fichte sagt in Übereinstimmung mit Gellert, es sei das Ziel

Aber die Leistung der Formel erschöpft sich nicht innerhalb der Verknüpfung mit der ästhetischen Fragestellung. Fichte sieht in ihr nichts Geringeres als eine allgemeine philosophische Definition der menschlichen Natur. Sie ermöglicht es ihm, sowohl die Identität der Gattung als auch die geschichtlich bedingte individuelle Gestaltung des menschlichen Wesens in e i n e r Anschauung zu erfassen. Der Mensch erscheint so als ein auf mannigfache Weise entwicklungs- und bildungsfähiges Wesen; zugleich aber ist überall dieselbe menschliche Natur wiederzuerkennen[82].

Diese Vorstellung enthält damit auch die allgemeine Grundlage einer geschichtsphilosophischen Konstruktion. Fichte stellt den Gedanken der Verschiedenheit der Völker, Staaten und Sitten unter den Gesichtspunkt einer stufenweisen Entwicklung der Menschheit[83]. Auf diese seine erste geschichtsphilosophische Skizze wurde schon von verschiedenen Forschern, besonders nachdrücklich von H. Heimsoeth, hingewiesen[84]. Allerdings kann man seinem Urteil, Fichtes Liebe gelte ganz der ersten der drei Epochen, der Heroenzeit, nicht zustimmen. Dem widerspricht sein Geständnis, Homers Achill flöße ihm Entsetzen ein, da ihm Milde und Menschlichkeit fehlten[85]. Wenn er umgekehrt die gebildete, milde und großmütige Art des von Wieland gestalteten Cyrus als dem Empfinden seiner Zeit gemäß betrachtet[86] — Fichte beruft sich auch auf Milton und Klopstock[87] —, so wird deutlich, auf welches Ziel hin sich die Geschichte bewegt. Der Aufstieg zur Humanität wird freilich erkauft durch den Verlust der anfänglichen „wunderbaren Einfachheit des Lebens und der Sitten"[88] und durch die Gefahr des Abgleitens in Trägheit, Schwelgerei, Servilität und Eitelkeit[89].

----

der Dichter und Redner, ut doceant, commoveant, et delectent hominum animos. S. 6; s. a. S. 11, 23; vgl. Gellert, a.a.O., S. 155.

[82] S. 7: Quamvis enim diversos inter se moribus, opinionibus, doctrina, religione, rebuspublicis, legibus, aliisque innumeris rebus omnes populos esse videas; quamvis etiam singuli homines inter se vel conjunctissimi variis studiis huc illuc distrahantur: una tamen omnium hominum est natura, et omnes, qui ubique sunt mortales, quibusdam similitudinis vinculis inter se connectuntur, vel, ut rem verbis philosophorum explicem, in omnium hominum animis eorundem affectuum semina inclusa jacent, sed non apud omnes eodem modo evolvuntur. Vgl. S. 25.

[83] S. 8 ff.

[84] H. Heimsoeth: Fichte, 1923, S. 14; E. Hirsch: Christentum und Geschichte in Fichtes Philosophie, 1920, S. 38 Anm. 20; X. Léon, a.a.O., S. 49.

[85] S. 10.

[86] S. 11.

[87] S. 11, 13.

[88] S. 8.

[89] S. 8 f.

Hier macht sich zweifellos Rousseaus Einfluß geltend, auf dessen Discours sur
l'origine et les fondements de l'inégalité parmi les hommes Fichte gelegentlich
anspielt[90].

Fichte vertritt mit seiner Formel die Lehre von den eingeborenen
Gefühlen. Man wird hier gewiß nicht nach einer in sich abgeschlossenen
philosophischen Anthropologie forschen dürfen und daher auch etwa
die Frage, wie sich Fichte das Verhältnis dieser Formel zu der ihr nach-
gebildeten von den gleichen Keimen zu allen Wissenschaften dachte (s. o.
S. 25 f.), unbeantwortet lassen müssen. Auch über die Herkunft des
Theorems läßt sich nur eine begründete Vermutung aussprechen. Fichte
betrachtet seinen anthropologischen Grundsatz offenbar als einen ge-
meinphilosophischen[91]. Doch ist es auffällig, daß er in diesem Zusammenhang auf Rousseau zu sprechen kommt: Sic omnes, ut exemplum
addam, a cultissimis inde et delicatissimis hominibus usque ad feros
illos Rousseavii, bona expetunt, fugiunt mala: sed alteri honores, divi-
tias, doctrinam, gloriam et talia, alteri pingues glandes querneas summum putant bonum[92]. Diese Gegenüberstellung ist ganz nach Rousseaus
zweitem Discours gestaltet[93]. Rousseau würde in ihr das natürliche

---

[90] S. 7; vgl. S. 8, 18. An Stelle einer sorgfältigeren geistesgeschichtlichen Analyse
dieses fragmentarischen geschichtsphilosophischen Exkurses hebe ich nur hervor, daß ein Einfluß durch Lessings „Erziehung des Menschengeschlechts"
noch nicht nachzuweisen ist. Näher liegt ein Vergleich mit Herders „Auch
eine Philosophie der Geschichte zur Bildung der Menschheit". Daß jedenfalls ein Einwirken Rousseaus erfolgt ist, hat schon H. Heimsoeth erkannt;
a.a.O., S. 14.

[91] S. 7: Ut rem verbis philosophorum explicem. — Der Satz läßt sich z. B. auch
in der erwähnten geschichtsphilosophischen Schrift Herders (s. o. Anm. 90)
belegen: „... wenn in der Menschheit ein u n s i c h t b a r e r  K e i m
d e r  G l ü c k s -  u n d  T u g e n d e m p f ä n g l i c h k e i t  a u f  d e r
g a n z e n  E r d e  u n d  i n  a l l e n  Z e i t a l t e r n  l i e g e,  d e r  v e r -
s c h i e d e n t l i c h  ausgebildet, zwar in verschiedenen Formen erscheine, aber
innerlich nur e i n  M a a s  u n d  M i s c h u n g  v o n  K r ä f t e n." J. G.
Herder, SW, V, S. 558.

[92] S. 7.

[93] Vgl. bes. Hach. 1, p. 133—138. Allerdings übernimmt Fichte nicht Rousseaus
vernichtendes Urteil über den homme civilisé, sondern, wie sein Abriß der
kulturhistorischen Entwicklung zeigt, nur einzelne kritische Gesichtspunkte.
Daß er den zweiten Discours nicht nur vom Hörensagen kennt, zeigt die
wörtliche Anspielung: alteri pingues glandes; vgl. Hach. 1, p. 138: qui ne
peuvent plus se nourrir d'herbes et de glands.

Glücksstreben des Menschen in seiner verdorbenen und in seiner ursprünglichen Form beschrieben sehen: als amour-propre (Eigenliebe, im Gesellschaftszustand) und amour de soi (Selbstliebe, im Naturzustand)[94]. Auch die von Fichte bei der Wiederaufnahme seiner Formel gegebene Zusammenstellung einzelner Gefühle (odium, misericordia; amor, taedium[95]) enthält, wenn nicht eine bewußte Anlehnung, so doch einen Anklang an Rousseaus ursprüngliche Gefühle des Mitleids und der Liebe; Fichte hat nur jeweils die entgegengesetzte Empfindung hinzugefügt[96].

Auf dem Hintergrund einer wahrscheinlich von Rousseau beeinflußten, den Begriff des Gefühls bevorzugenden Anthropologie wird noch einmal die Funktion des Gefühls im Akt der Überzeugung verdeutlicht. Der Gefühlsbegriff hätte von dieser Grundlage aus vielleicht schon damals ein erheblich stärkeres Gewicht erhalten können. Es bestätigt sich aber die Annahme, daß Fichte das Ergriffensein des Menschen im Kern seines Wesens meint, wenn er die Gefühlsbestimmung, das commoveri als Folge der rechten Lehr- und Lernmethode fordert.

---

[94] Hach. 1, p. 141; zu dieser Begrifflichkeit und ihrer Geschichte vgl. M. Rang, a.a.O., S. 120 ff.

[95] S. 19.

[96] Hach. 1, p. 98. Die Annahme ursprünglicher, angeborener Gefühle spricht Rousseau am klarsten im „Glaubensbekenntnis des savoyischen Vikars" aus: Quelle que soit la cause de notre être, elle a pourvu à notre conservation en nous donnant des sentiments convenables à notre nature; et l'on ne sauroit nier qu'au moins ceux-là ne soient innés. Hach. 2, p. 261; vgl. ebd., p. 182: La source de nos passions ... est l'amour de soi: passion primitive, innée, antérieure à toute autre, et dont toutes les autres ne sont, en un sens, que des modifications. En ce sens, toutes, si l'on veut, sont naturelles. Mais la plupart de ces modifications ont des causes étrangères sans lesquelles elles n'auroient jamais lieu. Fichtes anthropologischer Grundgedanke liest sich wie eine formelhafte Verkürzung dieser Sätze.

## II. DIE RELIGION DER „LEBENDIGEN INNEREN ÜBERZEUGUNG"

Es wurde schon bemerkt (s. o. S. 19), daß die Anwendung der herausgearbeiteten Theorie auf ihren adäquaten Gegenstand, nämlich die religiöse Erkenntnis, und die Auseinandersetzung mit theologischen Fragen eine besonders die Bedeutung des Gefühlsbegriffs betreffende Fortbildung von Fichtes Theorie der Überzeugung mit sich bringen würden. Andererseits ist aber auch zu erwarten, daß Fichtes Anschauungen vom Wesen der christlichen Religion durch die Reflexion auf die subjektiven Bedingungen ihrer Annahme eine bestimmte Ausformung erhalten werden. Einen Einblick in diesen Prozeß des gegenseitigen Sichdurchdringens von Theorie der Überzeugung und Anschauung vom Wesen des Christentums unter dem Gesichtspunkt der „Natur der christlichen Überzeugung" gestattet uns das Fragment „Ueber die Absichten des Todes Jesu"[1].

Dieses Dokument ist für die Erforschung der Gedankenwelt des jungen Fichte um so wertvoller, als es neben einer Predigt vom 25. März 1786 über Lk 1, 26—35[2] die einzige uns bekannte Quelle ist, die uns unmittelbare Auskunft über Fragen gibt, welche Fichte im Zusammenhang seines Theologiestudiums bewegt haben. Der uns ebenfalls erhaltene, mit Gewißheit in die eigentliche Studienzeit Fichtes (1780 bis 1784) zu datierende Teil einer Kollegnachschrift mit dem Titel „Theologia Dogmatica secundum Theses D. Pezoldi" enthält keine eigenen Gedanken Fichtes; die lateinische Nachschrift dokumentiert nur, daß Fichte durch den Leipziger Dogmatiker Christian Friedrich Pezold mit dem traditionellen System der orthodoxen Lehre bekannt gemacht wurde[3].

Leider sind die äußeren Umstände der Entstehung des Fragments über den Tod Jesu unbekannt. Nicht einmal eine genaue Datierung ist möglich. H. Jacob hat in seiner Einleitung aus dem Schriftbild des

---

[1] G II 1, S. 75—95 erstmals veröffentlicht. Der Ausdruck „Natur der christlichen Überzeugung": S. 80, 87, 90.

[2] G II 1, S. 53—66; zuvor: M. Runze: Predigten von Johann Gottlieb Fichte, 1918, S. 17—33.

[3] G II 1, S. 35—48.

Manuskripts bewiesen, daß es nicht nach 1786 entstanden sein kann[4]. Da sich nun aber zwischen den Grundgedanken des Fragments und den in die Zeit nach 1786 fallenden Texten eine sachliche Kontinuität aufweisen läßt, wird man den Zeitpunkt seiner Abfassung auch nicht gerade in die Anfangsjahre von Fichtes Studium zurücksetzen dürfen. Auch der Anlaß der Entstehung ist unbekannt[5]. Mir scheint aber die Tatsache bemerkenswert, daß es sich bei dieser Schrift um eine sorgfältige Ausarbeitung handelt. Anhand der beiden Dispositionsentwürfe und des erhaltenen Teils der Niederschrift, auf die, wie die gelegentlichen Randbemerkungen zeigen, noch eine genauere Ausarbeitung folgen sollte, können wir verfolgen, wie sehr Fichte um die klare Formulierung der Gedanken bemüht war. Ferner hat er den Text mit zahlreichen exegetischen Bemerkungen und Verweisen auf neutestamentliche Stellen versehen. Das Bestreben nach biblischer Fundierung ist wohl nicht allein auf das Thema der Untersuchung zurückzuführen. Fichte wollte also mit seiner Arbeit offenbar einen Befähigungsnachweis erbringen. Diese Annahme läßt sich durch eine weitere Beobachtung stützen. Die auf dem letzten Blatt des Manuskriptes beigefügten exegetischen Notizen zu einzelnen Stellen aus den ersten Kapiteln des Römerbriefs[6] sind vermutlich, da sie zu den Dispositionen des Fragments in keiner Beziehung stehen, Vorarbeit zu einem weiteren, wohl rein exegetischen Projekt, das offenbar demselben Zweck dienen sollte[7].

---

[4] G II 1, S. 69 ff.

[5] vgl. das Vorwort von H. Jacob, ebd.

[6] G II 1, S. 95—98.

[7] H. Jacob (a.a.O., S. 73; vgl. S. 70) gibt zu bedenken, die Arbeit könne mit dem Brief an Chr. Fr. Pezold aus dem Jahre 1787 (Schulz I, S. 8 ff), in welchem Fichte nach Möglichkeiten seines Studienabschlusses fragt, im Zusammenhang stehen. Hier wäre auch auf den aus der gleichen Zeit stammenden Entwurf eines Schreibens an den Vizepräsidenten des Oberkonsistoriums, Peter von Hohenthal, hinzuweisen. (Abgedruckt in R. Lauths Aufsatz, a.a.O., S. 6 f.) Dagegen ist aber zu bedenken, daß beide Briefe bereits gänzlich die neue Orthographie Fichtes aufweisen. Es muß also doch eine beträchtliche Zeitspanne zwischen der Arbeit an dem Aufsatz und den Briefen vergangen sein. Auch hätte man erwarten sollen, daß Fichte ihn in den Briefen erwähnt. Da wir schließlich auch keinen Grund zu der Annahme haben, Fichte könne den Aufsatz vollendet haben, möchte ich eher vermuten, daß das Fragment im Zusammenhang eines anderen, früheren und uns unbekannten Plans entstanden ist, nach dessen Scheitern Fichte die Arbeit abgebrochen hat.

## 1. Das christologische Problem

Liegen auch die äußeren Umstände der Entstehung des Fragments
im dunkeln, so läßt sich doch das theologische Problem bezeichnen,
aus dem es erwachsen ist. Es geht, im weitesten Sinne, um die Bedeutung
des Todes und der Auferstehung Jesu für die christliche Religion, sowohl für ihre Entstehung als auch für ihre Kraft und Vollmacht in der
Gegenwart. Wenn Fichte dementsprechend als Ergebnis seiner Untersuchung formuliert: „T o d  J e s u  i s t  a l s o  E r r i c h t u n g  d e r
C h r i s t l i c h e n  R e l i g i o n"[8], so muß man annehmen, daß er
damit eine theologische Position bekämpft, die dem Kreuz diese Bedeutung streitig macht oder genauer — da Fichte keinen Unterschied
zwischen der „christlichen Religion" und der „Religion Jesu" macht —:
die den Tod Jesu für ein Mißgeschick hält, für ein Ereignis, das mit den
religiösen Absichten Jesu in keinem Zusammenhang steht. Das aber war
die erregende These des Wolfenbütteler Fragmentisten gewesen.

Daß Fichte sich tatsächlich mit Reimarus auseinandersetzt, läßt schon
der an das Fragment „Von dem Zwecke Jesu und seiner Jünger" er-
innernde Titel seiner Arbeit vermuten. Die Bezugnahme auf vor allem
dieses Fragment und das aus seinem Zusammenhang herausgelöste über
die Auferstehungsgeschichte läßt sich aber m. E. durch eine Eigentümlichkeit der Fichteschen Argumentation zwingend nachweisen. Fichte
betont immer wieder, daß eine öffentliche Erscheinung des Auferstan-
denen nicht das geeignete Mittel gewesen wäre, christliche Religion und
Frömmigkeit zu begründen, ja sie hätte diese für alle Zeit unmöglich
gemacht[9]. Ein solches Schauspiel aber hatte Reimarus gefordert als das
einzige und unwiderstehliche Mittel, mit dem die Apostel ihre auf die
Auferstehung Jesu gegründete Religionslehre vor den Juden und aller
Welt hätten beweisen können[10]. Auch daß Fichte der gegnerischen Position, die er u. a. als Naturalismus bezeichnet[11], vorwirft, sie bestreite
die Auferstehung und verdächtige die Wunder, indem sie sie auf „Ver-
abredungen" zurückführe und daß er dabei insonderheit das Wunder

---

[8] S. 94; vgl. S. 76: „Der Tod u. Auferstehung Jesu waren nothwendig zur
  Errichtung der christl. Religion. Sie waren causa, sine qua non, sie waren
  e i g e n t l i c h e  E r r i c h t u n g  des Christenthums."
[9] S. 76, 80, 90, 91.
[10] Lachm. 12, S. 403 f., 426 f.
[11] S. 83.

der himmlischen Stimme bei der Taufe Jesu erwähnt[12], fügt sich in das
Bild. Es ließe sich freilich auch auf K. Fr. Bahrdts neutestamentliche
Veröffentlichungen beziehen, aber sollte man nicht erwarten, daß Fichte
dann auf Bahrdts schockierendste Behauptung, die Scheintod-Hypo-
these, zu sprechen kommen müßte?

Mit Sicherheit läßt sich natürlich nur ein Vertrautsein Fichtes mit
den durch den Fragmentisten exponierten Problemen und mit seinen
bekanntesten Hypothesen behaupten. Da sich indes im Verlauf der
Darstellung noch weitere Berührungspunkte zeigen werden, halte ich
doch eine Einsicht in die Texte selbst für sehr wahrscheinlich.

Fichte sieht sich vor einer doppelten Aufgabe. Gegenüber der Behauptung, Jesu Geschick, sein Kreuzestod, stehe mit der von ihm gepredig-
ten Religion in keinem Zusammenhang[13], geht es ihm um die Wieder-
gewinnung der Christologie, um den Aufweis der bleibenden Bedeutung der Passion Jesu. Hiermit ist ein weiteres Erfordernis eng
verbunden. Reimarus hatte die Religion Jesu grundsätzlich von der der
Apostel unterschieden[14]. Die eine war ihm ein Gemisch aus fanatischem
jüdischem Messianismus und allgemeingültiger vernünftig-praktischer
Religion[15], die andere galt ihm als ein auf Betrug gegründetes[16], ver-
nunftwidriges und in sich unstimmiges religiöses System[17]. Demgegenüber gilt es, ohne die Unterschiede zu verwischen, die Zusammen-
gehörigkeit von beiden aufzuzeigen. Fichte übernimmt dabei von
Reimarus die Ansicht von der grundlegenden Bedeutung der Oster-
überlieferung: „Auf diese Auferstehung Jesu gründeten die Apostel
allemal die Wahrheit ihrer Lehre[18].“ Daher ist es nun Fichtes erste und
wesentliche Aufgabe, Kreuz und Auferstehung als den von Jesus selbst

---

[12] S. 85 f.; vgl. Lachm. 13, S. 272: die Taufszene sei „Verstellung und abgere-
dete Karte“ gewesen.

[13] Lachm. 13, S. 279 u. ö.

[14] ebd. S. 223, 247. Dieser Unterscheidung hat sich auch Lessing angeschlossen;
s. „Die Religion Christi“, Lachm. 16, S. 518 f.

[15] Lachm. 12, S. 255; vgl. 13, S. 224 ff.

[16] Lachm. 12, S. 409.

[17] Lachm. 13, S. 305 f.; vgl. 12, S. 353 ff. Reimarus bezeichnet diese Religion
als „Systema von einem geistlichen leidenden Erlöser des ganzen menschlichen
Geschlechts“; ebd. S. 265; vgl. S. 269.

[18] S. 86; vgl. Lachm. 12, S. 397 u. ö. — Anders Joh. Sal. Semler in seiner „Beantwortung der Fragmente eines Ungenannten insbesondere vom Zweck
Jesu und seiner Jünger“, 1779, S. 261 ff.

gewählten Weg zu erweisen, d. h. als das einzig mögliche Mittel, den wahren Glauben an seine Lehre und Person zu begründen. Karfreitag und Ostern würden dann sowohl das historische Mittelglied zwischen der Predigt Jesu und der der Apostel als auch die sachliche Mitte der christlichen Religion sein. So erklärt sich der Sinn des Themas von Fichtes Schrift: „Ueber die Absichten des Todes Jesu".

Ist ihm so mit der Lösung der ersten Aufgabe auch schon die grundsätzliche Kontinuität zwischen vor- und nachösterlichem Christentum mitgesetzt, so kann es ihm nun nur noch darum zu tun sein, diejenigen Lehrstücke des Neuen Testaments, die in der Predigt Jesu nicht explizit enthalten waren, aus den Bedingungen der weltweiten Ausbreitung des Christentums zu erklären und unter dem Gesichtspunkt der Anpassung an jüdische und heidnische Vorstellungen ihren wahren Sinn und ihren Zusammenhang mit Jesu Lehre und Geschichte sicherzustellen. Die Kontinuitätsfrage ist ihm im übrigen so wenig ein wirkliches Problem, daß er terminologisch nicht zwischen den beiden Zeitabschnitten differenziert. „Religion Jesu" und „Christentum" bezeichnen nicht zwei Entwicklungsstufen, sondern werden als auswechselbare Bezeichnungen gebraucht.

Aus der im Ausgangsproblem begründeten Doppelheit der Aufgabe ergibt sich der Aufbau der Abhandlung. Fichte gliedert in zwei große Abschnitte unter dem Aspekt der „eigentlichen", d. h. „vorbedachten"[19], und der „uneigentlichen", dem Stifter erst nach Ostern beigelegten Absichten des Todes Jesu.

Von diesem Plan hat er etwas mehr als die Hälfte ausgeführt. Die vorläufige Niederschrift bricht nach Beginn des zweiten Teils ab. Von den vier Kapiteln des ersten Teils sind die beiden ersten und der Anfang des dritten Kapitels verlorengegangen. Die fehlenden Stücke können, nach der Disposition zu schließen, nicht sehr umfangreich gewesen sein. Ihr Verlust ist jedoch zu beklagen, da sie die systematische Ausarbeitung von Fichtes theologischem Ansatz enthielten.

### 2. Fichtes Weg zur Lösung des christologischen Problems

Fichte hat sich nicht die Mühe gemacht, Reimarus mit den eigenen Waffen zu schlagen, denen der Philologie und historischen Forschung. Die zahlreichen Hinweise auf neutestamentliche, besonders johanne-

---

[19] S. 75.

ische Stellen haben für seine Gedanken meist nur erläuternde, nicht
begründende Funktion. Es ist auch auffällig, daß Fichte die Geschichte
vom leeren Grab, auf deren Kritik Reimarus seinen großen exegetischen
Scharfsinn verwandt hatte, mit keinem Wort erwähnt. Dagegen hält
er an den Berichten von Jesu Erscheinungen vor den Jüngern fest; er
erwähnt sie beiläufig als Grundlage der Auferstehungsgewißheit, ohne
sich auf die damit verbundenen historischen Fragen einzulassen[20]. Abgesehen davon, daß Fichtes systematische, auf prinzipielle Fragen drän-
gende Veranlagung ihn wohl schon damals kein rechtes Verhältnis zu
entsagungsvoller historischer Forschung gewinnen ließ, ist es nicht aus-
zuschließen, daß Lessings Warnung vor oberflächlicher Behandlung der
exegetischen Probleme — wer seinen Ungenannten auf d i e s e m Felde
schlagen will, muß ihn in a l l e n Stücken widerlegen[21] — ihn davor
zurückschrecken ließ, jene heiklen Fragen in Angriff zu nehmen.

Fichte versucht hingegen, das durch die Wolfenbütteler Fragmente
gestellte Problem über eine Besinnung auf das Wesen der christlichen
Religion zu lösen. Es wäre ja denkbar, daß der von Reimarus erhobene
Vorwurf, die neutestamentliche Religion beruhe auf einem unbeweis-
baren Faktum, diese Religion gar nicht trifft, ja daß die Dunkelheit ihres
Ursprungs, die Unbeweisbarkeit der Auferstehung zu ihrem Wesen gehört. Dieses Wesen besteht nach Fichtes Definition in „ U e b e r z e u -
g u n g d e s V e r s t a n d e s , aber in einer warmen fruchtbaren Ueberzeugung, die ihren Ursprung aus dem Herzen hat, u. in G ü t e u.
W o h l w o l l e n d e s H e r z e n s “[22]. „Glaube oder Christenthum
heißt: lebendige Überzeugung von den Lehren Jesu u. Gesinnungen
des Herzens, wie diese Lehren sie erfordern[23].“ Dementsprechend bezeichnet er die christliche Religion als „Religion des Herzens“[24], „Her-
zens-Religion“[25] oder „Religion guter Herzen“[26], als „Religion der
Seele“[27], „Religion guter Seelen“[28] oder als „innere Religion“[29]. Ihr

---

[20] S. 90.
[21] Lachm. 12, S. 449 f.
[22] S. 79.
[23] S. 81.
[24] S. 75, 87, 88.
[25] S. 89.
[26] S. 88.
[27] ebd.
[28] S. 76, 79; s. a. 93.
[29] S. 87.

stellt er eine „bloße Verstandes-Religion"[30], eine „bloß äußerliche Religion"[31] gegenüber, die, weil sie das Innere des Menschen nicht zu bewegen und zu verwandeln vermag, von ihm auch als „Gedächtniß- und Mundreligion" gebrandmarkt wird[32].

Diese formelhaften Bestimmungen des Wesens der wahren und der falschen Religion markieren die beiden Grenzpunkte, zwischen denen Fichtes Überlegungen verlaufen. Durch Analyse dieser Grenzpunkte läßt sich sein Hauptgedanke entwickeln.

### 3. Die „Religion des Verstandes"

Mit der Abstraktheit der gegenübergestellten Bestimmungen ist eine große Breite ihrer Anwendungsmöglichkeit gegeben. Das gilt insbesondere für das mit „Verstandesreligion" und den ihr zugeordneten Ausdrücken bezeichnete falsche Prinzip, das ich zuerst analysiere, weil Fichtes Begriff der Religion des Herzens sich weitgehend aus den offenkundigen Schwächen der Religion des Verstandes begründet. Während „Herzensreligion" usw. wenigstens auf den Bereich des Christentums beschränkt ist und daher auch die Bedingungen der Erkenntnis und Realisation des wahrhaft Christlichen enthält, ist ihr Gegenteil nicht nur in einer Mehrzahl von Fehlformen des Christlichen, sondern auch, und zwar vollkommen, im Mohammedanismus verwirklicht[33]. Aber auch das Judentum und die heidnische Religion der Antike enthalten Wesenszüge der „äußerlichen Religion"[34]. Innerhalb des Christentums ist vor allem der sogenannte „Naturalismus"[35] und jede Form einer zur „bloßen Wissenschaft" erstarrten Christlichkeit[36], aber auch das moderne konfes-

---

[30] S. 79; vgl. S. 88: „Religion des Verstandes".

[31] S. 75; vgl. S. 80.

[32] S. 89; vgl. S. 76, 80, 88: „MundReligion", „Religion des Mundes". Ihre Anhänger sind „bloß äußerliche und Mundchristen"; S. 90.

[33] S. 75, 80, 89.

[34] S. 79, 81 f. Die jüdische Religion, die ihm aufgrund ihrer messianischen Weissagungen damals noch die von Gott gestiftete Vorform der christlichen ist (S. 84; vgl. S. 96), nennt er in jener Beziehung „mosaische Religion"; S. 81.

[35] S. 83.

[36] S. 87; vgl. S. 79. Daß diese Äußerungen nicht im wissenschaftsfeindlichen Sinn verstanden werden dürfen, zeigt die Bemerkung über „den schärferen Verstand"; S. 82.

sionsgebundene Gewohnheitschristentum[37] unter der Bezeichnung „Religion des Verstandes" und ihren Ableitungen einzuordnen.

Es ist nun aber die mit diesen Benennungen verbundene Kritik insonderheit auf den Entwurf des Reimarus, den wir als den wichtigsten Gesprächspartner Fichtes ansehen müssen, anzuwenden. So läßt sich auch am deutlichsten zeigen, worin die Schwäche der bloßen Verstandesreligion liegt, weshalb sie das Eigentümliche der christlichen Religion und Frömmigkeit nicht in sich aufzunehmen vermag.

Eine Bemerkung zu Fichtes Sprachgebrauch erleichtert die Gegenüberstellung. „Religion des Verstandes" bedeutet zunächst ganz allgemein, daß das Denken zum alleinigen Kriterium erhoben wird, das über die Annahme oder Ablehnung religiöser Wahrheiten entscheidet. Der Begriff ist also mit dem vulgäraufklärerischen Terminus Vernunftreligion gleichbedeutend. Fichte unterscheidet nicht zwischen Verstand und Vernunft. Er gebraucht Vernunft im Fragment über den Tod Jesu nur selten, und auch im übrigen Schrifttum des Kandidaten und Hauslehrers tritt es hinter „Verstand" zurück. Diese Vernachlässigung des Vernunftbegriffs beruht darauf, daß Fichte — in Analogie zu der verbreiteten Formel von „Kopf und Herz"[38] — das Vermögen des menschlichen Gemüts klar scheidet in Denken, d. h. logisches Folgern und Verknüpfen einerseits und Empfindung, Gefühl, Herz andererseits, wozu als Drittes gelegentlich noch der Wille tritt; wir waren auf diese Einteilung schon in der Valediktionsrede gestoßen. Der Appell an die tiefere Einsicht, an die moralische und religiöse Überzeugung wird daher von Fichte in der Regel im Namen des Herzens und des Gefühls und nicht im Namen der die verschiedenen Vermögen des Menschen vereinigenden oder jedenfalls mehr als die bloße Denkkraft des Verstandes umfassenden Vernunft geführt. Mit der scharfen Unterscheidung von Denken und Fühlen verbindet sich die des Äußerlichen und Innerlichen, wie aus dem Vergleich der in den beiden Begriffsreihen jeweils koordinierten Begriffe zu ersehen ist[39].

Man mag nach dieser Erläuterung fragen, ob die Ersetzung von „Vernunftreligion" durch „Verstandesreligion" nicht ein einseitiges Verständnis der Absichten des Reimarus, der seine Kritik der Offenbarung,

---

[37] S. 89; vgl. S. 91.
[38] vgl. Grimms Wörterbuch, I 5, Sp. 1217.
[39] s. o. S. 35 f.

der Offenbarungsurkunde und des damit verbundenen Glaubensbegrif-
fes im Namen der allen Menschen gemeinsamen Vernunft führte[40], zur
Folge haben muß. Denn Reimarus will ja gerade alle bloß äußerliche
Religion ausschließen, wenn er der genuinen Lehre Jesu das Lob spen-
det: „So ist denn die Absicht der Predigten und Lehren Jesu auf ein
rechtschaffenes thätiges Wesen, auf eine Aenderung des Sinnes, auf eine
ungeheuchelte Liebe Gottes und des Nächsten, auf Demuth, Sanftmuth,
Verleugnung sein selbst, und Unterdrückung aller bösen Lust gerichtet.
Es sind keine hohe Geheimnisse oder Glaubens-Punkte, die er erkläret,
beweiset und prediget: es sind lauter moralische Lehren und Lebens-
pflichten, die den Menschen innerlich und von ganzem Herzen bessern
sollen, wobey er das gemeine Erkenntniß von der Seele des Menschen,
von Gott und seinen Vollkommenheiten, von der Seligkeit nach diesem
Leben, u.s.w. schlechterdings als bekannt voraussetzt[41]." Diese beliebte
Ansicht[42], Sinn und Absicht des Christentums wie aller Religion bestehe
in einer tiefgreifenden Verwandlung und gründlichen moralischen Besserung des Menschen, wird auch von Fichte geteilt, wenn er von den
„Tugenden" spricht, „die das eigene Wesen der christl. Religion aus-
machen, der Ergebung in den Willen Gottes, der Geduld, der Sanftmuth,
der Aufopferung für das Wohl des Ganzen ... der FeindesLiebe, des
tiefen Blicks ins MenschenHerz"[43]. Ebenso stimmt er mit der Überzeu-

---

[40] vgl. bes. Lachm. 12, S. 262: „Sobald sich der Glaube zum Herrn über die
Erkenntniß Gottes gemacht hat, will er die Stimme der Vernunft nicht mehr
hören." Vgl. ebd. S. 259 u. ö.

[41] Lachm. 13, S. 226; vgl. S. 224. — Lessing nennt den Verfasser der Fragmente
einen ehrlichen und unbescholtenen Mann, nicht nur „weil die speculativen
Wahrheiten der vernünftigen Religion darinn in ein größeres Licht durch
neue und geschärfte Beweise gestellet worden: sondern vielmehr, weil mit
einer ungewöhnlichen Deutlichkeit darinn gezeigt wird, welchen Einfluß
diese Wahrheiten auf unsere Pflichten haben müssen, wenn die vernünftige
Religion in einen vernünftigen Gottesdienst übergehen soll." Lachm. 10,
S. 196, Anti-Goeze IX.

[42] vgl. etwa Joh. Joach. Spalding: Betrachtung über die Bestimmung des Menschen, 3. Aufl. 1749, S. 29.

[43] S. 92; vgl. S. 75: „Enthusiasmus für Wahrheit u. fürs Geistige. Ausrottung
der Sinnlichkeit. Besonders die sanften Neigungen des Menschen, Güte, Sanftmuth, Gefälligkeit zu erwecken." Vgl. S. 76, 80 f.; S. 77 u. 83: „Verbeßerung
des sittlichen Zustandes der Menschheit"; S. 87: „Vervollkommnerung des
ganzen Menschen ist nach ihr Gottesdienst, u. ihr erhabener Zweck
Erleuchtung des Verstandes, u. Beßerung des Her-

gung aller Naturalisten und Neologen[44] überein, daß die Religion Jesu
den Glauben an Unsterblichkeit, an Gottes verborgene Führung und
seine im anderen Leben sich erweisende Gerechtigkeit in der Menschheit
befestigt habe. „Die Geschichte Jesu wurde Beweiß und Erläuterung vieler
dem Christenthume ganz eigenen Lehren, der besondern Führungen
Gottes, u. seiner Wege zur Erreichung seiner Führungen für das Schicksal
der Frommen hienieden; Auferstehung, Unsterblichkeit, die ihnen bey
ihren individuellen Umständen so nöthig waren"[45].

Dieser vorläufige Überblick zeigt schon, daß Fichte der Religion des
Verstandes nicht vorwirft, sie verkürze den Inhalt oder verkenne die
Absichten der christlichen Religion. Vielmehr macht er gegen sie und
gegen ihren Hauptfürsprecher Reimarus geltend, daß eine Religion, die
sich allein auf das Denken und nicht auch auf die Stimme des Herzens
und der Empfindung gründet, die Überzeugung von der Wahrheit dieser
Inhalte und die Realisierung jener Absichten nicht wirksam zu befördern vermag[46]. Nach dem Grundsatz „Aehnliche Ursachen erzeugen
aehnliche Würckungen"[47] urteilt Fichte, daß die Religion dem Menschen
immer etwas Äußeres bleiben muß, wenn sein Inneres bei dem Akt ihrer
Annahme nicht beteiligt war. Allerdings, die christliche Religion „ e r -
l e u c h t e t   d e n   V e r s t a n d, aber nicht durch scharfe, tief ge-
dachte Betrachtungen, u. strenge Beweise; dieses würde sie nur zur
Religion  e i n i g e r   w e n i g e n   g u t e n   K ö p f e, dieses würde sie
zu einer  b l o ß e n   W i s s e n s c h a f t  machen, dieses würde ihre An-

---

z e n s." Es ist gut denkbar, daß auch die Lektüre der Wolfenbütteler Fragmente einen Einfluß auf diese Formulierungen gehabt hat. Von „Erleuchtung" als letzter Absicht des Christentums spricht auch Lessing im vierten
Anti-Goeze; Lachm. 13, S. 164.

[44] vgl. Joh. Joach. Spalding, a.a.O., S. 20 ff.

[45] S. 81; vgl. S. 76, 93.

[46] Man muß auch hier fragen, ob Fichte dem Ungenannten gerecht wird. Jedenfalls hat das Gefühl in den Fragmenten keine eigens hervorgehobene Bedeutung neben dem kritischen Verstand. Vgl. bes. Lachm. 12, S. 354: „Wer
Wahrheit und Göttlichkeit einer Schrift auf solche Bewegungen des Herzens
ankommen läßt, der macht seine eigene Einbildung und Weichlichkeit zum
Richter in einer so wichtigen Sache." Hier spricht der Abscheu gegen eine
irrationale Gefühlstheologie, die jegliche Offenbarungswahrheit ungeprüft
hinnimmt. Dieses Motiv, dem auch Fichte zugestimmt hätte, läßt es nicht
zu einer Reflexion auf die positive Funktion des religiösen Gefühls kommen.

[47] S. 89.

hänger mehr s t a r k , als r i c h t i g denken lehren, dieses würde, weil
es weniger Einfluß auf das praktische haben würde, auch weniger zur
Beglückseligung ihrer einzelnen Glieder, u. des Ganzen beytragen: sie
e r l e u c h t e t ihn, indem sie ihn durch das Herz e r w ä r m t[48]."

Die Konsequenz, die Fichte hier herausarbeitet, erinnert an die Kritik,
die er in der Valediktionsrede an der äußerlichen Lehr- und Lernmethode übte und, wahrscheinlich durch die Lektüre von Gellerts „Betrachtungen über die Religion" angeregt, namentlich auf die religiöse Erziehung und die katechetische Praxis anwandte: die Verinnerlichung
durch Aufnahme der religiösen Wahrheiten und Antriebe in das Fühlen
und Wollen und damit der „Einfluß auf das praktische" läßt sich nicht
nachholen. Fichte erneuert die Einsicht der Valediktionsrede, daß die
Genesis einer Erkenntnis, die Art, wie sie ihren Eingang in Denken und
Gemüt des Menschen gefunden hat, über ihre Bedeutung und Effektivi-
tät entscheidet. Sein Standpunkt hat sich aber insofern verschoben, und
seine Kritik hat sich damit insofern verschärft, als er den entscheidenden
Fehler jetzt nicht mehr nur in einer bloß auf Stoffvermittlung abzielen-
den mechanischen Lehrweise sieht, demgegenüber nur das Moment der
geistigen Selbsttätigkeit zur Geltung zu bringen wäre, sondern schon
in der Beschränkung, die den Verstand zum alleinigen Kriterium der
Annahme oder Ablehnung des Christentums macht. D a s  D e n k e n ,
a u c h  d a s  s e l b s t t ä t i g e , i s t  a l l e i n  n i c h t  h i n r e i -
c h e n d , r e l i g i ö s e  G e w i ß h e i t  z u  b e g r ü n d e n .

Diese Verschärfung spricht sich am deutlichsten in der Folgerung aus,
die Verstandesreligion müsse zu einer bloßen Wissenschaft, zu einer Religion weniger guter Köpfe herabsinken[49]. Das Element des Verstandes
ist der zwingende Beweis, die wissenschaftliche „Demonstration"[50]. Was
aber durch Demonstration erzwungen werden kann, das läßt sich, wenn
der Beweis einmal erbracht ist, als gesichertes Ergebnis tradieren. Man
kann dann auch „andere für sich denken lassen"[51]. So entartet das Christentum nicht nur zu einer Wissenschaft für wenige, sondern notwendig
auch zu einer „Gedächtnis- und Mundreligion" für viele[52]; Intellektualismus und Indifferentismus sind Symptome des gleichen Gebrechens.
Die letztere Bestimmung sieht Fichte vor allem in dem verbürgerlichten

---

[48] S. 87; vgl. S. 79.
[49] s. o. S. 39; vgl. G II 1, S. 79.
[50] S. 88; vgl. S. 79.
[51] S. 90.
[52] S. 89; vgl. S. 80, 86, 88.

Christentum seiner Zeit verwirklicht[53]. In dieser Situation ist nun auch seine alte Kritik an einem Erziehungsstil, der auf das Auswendiglernen von Lehrsätzen eingeschworen ist, immer noch zutreffend. „Die ersten Christen musten enthusiastische Bewunderer Jesu seyn: und die Sache erfordert's, man muß es seyn: u. auch wir alle würden es noch seyn, wenn wir nicht überhaupt k a l t e  u n e m p f i n d l. von allem Gefühle des Großen leere Geschöpfgen wären: u. wenn die Größe Jesu nicht durch ganz unrichtige Vorstellungen, u. durch die Gewohnheit sie uns in unsrer Kindheit vorzuleyern, da wir sie noch nicht faßen konnten, uns ganz verächtlich gemacht würde"[54].

Fichte treibt die aus der Alleinherrschaft des Verstandes folgende Konsequenz noch ein Stück weiter. Hätte Jesus den Glauben an seine Sendung und an seine Lehre auf „ u n w i d e r s t e h l i c h e sinnliche, oder VerstandesBeweiße"[55] gegründet, so wäre eine Sekte „fantastischer ungebeßerter Menschen"[56] oder „eine Mahometanische Religion"[57] entstanden. Die Bewegung wäre dann ins Politische umgeschlagen, ihr Gründer zu einem weltlichen Pseudomessias[58] geworden. „Eine M o - n a r c h i e wäre entstanden, oder ihr U n t e r g a n g "[59]. Darin steckt nun, beabsichtigt oder unbeabsichtigt, eine starke Absage an den Fragmentisten. Dieser hatte ja behauptet, Jesus habe als ein trotz aller vernünftig-praktischen Religiosität immer noch in der religiösen Enge des nachexilischen Judentums befangener Schwärmer ein politischer Messias im herkömmlichen jüdischen Sinne sein wollen und sei bei dem phantastischen Versuch, eine messianische Monarchie zu errichten, kläglich gescheitert[60]. Demgegenüber bemüht sich Fichte, solche Unternehmungen gerade als geschichtliche Konsequenz einer nur den Verstand und den zwingenden Beweis anerkennenden Religion zu erweisen. Nicht der religiöse Enthusiasmus, sondern gerade der Verstand gilt ihm als Quelle des Fanatismus. Der lebendige Beweis für eine solche Entwicklung ist ihm der von Reimarus wegen seiner weitgehenden Übereinstimmung mit

---

[53] S. 89.
[54] S. 91. Anm.
[55] S. 88.
[56] S. 89.
[57] S. 80; vgl. S. 75, 89.
[58] vgl. S. 84, Anm. 2.
[59] S. 80.
[60] Lachm. 13, S. 229, 266 ff. u. ö.

natürlicher Religion und Sittlichkeit gepriesene Islam[61]: „Und ward die Mahometanische Religion, deren Grundlage in Absicht auf die Sitten-Lehre doch so gut ist, als die christliche, weil sie die christliche selbst ist, nicht auf diese Art errichtet, und welches waren ihre Folgen?"[62] —

Das Ungenügen der Religion des Verstandes manifestiert sich schließlich auch in ihrer Unfähigkeit, die Geschichte Jesu zu begreifen. Nach Fichtes Verständnis stand Jesus vor der Wahl, entweder die Überzeugung von der Wahrheit seiner Lehren auf ein äußerliches Verhältnis zu seiner Person zu gründen, so daß man sie nicht um ihrer selbst, sondern um ihres Lehrers willen angenommen hätte, oder den nur dem Herzen verstehbaren Weg über Kreuzestod und Auferstehung zu gehen[63]. Die sich an dieses Entweder-Oder anschließenden Konstruktionen, die die unbedingte Notwendigkeit der von Jesus getroffenen Entscheidung, die Notwendigkeit d e s Ablaufs der Ereignisse, der in den Evangelien berichtet wird, bis ins einzelne beweisen wollen, erreichen nicht denselben Grad der Klarheit wie die das Wesen und die innere Logik der Religion des Verstandes und der Religion des Herzens entfaltenden Grundgedanken. Die Unklarheit und apologetische Gewaltsamkeit beruht vor allem darauf, daß Fichtes theologisches Denken sich noch nicht vollkommen zu einer alle dogmatischen Prämissen über Wesen und Geheimnis der Person Jesu hinter sich lassenden Betrachtung seiner Gestalt und Geschichte durchringen konnte.

Es ist vor allem die mit dem Messiastitel verbundene Problematik der Legitimation Jesu, die, weil Fichte sie noch nicht scharf von der Frage nach der Wahrheit seiner Religion trennen kann, seine Argumentation kompliziert. „War Jesus nicht würcklich der Meßias, nicht würcklich ein Gesandter der Gottheit, so kann man sich seinen Charakter nicht schwarz, nicht schrecklich genug denken", schreibt er mit polemischer Bezugnahme auf die Naturalisten, die glauben, daß es mit Jesu „Rechtschaffenheit bestehen könne, sich fälschlich vor den Meßias auszugeben"[64]. Jesus war da-

---

[61] Lachm. 12, S. 268.

[62] S. 89.

[63] S. 75 f., 80.

[64] S. 83; vgl. S. 84. Daß Fichte sich zu der Alternative Wahrheit oder Betrug genötigt sieht, läßt darauf schließen, daß ihm Joh. Sal. Semlers Unterscheidung einer doppelten Lehrart Jesu und der Apostel — historische und moralische — nicht bekannt ist, wie seine Ausführungen auch sonst keinerlei Anklänge an die bedeutende Gegenschrift Semlers (s. o. S. 33 Anm. 18) enthalten.

her den Beweis seiner Messianität schuldig, wollte er nicht in den Verdacht eines zynischen Verächters der jüdischen Religion geraten[65].

Andererseits aber barg gerade der Glaube an seine Messianität die größte Gefahr für die Religion, die er begründen wollte, in sich. Das Ansehen seiner Person, seine göttliche Autorität, könnte ihr zur Quelle des Verderbens werden, indem sie einem rein heteronomen Gottesverhältnis Vorschub leistete[66].

Angesichts der Aufgabe, einen unwidersprechlichen Beweis der Messianität zu erbringen, der doch nicht zu jener gefürchteten zwangsweisen und äußerlichen Bekehrung führen durfte, aus der die Errichtung der Verstandesreligion mit allen ihren Gebrechen folgen mußte, gab es nach Fichtes pseudorationaler Konstruktion nur einen Ausweg: würde Jesus sterben und wieder auferstehen, so konnte diese seine Wiedererweckung nur als eine jedes Wunder an Beweiskraft weit übertreffende göttliche Bestätigung seiner Sendung verstanden werden. Zugleich aber mußte er diesen Beweis vor den Augen der Welt verbergen, durfte also nur wenigen Zeugen nach seiner Auferstehung erscheinen[67]. Zu seinen Lebzeiten konnte und durfte er keine feste Überzeugung begründen, das hätte unweigerlich zur mahometanischen Monarchie geführt[68]. „Er muste in der Welt erscheinen, er muste die Aufmerksamkeit der Menschen erregen, er muste Thatsachen zum Beweise seines Daseyns, und zum Beweise, daß er der Meßias sey, an die Hand geben. Aber den hellen Tag der Überzeugung durfte er nicht erwarten; er muste bey der ersten Morgendämmerung deßelben vom Schauplatze abtreten"[69].

Mag nun auch die Art, in der Fichte die Notwendigkeit der Geschichte Jesu einsichtig zu machen sucht, noch so unbefriedigend und gekünstelt erscheinen[70], man wird ihm doch schon jetzt zugestehen müssen, daß er mit sicherem Griff den Punkt erfaßt hat, von dem aus sich das Unvermögen der Naturalisten, den neutestamentlichen Berichten über das Schicksal Jesu gerecht zu werden, aufdecken läßt. Die Religion des Verstandes ist ihrem Wesen nach unfähig, die mit Jesu Sendungsbewußtsein

---

[65] S. 84.

[66] S. 80; vgl. S. 75.

[67] S. 76, 80, 85 f., 90.

[68] S. 89: „Jesus selbst also konnte seine Religion nicht errichten, oder es wäre nicht seine Religion." Vgl. S. 80.

[69] S. 89; vgl. S. 75, 80.

[70] Die Schranken, denen Fichtes Denken hier noch unterliegt, können erst im Lichte seiner Leistung richtig dargestellt und beurteilt werden; s. u. S. 60 ff.

notwendig verbundene Dialektik zu erfassen. Daher hält sie seinen Tod
für ein zufälliges Ereignis[71], leugnet sein Messiasbewußtsein[72] oder fordert angesichts der Osterbotschaft unwiderstehliche sinnliche Beweise,
ohne zu ahnen, daß solche jedermann greifbare Beweise in Wirklichkeit
der Tod der von Jesus erweckten Frömmigkeit sein würden. „Eine
öffentliche Erscheinung wäre nachtheilig, wäre seinen Absichten zu-
wider gewesen"[73]. Damit hat Fichte in der Tat die Kritik des Ungenannten an den Osterberichten um ihren Effekt gebracht.

Es ist nun noch eindringlicher zu fragen, inwiefern Fichtes Verständnis des Wesens des Christentums als einer Religion des Herzens die Geschichte und das Geheimnis der Person Jesu tiefer erfaßt. Dazu ist aber
zunächst die Interpretation des mit „Religion des Herzens" und den
synonymen Wendungen bezeichneten Schemas erforderlich.

### 4. Die „Religion des Herzens"

„Religion des Herzens", „Religion der Seele" usw. und „Religion
Jesu" oder „Christentum" sind für Fichte identische Begriffe. Daher entfaltet er die Bestimmungen der Religion des Herzens immer schon in
Sätzen über das Wesen des Christentums. Die Interpretation hat demgegenüber die Aufgabe, die im Text schon vollzogene Identifikation
aufzuheben und die getrennten Glieder für sich zu betrachten, um sodann ihren Koinzidenzpunkt schärfer zu bezeichnen und ihre gegen-
seitige Durchdringung zu beschreiben.

Durch die Trennung erhalten wir auf der einen Seite die historische
Größe des Christentums, auf der anderen einen allgemeinen Religionsbegriff. „Das Christentum unterscheidet sich auf eine ganz eigene Art
von allen Religionen der Welt. Sie ist die Einzige, die mit dem Aeußer-
lichen gar nichts zu thun hat, die einzige Religion des Herzens"[74]. Dieser Satz zeigt, daß Fichte sich im Besitze eines Begriffs vom wahren
Wesen der Religion weiß, daß er mit diesem Maßstab die positiven
Religionen mißt und so den Unterschied des Christentums von aller
heidnischen Religion exakt anzugeben weiß.

---

[71] s. o. S. 32.
[72] S. 83.
[73] S. 91; vgl. S. 90.
[74] S. 87.

Das bedeutet aber, daß ihm die Wahrheit der christlichen Religion
nicht schon bedingungslos feststeht, etwa aufgrund ihres Offenbarungs-
anspruchs; es ist aufschlußreich, daß der Begriff der Offenbarung im
ganzen Schrifttum des vorkantischen Fichte, abgesehen von der Nachschrift des Pezoldschen Kollegs[75], nicht ein einziges Mal erscheint. Die
Wahrheit des Christentums muß sich vielmehr erst der freien Einsicht
und dem sich selbst durchsichtigen Herzen erweisen, und die allgemeinen Bedingungen ihres Wahrheitserweises müssen sich im Blick auf
das Wesen und die Bestimmung der lebendigen menschlichen Seele im
voraus aufstellen lassen. Die Wahrheit und Überlegenheit der christlichen Religion besteht dann darin, daß sie den im Prinzip der Religion
des Herzens enthaltenen Kategorien entspricht. — Daß die hier erschlossene Denkbewegung in der Tat Fichtes Überlegungen zugrunde
liegt, bestätigt vor allem der Gedankengang des letzten Teiles des ersten
Abschnitts[76], der den Leitsatz entfaltet: „Jesus starb ... weil das Wesen
der Religion Jesu seinen Tod erforderte[77]." Fichte entwickelt zunächst
unter dem Gesichtspunkt, daß die Religion Jesu die „einzige Religion
des Herzens" sei, die allgemeinen Wesenszüge der „christlichen Ueberzeugung" und entwirft dann eine Christologie, die die Bedingungen der
christlichen Überzeugung erfüllt.

Es zeigt sich, daß das Problem der Christentumsbegründung, das der
deutschen Theologie durch die Kritik des Reimarus an den historischen
Grundlagen der christlichen Religion in neuer und unausweichlicher
Form gestellt worden war, den jungen Fichte zu seinen ersten religionsphilosophischen Überlegungen geführt hat.

Die falsche und die wahre Religion, die Religion des Verstandes und
die Religion des Herzens unterscheiden sich lediglich darin, daß die
eine entweder zum Fanatismus oder zum äußerlichen Lippenbekenntnis
führt, die andere aber in die Seele des Menschen eindringt, ihn wahrhaft
überzeugt und in einem verborgenen und stetigen Prozeß von innen
her verwandelt und vervollkommnet. Nur die Religion des Herzens
erreicht das Ziel aller Religion: „Vervollkommnerung des ganzen Menschen", d. h. „Erleuchtung des Verstandes und Beßerung des Herzens"[78].

---

[75] G II 1, S. 42 ff.

[76] S. 87—94.

[77] S. 87.

[78] S. 87; vgl. S. 72; ferner G II 1, S. 57: „Verbeßerung ihres Verstandes, u. ihres
Herzens" (Predigt an Mariae Verkündigung, 1786).

Gemäß dieser Zielsetzung, den Menschen durch eine sowohl den Forderungen des Intellekts wie denen des Herzens genügende religiöse Gewißheit mit sich selbst in innere Übereinstimmung zu setzen und über sich hinauswachsen zu lassen, fordert Fichte die gleichmäßige Beteiligung und das innige Zusammenspiel beider Grundkräfte des Gemüts, der Reflexion und der Empfindung, im Akt des Sichüberzeugens von der Wahrheit der Religion: „Verbeßerung dieser beyden Eigenschaften des Menschen muß mit gleichen Schritten fortgehen, u. keine soll der andern zuvorkommen, sondern sie sollen einander freundschaftlich die Hand reichen. Die Wahrheiten dieser Religion sind von der Art, daß sie das Herz mit allen Empfindungen der Güte, u. des Wohlwollens erfüllen müßen, u. diese Empfindungen müßen wieder unsrer Erkenntniß u. unsrer Ueberzeugung von diesen Wahrheiten neue Stärke geben. Es ist eine Religion guter Herzen[79]."

Schon dieses Zitat läßt erkennen — die Beschreibung der Entstehung des Glaubens an die Lehre Jesu wird es noch deutlicher zeigen —, daß Fichte nicht einen einmaligen Erkenntnisakt, sondern einen Prozeß beschreiben will, in dem der Mensch in ständiger innerer Bewegung sich vergewissert, sich zu geistiger Klarheit und innerer Festigkeit durchringt, ein Prozeß, in welchem durch das Zusammenspiel beider Kräfte Erkennen und Anerkennen, Ergreifen und Ergriffenwerden, freies Denken und unwiderstehliches Verwandeltwerden, schließlich sogar Überzeugtsein und Lebensführung[80] eins sind.

Ein solcher Prozeß ist aber nur möglich, wenn die Wahrheit der Religion, ihr Grunddatum, auf das sie sich stützt, dem unmittelbaren Zugriff des Verstandes entzogen ist. Denn nur wo dieses Grunddatum in ein „gewißes Helldunkel"[81] gehüllt ist, wie Fichte schon im Blick auf das Christentum in seiner ständig zwischen Postulat und Deskription schwebenden Überlegung formuliert, kann das Zusammenspiel von Reflexion und Gefühl entstehen und in fortgesetzter Bewegung gehalten werden. Die wahre Religion darf nur so bewiesen werden, ja sie entsteht überhaupt nur dadurch, „daß dem Herzen etwas zu thun übrig bleibt"[82]. Zugleich aber ist die Verborgenheit der religiösen Wahrheit,

---

[79] S. 88.
[80] S. 81; vgl. S. 95.
[81] S. 76, 90.
[82] S. 79; vgl. S. 88.

ihr Eingehülltsein in das Helldunkel ihres Ursprungs auch die Bedingung, daß der Erkenntnistrieb des Menschen immer neu geweckt wird. Die kritische Erkenntnis Fichtes, daß die Religion des Verstandes, weil sie ihren Gegenstand wie ein empirisches Datum fixieren zu können meint, notwendig zu einer Religion des bloßen Gedächtnisses herabsinken muß, wandelt sich ihm hier in die positive Einsicht, daß sich die Leidenschaft des eigenen Wissenwollens und Erkennens nur dort entzündet, wo dem Denken eine Grenze gesetzt ist, wo es in die Irre geht und zu einem toten Schematismus erkaltet, wenn es sich nicht mit der lebendigen Empfindung verbindet und sich an die Richtung hält, die durch das Verlangen des Herzens angegeben ist. Das ist der Sinn der von Fichte im Hinblick auf die Deutung von Karfreitag und Ostern gebildeten zusammenfassenden Formel: „man muste s e l b s t  d e n - k e n , selbst forschen, u. suchen, und dieses Forschen muste durch Geschmack fürs Wahre und Gute geleitet werden[83]."

Fichtes religionsphilosophische Überlegungen setzen also bei der Frage nach dem Wesen und der Möglichkeit der religiösen Gewißheit ein. Von diesem Ansatz aus hat er seinen allgemeinen Religionsbegriff mit dem in ihm beschlossenen Gegensatz von Religion des Herzens und Religion des Verstandes, wahrer und falscher Religion gewonnen. Die Frage nach dem Gottesbegriff und den verschiedenen Möglichkeiten seiner Bestimmung ist hier noch nicht mit in seine Reflexionen einbezogen. Diese Beschränkung des Interesses ist natürlich durch die besondere Problemstellung bedingt, aus der Fichtes erster religionsphilosophischer Versuch erwachsen ist: es geht ihm ja darum, Kategorien zu erarbeiten, mit deren Hilfe die Absichten des Todes Jesu verstanden werden können. Darf man dann aber schon von „Religionsphilosophie" sprechen? Tut man Fichtes einfachen Gedankengängen mit dieser Bezeichnung nicht zuviel Ehre an?

Eine schärfere Analyse der unter der Bezeichnung „Religion des Herzens" gedachten Bestimmungen zeigt indes, daß die Konsequenzen seines Grundgedankens weiter reichen, als es zunächst erscheinen mag. Es ist wohl schon zur Genüge deutlich geworden, daß Fichte die Frage nach dem Inhalt der Religion Jesu nicht trennen kann von der Frage

---

[83] S. 90. In der Disposition lautete der Satz: „Es erforderte Mühe, eignes Nachdenken, ernstliches Forschen, u. schon einige Güte des Herzens um ihn (sc. den durch Jesu Geschick erbrachten Beweis für die Wahrheit seiner Lehre) zu fassen." S. 80.

nach der Art ihrer Errichtung, nach dem Vorgang ihrer Aneignung im Bewußtsein. Wird sie falsch aufgenommen, so wird damit auch ihr ganzer Charakter verfälscht: sie entartet zu einer „mahometanischen" Sekte. So oft Fichte das Wesen der christlichen Religion bestimmt, fließen in seine Definitionen auch Aussagen über die Genesis des christlichen Bewußtseins mit ein; ja es ist auffällig, daß diese Definitionen eigentlich gar keine Vorstellung von einem besonderen Inhalt, keinen materialen Begriff vom Wesen des Christentums erkennen lassen[84]. Der Grund für dieses im ganzen Fragment zu beobachtende Zurücktreten der Glaubensinhalte ist wohl weniger darin zu suchen, daß Fichte sich schon der Problematik aller Aussagen über Gott, seinen Willen und sein Werk am Menschen bewußt wäre — Fichte ist hier, wie z. B. sein ungebrochenes Verhältnis zum Weissagungsbeweis[85] oder sein Vertrauen auf die „Beweiskraft" der leiblichen Auferstehung[86] zeigt, noch ziemlich unbefangen —, vielmehr ist er in seiner Anschauung von der fundamentalen Bedeutung des Gefühls zu erblicken, deren Analyse erst den Kern seines Religionsbegriffs wie auch seines Christentumsverständnisses ins Licht setzt.

Vergleicht man Fichtes Anschauung von der Genesis der religiösen Gewißheit, wie er sie hier in der Entwicklung der Bestimmungen der Religion des Herzens darlegt, mit den Anfängen seiner Theorie der Überzeugung in der Valediktionsrede, so wird man den Fortschritt seiner Überlegungen wesentlich darin erblicken, d a ß  d a s  G e f ü h l  n u n  n i c h t  m e h r  n u r  d i e  F u n k t i o n  d e r  V e r i n n e r - l i c h u n g  d e s  r a t i o n a l  E r k a n n t e n  h a t,  s o n d e r n  d a ß  e s  n e b e n  d e r  R a t i o  e i n e  e i g e n e,  d i e  E r k e n n t n i s  b e - g r ü n d e n d e  S t i m m e  e r h a l t e n  h a t. Fichte hat jetzt jedenfalls deutlich erkannt, daß es zur Erweckung der lebendigen inneren Überzeugung, von der er immer wieder spricht, nicht genügt, den Menschen an den entschlossenen und vorurteilslosen Gebrauch seines intellektuellen Urteilsvermögens zu verweisen. Zwar ist ihm das „selbst denken, selbst forschen, u. suchen"[87] immer noch selbstverständliche Bedingung; die Wahrheit erschließt sich nur durch „eigenes Nach-

---

[84] Vgl. S. 75, 81, 95.

[85] S. 84: „Es war der Hauptsatz der jüdischen Religion, daß ein Meßias zukünftig sey, Gott muste diese Weissagung erfüllen, er muste diesen Glauben aufrecht halten, und ihn wider alle Verfälschung schützen."

[86] S. 86.

[87] S. 89.

denken, ernstliches Forschen"[88] des einzelnen, der sich durch das gesellschaftliche Ansehen der Religion nicht die Mühe der persönlichen Rechenschaft abnehmen läßt[89]. Aber diese autonome Reflexion bedarf, um
nicht der Verstandesreligion und den in ihr liegenden Möglichkeiten
der Verirrung zu verfallen, der Führung durch das Gefühl, das Fichte
in dieser Beziehung „inneres Gefühl des Wahren und Guten" oder
„Geschmack fürs Wahre und Gute" nennt[90].

Damit aber erweist sich in dem von Fichte konstruierten Zirkel zwischen Gefühl und Reflexion doch d a s   i n n e r e   G e f ü h l   d e s
W a h r e n   u n d   G u t e n   a l s   d e r   e n t s c h e i d e n d e   F a k t o r.
Schon die Undeutlichkeit und Widersprüchlichkeit, in die seine Aus-
sagen sich verwickeln, sooft er die Rolle der Reflexion im Prozeß der
Überzeugung beschreibt — von dieser Undeutlichkeit wird noch zu
sprechen sein —, beweist, daß Fichtes Denken darauf zuläuft, die Religion allein auf das Gefühl zu gründen, wie er es ja auch schon in dem
Grundsatz in den Blick nimmt: „eine wahre Überzeugung von ihrer
Wahrheit muß allemal aus der Güte unsrer Empfindungen entstehen;
so wie die Verderbniß dieser Empfindungen allemal eine Ursache unsers
zurückgehaltenen Beyfalls gegen dieselbe seyn wird[91]." Das innere Gefühl ist nicht nur der den Prozeß leitende sichere Instinkt, es spricht
auch gleichsam das erste und das letzte Wort; das erste, weil ohne sein
Treiben die innere Bewegung gar nicht zustande käme, das letzte, weil
die Wahrheit der Religion dem „Zwang der Gründe"[92] entzogen und
also schließlich nur dem Gefühl zugänglich ist.

Eine solche Bedeutung kann aber das Gefühl nur erlangen, wenn es
in sich selbst seine Bestimmtheit hat, wenn es gleichsam als ein unmittelbares Wissen auftritt, an das sich die religiöse Erkenntnis als an
einen festen Punkt anknüpfen läßt. Eine solche bestimmte Qualität hat
es als sittliches Gefühl, als ein eingeborner Maßstab des Guten und
Bösen, als unmittelbare Zustimmung des Gewissens zu bestimmten
Werten und Tugenden[93]. Es ist auffällig, daß Fichte ein besonderes

---

[88] S. 80.
[89] S. 89.
[90] S. 88, 90.
[91] S. 87.
[92] S. 75; vgl. S. 87 f.
[93] In der Predigt vom 25. 3. 1786 gebraucht Fichte den Terminus „Stimme des
    Gewissens". Er versteht sie als „Stimme Gottes" im Menschen. G II 1, S. 58.

Gewicht auf „die sanften Empfindungen des Herzens"[94] legt: Güte, Sanftmut, Gefälligkeit, Bewunderung, Liebe, Zuneigung, Zärtlichkeit, Zutrauen[95]. Diese Tugenden erfahren beim jungen Fichte keinerlei philosophische oder theologische oder pragmatische Begründung. Ihr Wert und ihre Gültigkeit sind ihm unmittelbar durch die Empfindung des Herzens gesetzt. Dabei ist die „Herzensgüte"[96] oder die „Lauterkeit des Herzens"[97] offenbar Fichtes ethische Grundkategorie, in ihr wurzeln alle übrigen Tugenden. Diese Güte und Lauterkeit des Herzens ist nun zugleich die Voraussetzung und der Endzweck der wahren Religion: „Christliche Ueberzeugung sezt also schon eine gewisse Lauterkeit des Herzens voraus; u. durch ihre Wahrheiten wird das Herz immer mehr verbeßert[98]." Der Satz ist die allgemeinste Aussage Fichtes über das Verhältnis des Christlichen zum Humanen. Mit dieser Verhältnisbestimmung muß aber das Interesse an besonderen Glaubensinhalten als solchen zurücktreten. Das Wesen der Religion wird aus ihrer Funktion am menschlichen Herzen vollauf begriffen. Diese Funktion besteht „in einer gänzlichen Verbeßerung, u. Umänderung unsrer ganzen Denkungsart"[99].

Bei einer konsequenten Durchführung dieses Gedankens wäre Fichte schon damals zu der einfachen und radikalen Ansicht gelangt, daß durch die Religion eigentlich nichts in die Seele des Menschen komme, was nicht schon, wenigstens als Keim, in ihr liegt. Er hätte dann das Christentum allein als die Freisetzung und Erfüllung einer im Herzen jedes Menschen verborgenen Teleologie verstanden. Die Aufgabe der das Gefühl begleitenden Reflexion würde sich dann darauf beschränken, diese Teleologie und ihre Erfüllung bewußt zu machen. Wir werden aber, wenn wir nun Fichtes Verständnis der Religion Jesu als der Religion des Herzens darstellen, sehen, daß die freie Überlegung bei der Begründung der „christlichen Überzeugung" durchaus auch ihre eigenen

---

[94] S. 80; vgl. S. 75.

[95] S. 75, 80.

[96] S. 76.

[97] S. 88.

[98] S. 87 f.; vgl. S. 76.

[99] S. 95. In der Wendung „gänzliche Verbesserung und Umänderung" verbirgt sich eine Unklarheit, die auch dem Ausdruck, eine „gewisse Lauterkeit" müsse vorausgesetzt werden, anhängt. Fichte hat noch nicht genügend die Frage durchdacht, wie sich die durch die Religion bewirkte ethische „Denkungsart" zur natürlichen verhalte, ob als Vervollkommnung oder als Negation.

Wege geht. Es ist zu fragen, ob diese Inkonsequenz nur eine Folge von
Gedankenlosigkeit ist.


## 5. Die Christologie

Die Bedingungen der Religion des Herzens werden allein in der
christlichen Religion erfüllt. Die Möglichkeit dieser Koinzidenz liegt
in Fichtes Verständnis der Passion und der Ostergeschichte beschlossen.
Die Reflexion auf die Bestimmungen der Religion des Herzens hat
eine Korrektur jener gezwungenen und apologetischen Konstruktion
zur Folge, die Fichte unter dem Gesichtspunkt eines unumstößlichen
und zugleich verborgenen Beweises der Messianität Jesu entwickelte.
Im Rahmen dieser Konstruktion konnte nämlich der Tod Jesu nur die
Bedeutung einer für das Ostergeschehen unumgänglichen Bedingung
erhalten. „Jesus starb also, um auferstehen zu können: u. durch diese
seine Auferstehung die Wahrheit seiner göttlichen Sendung, u. seiner
Religion auf das überzeugendste zu beweisen[100]." Nun aber rückt Karfreitag in den Mittelpunkt von Fichtes Betrachtung, denn es ist vornehmlich der Tod Jesu, der „unserm inneren Gefühle des Wahren und
Guten und dem Herzen zu thun gibt". Da nun der Glaube aus der
Ergriffenheit des Herzens entsteht, muß sich das Verhältnis eines Menschen zur christlichen Religion an seiner Stellung zum Tode Jesu entscheiden; denn wer durch den Anblick des Gekreuzigten nicht bewegt
wird, der wird auch dem zu Ostern erbrachten Beweis nicht auf die
Spur kommen.
Es ist nicht nur in der Unabgeschlossenheit von Fichtes Loslösung
aus traditionellen christologischen Vorstellungen, sondern mehr noch in
der Eigentümlichkeit seines theologischen Ansatzes begründet, wenn
ihm, im Unterschied etwa zu Reimarus, Jesu Person nicht hinter dem
Interesse an seiner Lehre zurücktritt. „Die Religion Jesu sollte u. muste
auf Hochachtung gegen den Stifter derselben gegründet seyn, aber nicht
auf irdische, sondern auf Hochachtung seines Geistes u. Herzens[101]."
Die unvergleichliche Güte und Erhabenheit seines Charakters offen-
bart sich nirgends deutlicher als in den Gesinnungen, die ihn den frei-

---

[100] S. 86 f.
[101] S. 76.

4*

willigen Tod „zum Besten der Welt“ auf sich nehmen ließen[102]. Das Bild
des Gekreuzigten, in dem die Weite seines Herzens sichtbar geworden
ist, übte zu allen Zeiten eine unwiderstehliche Macht aus über jedes
menschliche Herz, in dem noch ein gewisses Maß sittlicher Empfindung
lebendig war, über jeden Menschen, der „in seinem Herzen fühlte, daß
es nicht zum besten mit ihm stände...“[103]. „Es muste die H e r z e n
der Christen a u f  d a s  ä u ß e r s t e  r ü h r e n von einem Jesu zu
hören, der alles was die Menschheit schreckliches hat, ausgestanden
hatte, um die Welt verständig, gut u. glücklich zu machen, der sich
einem jeden unter ihnen zu Liebe aufgeopfert hatte. Wie göttlich gros,
größer als wenn er geherrscht hätte von einem Ende der Erde bis ans
andre, musten sie in dieser Vorstellung den Stifter ihrer Religion erblicken[104]!“

Diese Rührung des Herzens ist zugleich die Erweckung jener „sanften Neigungen“, die den Charakter des Christen auszeichnen[105]. Diese
Tugenden, „die dem menschl. Herzen so schwer sind“[106], können zur
Entfaltung kommen, weil Jesus sie nicht nur gepredigt, sondern zugleich als ihr „vorzüglichstes Muster“ und „Bild“[107] ihre Möglichkeit
und Vortrefflichkeit durch sein Leben bewiesen hat. Man lernt sie
„nicht von einem glücklichen, geehrten, herrschenden u. regierenden,
sondern von einem verfolgten, geschmähten, gelästerten Religions-
Stifter“[108].

An dieser Stelle bahnt sich ein Gedanke an, der später für Fichtes
Ethik und Geschichtsphilosophie die größte Bedeutung erhalten sollte:
daß Christus die gesamte Menschheit dadurch auf eine neue sittliche
Stufe erhob, daß er das neue ethische und religiöse Bewußtsein, welches
er ins Leben rufen wollte, unmittelbar verkörperte[109]. Wenn Fichte be-

---

[102] S. 90; vgl. 91.

[103] S. 91.

[104] ebd.; vgl. S. 76 f., 80 f., 88, 91 f.

[105] S. 92. Auch dem späteren Fichte gilt das Christentum als eine „sanfte menschliche Religion“. G I 1, S. 307.

[106] S. 92.

[107] S. 76.

[108] S. 92; vgl. S. 76, 81.

[109] M V, S. 187—203, 279—286; vor allem M VI, S. 579—585. Die durch diese
Stellen markierte Entwicklung des Gedankens beim späteren Fichte kann
hier nicht nachgezeichnet werden; s. E. Hirsch: Christentum und Geschichte in
Fichtes Philosophie, 1920, S. 48—58.

tont, daß Juden und Heiden nur eine „bürgerliche und äußerliche Rechtschaffenheit" kannten und daß sie sich noch nicht zu der Einsicht erhoben hatten, Gottes Wille sei auf die Besserung des Herzens gerichtet[110], dann formuliert er damit die Erkenntnis, daß der Stifter des Christentums ein neues und höheres sittliches Leben begründet hat. Die neue Ethik soll als Bedingung „des reinsten glücklichsten Zustandes"[111] Besitz der ganzen Menschheit werden[112]. Sie besteht nicht in der Aufrichtung neuer Gesetze und Normen, denen sich der Mensch als Manifestationen eines fremden Willens zu unterwerfen hätte, sondern darin, daß er dem durch die Empfindung seines eigenen verwandelten Herzens gebotenen Guten aus freiem Antrieb folgt. Alle nur „äußerliche Rechtschaffenheit", alle „Werkgerechtigkeit" ist durch die verwandelnde Kraft des Bildes Jesu aufgehoben[113]. Da es nicht der Intellekt, sondern das gerührte „Gefühl des Wahren und Guten" ist, das den Menschen im Blick auf Jesu Charakter und Tat seine Bestimmung erkennen läßt, gewinnt diese Erkenntnis eine so zwingende Gewalt, daß die sittliche Lebensführung „von selbst" folgt[114]. So kann Fichte in einer schon an seine spätere Religionsphilosophie erinnernden gewagten Wendung[115]

---

[110] S. 82 f.; vgl. S. 79.

[111] S. 83; vgl. S. 79, 91.

[112] S. 93: „Jesus sollte unter anderm sterben, daß er die zerstreuten Kinder Gottes zusammenbrächte, d. h. damit er nunmehr die Religion, die alle gute Seelen miteinander vereinigen sollte, durch seinen Tod errichtete." Vgl. S. 77, 83, 85, bes. 94. Man findet sich hier an den Hauptgedanken von Franz Volkmar Reinhards „Versuch über den Plan, den der Stifter der christlichen Religion zum Besten der Menschen entwarf", 1781, 2. Aufl. 1784, erinnert: Die über allen Vergleich erhabene Würde Jesu gründet sich darauf, daß er einen Plan zur moralischen Vervollkommnung, zur Vereinigung und Beglückung des ganzen menschlichen Geschlechts gefaßt hat. Im Unterschied zu Reinhard arbeitet Fichte jedoch die besondere Bedeutung des Todes Jesu für die Ausführung dieses Plans heraus. Es ist nicht unwahrscheinlich, daß die Verehrung, die Fichte später gegenüber Reinhard bekundet hat — er hat ihm die zweite Aufl. des „Versuchs einer Kritik aller Offenbarung" gewidmet, vgl. auch sein Urteil über Reinhard in der „Appellation", M III, S. 192 — schon auf einer Dankesschuld des Studenten beruht.

[113] S. 82.

[114] S. 81; vgl. S. 95.

[115] M V, S. 202 f.

sagen, „daß der Tod Jesu uns von der Möglichkeit zu sündigen erlöset, u. die objektive Sünde ausgerottet habe"[116].

Der durch den Anblick des Gekreuzigten innerlich Überwundene findet aber, wenn er tiefer in den Geist der christlichen Religion eindringt, im Tode Jesu auch noch einen den ethischen Gesichtspunkt überschreitenden Sinn. „Die Geschichte, u. die Schicksaale Jesu wurden lebendige Erläuterungen, u. Beweise vieler dem Christenthume eigenen, damals unbekannten, u. einen schwierigen Eingang findenden Lehren[117]." Vor allem im Blick auf die oft unbegreifliche Vorsehung Gottes ist ihm das Leben Jesu ein ewiges Sinnbild christlicher Existenz: „Welch ein Blick in die Führungen u. Wege der Gottheit, u. seine weisen Absichten bey den sich öfters so wunderbar durchkreuzenden Schicksaalen der Welt! Welch eine Quelle der Beruhigung, wenn sie (sc. die Jünger) auch selbst von so unerklärbaren Schicksaalen betroffen wurden. Christus war der vortreflichste edelste Mann; aber er war nicht glücklich in der Welt. Haß u. Verfolgung u. Elend umringte ihn, u. ein schrecklicher Tod endete es mit ihm. Wird also der Tugendhafte die Belohnung seiner Tugend schon hienieden erwarten können[118]?" Leider hat Fichte diesen Gedanken, der nach seiner Meinung „den damaligen Religions-Systemen sowohl der Juden, als Heyden, ganz entgegen" war[119], hier nicht weiter ausführt. Erst in seiner Novelle „Das Thal der Liebenden" von 1790 hat er den Glauben des Christen an die verborgene Führung Gottes und die Frömmigkeit der Ergebung in den Willen Gottes dargestellt[120]. — Auch der Glaube an Auferstehung und Unsterblichkeit

---

[116] S. 78; vgl. S. 83. Aus der hier erkannten universalen Bedeutung der Person Jesu hätte Fichte nur erst eine Philosophie der Geschichte der Religion entwickeln können — in Ansätzen hat er es auch ausgeführt (vgl. das folgende Kap.) — noch nicht aber eine Geschichtsphilosophie, wie er es in der „Staatslehre" im Abschnitt über die „Neue Welt" getan hat; denn die durch Jesus geschehene Veränderung betrifft nur die „Denkungsart", noch nicht auch die äußere Verfassung des Daseins. Ein wesentlicher Unterschied in der Einschätzung der Wirkung Jesu besteht ferner darin, daß ihm sein Bild hier noch von bleibender, durch nichts ersetzbarer Bedeutung ist. Es darf nicht über seiner geschichtlichen Wirkung wieder vergessen werden. Vgl. M V, S. 197; VI, S. 581 f., 589, 599.

[117] S. 92; vgl. S. 76, 81.

[118] S. 92 f.; vgl. S. 76, 81.

[119] S. 93.

[120] G II 1, S. 267—281.

ist allererst dem Christentum zu danken, da er sich auf die „Verheißungen" und das „Exempel" Jesu gründet. Fichte hält also im Unterschied zu Reimarus und den Deisten die zentralen Wahrheiten der Religion der Aufklärung nicht einfach für vernünftig-religiöses Allgemein-
gut[121].

Der Glaube an diese dem Christentum eigenen „Lehren" ruht nun
aber im Unterschied zur christlichen „Tugend" nicht allein auf dem
durch das Bild des Gekreuzigten geweckten Zeugnis des Herzens, sondern ebensosehr auf einer Leistung des Verstandes, denn die „christliche Überzeugung" entsteht ja aus dem Zusammenspiel beider Erkenntnisvermögen.

Die Frage nach der Wahrheit der Religion Jesu, die der Verstand
stellt, reduziert sich für Fichte auf die Frage nach der Wahrheit seiner
Sendung[122]. An eine philosophische Durchdringung der christlichen
Lehre scheint er noch nicht gedacht zu haben. Die Sendung wurde nach
der schon referierten Konstruktion (s. o. S. 42 f.) durch die Auferstehung „bewiesen"[123]. Dieser Beweis ist als Begründung der Lehre der
eigentliche Gegenstand der Reflexion, wie der Tod Jesu der Gegenstand
des Gefühls war. Nach einem solchen Beweis wird der Verstand freilich nur fragen, wenn er durch das Gefühl des Wahren und Guten, das
in Jesus seinen Befreier erkennen möchte, den Anstoß erhält. Ist der
Anstoß aber einmal gesetzt, so m u ß die freie prüfende Reflexion ein-
setzen. Das Herz kann sich nämlich, so sehr es sich durch den freiwilligen Tod Jesu angerührt und erhoben fühlt, doch nicht bei diesem
Anblick beruhigen. Denn das „Helldunkel", in das die ganze Erscheinung Jesu gehüllt ist, lichtet sich nicht etwa in seinem Tode, im Gegen-

---

[121] S. 93. Fichtes Gedanken erinnern hier stark an die §§ 58—60 in Lessings „Erziehung des Menschengeschlechts", die den Satz entfalten: „Und so ward
Christus der erste z u v e r l ä s s i g e ,  p r a k t i s c h e  Lehrer der Unsterblichkeit der Seele." Er unterscheidet sich aber von Lessings Ansicht, daß der
Glaube an die Unsterblichkeit in die Form der Vernunftwahrheit überführt
werden könne, wenn er hinzusetzt: „und auch wir, glaube ich, haben noch
keine andern r i c h t i g e n Beweise für unsere Fortdauer mit Bewußtseyn,
als die aus der christlichen Religion von den Verheißungen, u. dem Exempel
Jesu." Diese Stelle ist die früheste erkenntniskritische und skeptische Äußerung Fichtes, die uns erhalten ist.
[122] S. 75.
[123] so auch in den Notizen zum Römerbrief, S. 95.

teil, dieser Tod wirft den schwärzesten Schatten über ihn: „Nein, der Tod Jesu an sich beweist nichts, er widerlegt[124]."

Es ist nun nicht deutlich zu erkennen, ob nach Fichtes Vorstellung der spekulierende Verstand, der sich jenes Beweises zu bemächtigen sucht, selbständig zu gesicherten Ergebnissen kommt. Bald scheint er es vorauszusetzen: die Beweise für die Wahrheit der Religion seien „r i c h t i g, u. den schärfsten ForschungsGeist b e f r i e d i g e n d", wenn sie auch „gesucht" werden müßten[125]; bald scheint er es — seinem Grundsatze entsprechend, daß die religiöse Wahrheit ihrem Wesen nach dem „Zwang der Gründe" entzogen sein müsse — wieder zu verneinen, so daß er uns schließlich auch nur an das Zeugnis der Jünger, deren Erzählung „so ganz das Gepräge der Ehrlichkeit, u. der Glaubwürdigkeit" trage, verweisen kann[126]. Nimmt er an, daß das Denken einen positiven Entschließungsgrund erbringen könne? Oder stellt es nur Widerspruchslosigkeit fest?

Streng geurteilt enthalten Fichtes theologische Überlegungen also eigentlich nur das Programm, das — allerdings sorgsam begründete — Postulat, den christlichen Glauben durch das Wechselspiel von Reflexion und Empfindung zu einer „vernünftigen Überzeugung"[127] zu erheben. Die Möglichkeit dieses Programms beruht auf dem durch das „Ärgernis" des Kreuzes[128] erzeugten Zwielicht. — Die Anwendung des Schemas der Herzensreligion auf das Christentum ergibt danach folgende Zusammenfassung: „Wer kein Gefühl vor Ehrlichkeit, Redlichkeit u. Zutrauen hatte: wem die Gesinnungen seines Herzens, u. die Lüste, deren Aufopferung jene Religion verlangte, diese Lehre verhaßt u. unangenehm machten, wer es wünschen muste, daß sie unwahr seyn möchte: blieb bey dem schlimmsten Anscheine stehen, entzog sich einem fernern Nachdenken, um nicht wider seinen Willen von ihr überzeugt zu werden, und fand sie, so wie er's wünschte, unwahr... Wer's in seinem Herzen fühlte, daß es nicht zum besten mit ihm stände, daß er Unterricht, Beßerung, Belehrung bedürfte, dem war eine Religion willkommen, die ihm alles dieses versprach: er fühlte es, daß sie das enthielte,

---

[124] S. 85; vgl. S. 84: „Der Tod Jesu an u. vor sich selbst beweist es unwidersprechlich (wenn nemlich Jesus in diesem Tode blieb), daß er ein Betrüger, daß er ein Feind der Gottheit sey."

[125] S. 87.

[126] S. 90 f.

[127] S. 80.

[128] S. 91.

was er suchte: er wünschte sie wahr zu finden: er durchdrang die äußere
Hülle, wurde überzeugt, u. je mehr er forschte, je mehr wurde er überzeugt. Kein Unreiner konnte also ins Reich Gottes gehen ... Das Kreuz
Jesu war die große Scheidewand, die jeden unwürdigen von seiner Gemeine abschnitt[129]."

## 6. Kirche und Dogma[130]

Fichte versteht Karfreitag und Ostern als das Gründungsdatum einer
neuen Geschichtsgestalt, der Kirche[131]. Sie ist ihm die Vereinigung aller
guten Seelen, also schon damals eine wesentlich ethisch bestimmte
Größe[132]. Indem diese Vereinigung sich in aller Welt vollzieht, wird
die Religion Jesu zu einer geschichtlichen Potenz. Ihre Wirkungen sind:
„1.) Aufhebung des jüdischen Gesetzes. 2.) Vernichtung anderer heyd-
nischer Religionen. 3.) Vereinigung dieser beiden Religionen u. überhaupt der Welt. 4.) Ausbreitung richtigerer Begriffe von den Forderungen Gottes an die Menschen, in Absicht auf moralische Vollkommenheit, Versöhnungen, u. Opfer: auf seinen Zorn, Gerechtigkeit, u. Strafe.
5.) Verbeßerung des sittlichen Zustandes der Menschheit. 6.) Ausbreitung des reinsten besten Glücks[133]."
Alle diese unmittelbaren Folgen der christlichen Religion in der Geschichte können nun aber auch auf ihre mittelbare Ursache, den Tod
Jesu, bezogen werden. Sie werden dann als direkte Wirkung dieses
Ereignisses, als Wirkungen „des T o d e s , des B l u t e s , des L e i d e n s
Jesu" beschrieben[134]. Das Motiv dieser unmittelbaren Rückbeziehung ist
ein „rednerisches"[135]; man will die von dem Bilde des Gekreuzigten
ausgehende Rührung verstärken[136]. Es ist nun Fichtes hellsichtige Er-

---

[129] ebd.
[130] Dieses Kapitel ist nur ein Zusatz zur Christologie. Es vervollständigt Fichtes
Bild der christlichen Religion, soweit es aus den Dispositionen zum zweiten
großen Abschnitt, dem über die „uneigentlichen" Absichten des Todes Jesu,
möglich ist.
[131] Daß Fichte die Pfingstgeschichte eliminiert, ist unmittelbare Konsequenz
seiner Christologie.
[132] S. 93.
[133] S. 77; vgl. S. 81 ff.
[134] S. 77.
[135] S. 81.
[136] S. 83; vgl. S. 81, 94.

kenntnis, daß durch diese Übertragung bzw. durch das Verschweigen des Mittelgliedes der geschichtlichen Bewegung des Christentums die soteriologischen Dogmen der Kirche von der Erlösung, Rechtfertigung und Versöhnung durch den Tod Christi entstanden sind. Diese Entwicklung ist im Neuen Testament schon weit fortgeschritten[137]. — Die Ableitung ist zugleich die Kritik. Die soteriologischen Lehren sind nicht übernatürliche Wahrheiten, sondern in Wirklichkeit „metaphorische"[138], „tropische"[139] Aussagen über die geschichtlichen Auswirkungen der von Karfreitag und Ostern ausgehenden Bewegung[140]. Dazu tritt gelegentlich noch als ein weiteres Erklärungsprinzip der Gedanke, daß die neutestamentlichen Schriftsteller sich mit ihren Aussagen, z. B. bei der Aufnahme des Opferbegriffs, den Denkformen ihrer Zeit angepaßt haben[141].

Ist es schon von Fichtes Christologie her zu erwarten, daß er zur Dogmenkritik fortschreiten muß, so ist hier das Mittel der Kritik gefunden. Er wendet es vor allem auf die Lehre von der Rechtfertigung um Christi willen an. Fichte empfindet die Unvereinbarkeit der Vorstellung einer stellvertretenden Genugtuung mit seinem ethischen Christentumsverständnis[142]. Die durch den Opfertod Jesu ermöglichte Rechtfertigung ist nun nach seinem Erklärungsprinzip „gar nichts reelles, sondern eine bloße Idee zur Beruhigung derer, die ihre moralische Unvollkommenheit erkannten"[143]. Die Rechtfertigungslehre kann nur

---

[137] S. 77, Randbem.

[138] S. 77.

[139] S. 94.

[140] Fichte hat diese Erkenntnis zeitlebens festgehalten. So schreibt er etwa in der „Staatslehre", 1812: „Ein Evangelium der Versöhnung und Entsündigung — historisch genommen, nicht metaphysisch: d. h. nicht, als ob in Gottes ewigem Wesen bis auf Jesus wirklich es so ausgesehen hätte, wie in dem Gotte des Altertums, sondern nur, daß erst jetzt in der Erkenntnis der Menschen diese Ansicht von ihrem Verhältnis zur Gottheit treten soll an die Stelle der früheren, tief eingewurzelten." M VI, S. 567; vgl. S. 592.

[141] S. 82. Daß Fichte den Begriff der Akkomodation gebraucht, beweist, daß er sich auch einen Einblick in die neueren Methoden der Schriftauslegung verschafft hat. Vgl. R. Hofmann: Art. „Accomodation", RE³, I, S. 129 f.

[142] S. 83. Zur Destruktion der Satisfaktionslehre in der Neologie, in deren Tradition Fichte hier steht, vgl. E. Hirsch; Geschichte der neuern evangelischen Theologie, Bd. IV, S. 105 ff; K. Aner: Die Theologie der Lessingzeit, 1929, S. 285 ff.

[143] S. 83.

als der metaphorische Ausdruck dafür verstanden werden, daß mit der durch den Tod Jesu begründeten Religion eine bessere, alle heidnische und jüdische Werkgerechtigkeit und damit auch alles Opfer- und Reinigungswesen aufhebende Gerechtigkeit, nämlich die des Gott wohlgefälligen reinen Herzens, in die Geschichte eingetreten ist[144].

Erinnert man sich, daß Reimarus das Dogma von einem geistlichen Erlöser und die daran geknüpften soteriologischen Lehren als ein schlechthin neues Religionssystem verstand, so muß man Fichte das Zeugnis geben, daß er den geschichtlichen Zusammenhang der Lehren von der Rechtfertigung, Versöhnung und Erlösung mit der Tat Jesu erfaßt und damit ein Wahrheitsmoment in der Religion der Apostel aufgewiesen hat, ohne das in ihr enthaltene Fremdartige zu verkennen.

Auch an der Zwei-Naturen-Lehre übt Fichte schon damals Kritik, allerdings mit geringerer Konsequenz, weil ihm hier ein Kanon der Beurteilung fehlt. Aus Röm 1, 4 schließt er, daß Jesus „non proprie" Sohn Gottes zu nennen sei. Der Titel komme ihm zu, weil der Geist Gottes auf ihm ruhte; mit demselben Recht werden alle wahren Christen Kinder Gottes genannt[145]. Fichte widerruft aber im selben Moment seine Destruktion: „Die Christen werden in allen Dingen mit Jesu in eine Parallele gestellt; aber sind sie deswegen auch w e s e n t l i c h e  P e r s o n e n  d e r  G o t t h e i t[146]?"

Das Motiv, das Fichte zur Destruktion des Dogmas von der Rechtfertigung und Versöhnung führt, ist nicht einfach allgemeine „kritische Rationalität". Die treibende Kraft ist vielmehr sein Verständnis dessen, was wahrhaft christlich ist. In Übereinstimmung mit den meisten aufgeklärten Theologen fordert Fichte eine Reinigung und Vereinfachung des christlichen Lehrbestandes im Namen des Christentums selbst. Er beruft sich dabei allerdings nicht — wie etwa Wilhelm Abraham Teller in der „Religion der Vollkommnern" — auf den Gedanken einer per-

---

[144] S. 78, 82. Fichte hat in diesem Zusammenhang auch schon Zweifel am Sinn der Vorstellung vom Zorn Gottes, die er später als durch das Christentum vernichteten heidnischen Wahn betrachtet wird, angedeutet. S. 82; vgl. M V, S. 202; IV, S. 541, 584, 622.

[145] S. 95.

[146] S. 95 f. Wenn Fichte in seiner Predigt an Mariä Verkündigung von einem „für die Sünden blutenden Gottmenschen" spricht (G II 1, S. 58; vgl. auch S. 53, 56, 62), so wird man darin ein Zugeständnis an die Sprache und Vorstellungswelt der Gemeinde sehen dürfen. Auch in den übrigen Predigten Fichtes läßt sich eine solche Anpassung beobachten.

manenten Selbstvollendung der christlichen Religion, sondern auf ihre
ursprüngliche Gestalt, auf die Absichten des Stifters. Gehörte zu diesen
Absichten nicht auch die „Erleuchtung" des menschlichen Verstandes?
Freilich sollte es eine Erleuchtung, eine Aufklärung sein, die sich von
der Stimme des Herzens leiten läßt. Diesen nicht einfach rationalen,
sondern praktisch-kritischen Gesichtspunkt, den Jesus den falschen religiösen Vorstellungen der vorchristlichen Menschheit entgegenstellte,
hält Fichte auch für den geeigneten Maßstab einer Reinigung der christlichen Lehre.

Bei dem nun möglichen kritischen Überblick über die Leistung des
jungen Fichte wird man hervorheben müssen:
a) Es ist ihm gelungen, den Tod Jesu wieder zur Mitte der christlichen
Religion zu machen und ihm bleibende Bedeutung zu sichern. Er ist
d a s Datum der Religion Jesu, das gerade in seiner Undurchschaubarkeit
ein Absinken des Christentums zur „äußerlichen Religion" des Heiden-
tums verhindert und, indem es die beiden inneren Vermögen in ständiger Bewegung hält, die Innerlichkeit der christlichen Frömmigkeit
begründet. Wer ein Christ wird, wird „ein wahrer Christ"[147]. Er nimmt
die Religion dann lediglich um ihrer „inneren Güte" willen an[148]. So
konnte Fichte auch Kritik an den auf den Tod Jesu gegründeten Dogmen
üben, ohne die Bedeutung dieses Todes preiszugeben. — Umgekehrt ermöglichte ihm die allgemeine Besinnung auf die Bedingungen der Religion des Herzens die mit Jesu Sendungsbewußtsein verbundene Dialektik und damit die in der Sache begründete Unkenntlichkeit seiner
Person zu erfassen. Fichte hat hier den tiefen Gedanken Kierkegaards
vorweggenommen, daß Jesus seine Bestimmung nur durch die Wah-
rung seines Inkognito und durch das damit verbundene Ärgernis für
die natürliche menschliche Denkweise erfüllen konnte, indem er so jede
Möglichkeit einer Nachfolge aus unechten, heidnischen Motiven —
Fichte sagt: aus „fleischlicher Absicht"[149] — zerstörte[150].

---

[147] S. 90.

[148] S. 80.

[149] ebd.

[150] s. S. Kierkegaard: Gesammelte Werke, 26. Abt. (Einübung im Christentum,
übers. v. E. Hirsch), S. 88 ff, 100, 122 f., 126 f., 135 ff. u. ö.; 29. Abt. (Urteilt
selbst. Zur Selbstprüfung der Gegenwart anbefohlen. Zweite Folge, übers. v.
E. Hirsch), S. 199 f.

Es ist aber auch zu beachten, daß Fichte den Tod Jesu nur unter dem Gesichtspunkt eines frei gewählten Mittels zum Zweck der Errichtung der christlichen Religion und Frömmigkeit verstand. Er sah in ihm nicht eine notwendige Konsequenz des Konflikts Jesu mit dem Judentum und mit der Sünde des Menschen. Zwar hat er durch seinen Religionsbegriff den religionshistorischen und ethischen Gegensatz zwischen dem Christentum und den antiken Religionen herausarbeiten können, er hat aber nicht versucht, das Leben Jesu selbst aus diesem Gegensatz zu verstehen.

b) Fichte möchte, indem er das Christentum als Religion des Herzens begreift, die Wahrheit der Religion im Denken und Fühlen des gegenwärtigen Menschen begründen. Dabei hat er in dem sittlichen Empfinden eine gleichsam transzendentale Grundlage der religiösen Gewißheit entdeckt. Dieses Empfinden ist ein Faktor, der in sich begründet ist, der zwar mehr oder weniger stark entwickelt sein kann, dabei aber doch als eine bestimmte Teleologie a priori vorausgesetzt werden kann.

Die schwache Stelle seiner Überlegungen ist in der Unsicherheit und Undeutlichkeit zu erkennen, mit der er die Funktion der Reflexion im Prozeß des Sichvergewisserns beschreibt. Daß er die zu einer eigenen Gewißheit strebende Reflexion überhaupt ins Spiel bringen k a n n, beruht vor allem darauf, daß die erkenntnistheoretische Fragestellung und die damit verbundene Skepsis damals bei Fichte noch nicht wirksam zum Durchbruch gekommen ist. Er sieht nicht, oder jedenfalls nicht deutlich, daß die durch den Tod Jesu gestellte Entscheidungsfrage, die er so glänzend herausgearbeitet hat, grundsätzlich durch kein „Forschen" gelöst werden kann. So verfällt Fichte gegenüber denen, die die Religion auf Verstandesbeweise gründen wollen, selbst der Logik des Beweisens. Lessings berühmter Satz, daß zufällige Geschichtswahrheiten der Beweis notwendiger Vernunftwahrheiten nie werden können[151], ist noch nicht Fichtes Einsicht.

---

[151] Lachm. 13, S. 5. Im § 59 der „Erziehung des Menschengeschlechts" hat Lessing den Grundgedanken der Abhandlung „Über den Beweis des Geistes und der Kraft" auch auf die Beweiskraft der Auferstehung angewandt: „Ob wir noch itzt diese Wiederbelebung, diese Wunder beweisen können: das lasse ich dahingestellt sein. So wie ich es dahingestellt sein lasse, wer die Person dieses Christus gewesen. Alles das kann damals zur A n n e h m u n g seiner Lehre wichtig gewesen sein: itzt ist es zur Erkenntnis der Wahrheit dieser Lehre so wichtig nicht mehr."

Daß er die Reflexion auch ins Spiel bringen w i l l, dürfte aber seinen tieferen Grund darin haben, daß er sich über die Tragweite und Haltbarkeit der von ihm hier erstmals erprobten Religionsbegründung durch das moralische Gefühl noch nicht ganz sicher ist. Fichte ist daher genötigt, den eingenommenen Standpunkt zugleich zu hinterfragen. Ist das Gefühl wirklich fähig, den christlichen Gottesglauben zu begründen?

Diese Frage mußte um so dringender nach einer Lösung verlangen, als Fichte auf dem hier eingeschlagenen Weg fortschritt. Daß er ihn weiter beschreiten mußte, ist deutlich: je weniger ihm die Brüchigkeit der hier betriebenen Spekulation verborgen bleiben konnte, desto entschiedener mußte er versuchen, den Standpunkt der Religion des Herzens in sich abzuschließen. Dabei ist zu erwarten, daß er den Inhalt der Religion noch strenger, als er es in diesem Fragment tun konnte, unter dem Gesichtspunkt ihrer moralischen Bedeutsamkeit, ihrer Beziehung auf die „Denkungsart" und das Leben interpretieren wird; er wird auch die Kritik am Dogma fortsetzen müssen. Wir werden dann sehen, wie der so in sich gereinigte und zugleich nach seiner Rechtfertigung verlangende ethisch-religiöse Standpunkt durch eine neue Spekulation in Frage gestellt werden wird.

Noch aber ist eine Frage offengelassen, ohne deren Beantwortung die Interpretation von Fichtes Theologie bis zum Jahre 1786 nicht abgeschlossen ist, die nach der geistesgeschichtlichen Herkunft und Einordnung des im Fragment über den Tod Jesu erprobten Gefühlsbegriffs.

## 7. Ideengeschichtliche Beziehungen

Wir waren bereits bei der Analyse der weltanschaulichen Grundlagen der Valediktionsrede auf Bestandteile einer Anthropologie gestoßen, deren Fundament die Vorstellung von den angeborenen Gefühlen war, wie sie z. B. Rousseau vertreten hatte. War aber dort die Art des Gefühls noch ziemlich unbestimmt geblieben — jene Formel von den gleichen, aber verschieden entwickelten Gefühlen will ja gerade die ganze Breite der verschiedenartigsten Gefühlsregungen und Leidenschaften einfangen —, so denkt Fichte nun an ein moralisches Gefühl, an Empfindungen des Herzens, die dem Handeln des Menschen und seiner Denkungsart eine bestimmte Richtung geben. Es hat sich also eine Ethisierung des Menschenbildes vollzogen, die, je länger je mehr, eine Ethisierung der Religion nach sich ziehen muß.

Ideengeschichtliche Beziehungen

M. Wundt und E. Gelpcke haben versucht, den Geist der Fichteschen Philosophie ideengeschichtlich aus dem S t u r m  u n d  D r a n g abzuleiten, denn der junge Fichte habe ganz und gar in der Gedankenwelt dieser Bewegung gelebt[152]. Wundt will die Wissenschaftslehre geradezu als Verbindung eines aus der Geniezeit genommenen Gehalts mit der Form der Kantischen Philosophie erklären[153]. Da nun die grundlegende Bedeutung des Gefühlsbegriffs für den jungen Fichte der Hypothese der Herkunft genuin Fichtescher Gedanken aus dem Sturm und Drang von neuem Vorschub leisten könnte, müssen wir sie hier noch einmal[154] überprüfen.

Man hätte schon aus Fichtes Lösung des ästhetischen Problems der Valediktionsrede schließen können, daß sein Verhältnis zum Sturm und Drang zumindest ein kritisches gewesen sein muß. Neu entdecktes Material erlaubt uns jetzt, sein Urteil mit Sicherheit zu bestimmen. In einer im Stil der Lessingschen Rezensionen geschriebenen Besprechung der 1787 erschienenen deutschen Ausgabe von Edward Youngs „Conjectures on Original Composition", 1759, übt Fichte, ohne die dem berühmten Manne gebührende Ehrfurcht zu verletzen, scharfe Kritik an Youngs Begriff des Originalschriftstellers und damit am Geniebegriff des Sturm und Drang[155]; die „Conjectures" behaupteten ja den Rang einer Programmschrift für diese Bewegung[156].

---

[152] M. Wundt: Fichte-Forschungen, 1929, bes. S. 14—37; E. Gelpcke: Fichte und die Gedankenwelt des Sturm und Drang. Eine ideengeschichtliche Untersuchung zur Ergründung der Wurzeln des deutschen Idealismus, 1928. Der Anschein eines Nachweises beruht großenteils darauf, daß beide Forscher in der Nachfolge der Hermeneutik von Dilthey und Spranger (s. bes. Gelpcke, a.a.O., S. 275 ff.) den Begriff „Sturm und Drang" zu einer Bezeichnung für eine bestimmte Lebensrichtung ausweiten, als deren Typus Fichte sich dann vor allem durch gewisse autobiographische Äußerungen erweist. Gelpcke gibt S. 54 selbst zu, daß sich „eine eindeutige und vollbewußte Übernahme bestimmter Ideenzusammenhänge und gewisser Problemstellungen" nicht nachweisen läßt.

[153] a.a.O., S. 31; ähnlich Gelpcke, a.a.O., S. 34.

[154] Gelpckes und Wundts These wurde schon in E. Hirschs Rezension (Theologische Literaturzeitung, 54, 1929, Nr. 14, Sp. 313—323) zurückgewiesen. Vgl. bes. die Ausführungen zum Geniebegriff, Sp. 317 f.

[155] Kantstudien, 59, 1928, S. 48—55.

[156] vgl. F. J. Schneider: Die deutsche Dichtung der Geniezeit, 1952, S. 18 ff.; K. A. Korff: Geist der Goethezeit, Bd. I, 7. Aufl. 1964, S. 126 f.

Während Young den Originalschriftsteller vor allem an der absoluten Neuheit seiner Produktionen erkennen will[157], zeigt sich der originale Geist für Fichte mehr noch in der Art der Gestaltung, mag der Stoff auch von einem berühmten Vorbild entlehnt sein[158]. Da Young nach Fichtes Meinung keinen deutlichen Begriff des Originalen entwickelt, schlägt er selbst eine Definition vor, an der er dann die Urteile des Engländers mißt: „Wenn wir einen Versuch machen dürften — wird durch den Ausdruck o r i g i n a l, wohl h i e r etwas anderes als, d i e e i g e n t h ü m l i c h e   R i c h t u n g   i r g e n d e i n e s   T a l e n t s bezeichnet, das seinen Grad von Vortrefflichkeit hat[159]?" Trotz des Sperrdrucks ist der Nachsatz von gleicher Wichtigkeit, wie die Erläuterung Fichtes zeigt. Die Definition enthält so die Forderung, daß der Künstler seiner Eigentümlichkeit, die er allerdings als individuelle Bedingung mitbringen muß, nicht einfach freien Lauf lassen darf, sondern daß er sie ausbilden und vervollkommnen muß. Dazu bedarf er der Kunstregeln, der Erfahrung, der Menschenkenntnis, der Reflexion über sich selbst und seine Grenzen, der literarischen Vorbilder, kurz: der Kritik[160]. Fichte wirft denn auch Young vor, er gehe fast auf jeder Seite „über die Gränzen des bescheidenen Kunstrichters hinaus"[161]. Die Devise der Stürmer und Dränger, „das Genie sey ohne Regel sich Führer genug", wird scharf verurteilt[162]. Der sich emotional äußernden naturhaften Originalität wird also ein rationales Korrektiv gegeben. Niemand kann sich seinen Gefühlen „ungestraft überlassen"[163], denn „das Vorurtheil schleicht unter der Maske der Empfindung nur desto sicherer herbey"[164].

---

[157] a.a.O., S. 51.

[158] ebd.

[159] a.a.O., S. 50.

[160] a.a.O., S. 52 f.

[161] a.a.O., S. 53.

[162] ebd.

[163] a.a.O., S. 52.

[164] a.a.O., S. 49. Diese Stellungnahme Fichtes liegt ganz auf der Linie der schon in der Valediktionsrede gewonnenen Einsicht. Die Berührung ließe sich auch an Einzelheiten zeigen, etwa an der Warnung vor maßloser Erhebung der „Alten" (a.a.O., S. 25; s. o. S. 10). Es ist jetzt aber ein stärkerer Einfluß Lessings spürbar, der sich z. B. in der Wertschätzung Diderots verrät (a.a.O., S. 50; s. a. G II 1, S. 108. Vgl. Lachm. 8, S. 286 ff.). Daß Fichte sich dabei doch seine geistige Unabhängigkeit zu erhalten weiß, zeigt das ebenfalls

In ähnlichem Sinne sehen wir Fichte ein Jahr später Kritik an einigen Oden Klopstocks üben[165]. Zu den Oden „Das Anschaun Gottes" und „Der Erbarmer" notiert Fichte: „Der Dichter war ohne Zweifel innig bewegt, auf dem höchsten Gipfel der Empfindung ... aber er zog die Leiter, auf welcher er sich dahin erhob, nach sich, und ruft uns nun aus seinen Wolken zu: Ich empfinde; ich empfinde — was kein Mensch empfinden kann, der nicht neben ihm steht[166]." Fichtes Argwohn richtet sich also wieder gegen das unüberprüfte Gefühl, hier in der Form der unaussprechlichen religiösen Empfindung.

Ein Seitenblick auf Fichtes literarischen Geschmack vervollständigt das gewonnene Bild. „Ich habe einige Lieblingsautoren", schreibt er in einem Brief an Frau von Koppenfels aus dem Jahre 1790, „d. i. einmal (?) wie sich versteht, unter den Franzosen Rousseau, u. Montaigne, unter den Deutschen Lessing, Wieland, Göthe in seinen neuern Arbeiten — diese lese ich, u. lese sie wieder, und kann sie nie genug lesen — und vielleicht sind sie es, die meinen Geschmack so einseitig machen"[167]. Kein einziger Dichter des Sturm und Drang wird erwähnt. Erst in zweiter Linie nennt er dann Bürger, Voß und die Brüder Stolberg. Der Zusatz hinter Goethes Name besagt, daß Fichte das Sturm-und-Drang-Drama „Götz von Berlichingen" nicht schätzt; und von dem Dichter der „Räuber" hofft er, daß er sich durch Lessings Literaturbriefe und Dramaturgie auf einen noch besseren Weg führen läßt[168].

Wir können den Schluß ziehen, daß Fichte den Kerngedanken des Sturm und Drang, die Idee des durch seinen künstlerischen oder religiö-

---

mit der Valediktionsrede übereinstimmende reservierte Urteil über Shakespeare, den er als einen Verführer junger Leute, die sich für Genies halten, zu betrachten scheint; a.a.O., S. 51; vgl. G II 1, S. 22.

[165] „Anmerkungen zu den Oden Klopstocks" (Fragment), G II 1, S. 245–247. Fichte hat in seiner Zürcher Zeit ferner zwei nicht mehr erhaltene Aufsätze über Klopstock geschrieben, über die „Frühlingsfeier" und über das „Religiöse Sistem im Meßias". (Schulz I, S. 49; G II 1, S. 219 f. Vgl. auch die Einleitung der Herausgeber zum Fragment über die Oden, G II 1, S. 241 ff.) Der letzte Aufsatz war eine Kritik, die die nachteilige Wirkung der orthodoxen Lehre auf die dichterische Qualität des Messias nachzuweisen suchte.

[166] G II 1, S. 245.

[167] Schulz I, S. 100.

[168] Schulz I, S. 101. Zu Fichtes Geschmack ist auch sein ebenfalls 1790 entworfener „Plan zu einer Zeitschrift über Litteratur und Wahl der Lektüre" zu vergleichen. G II 1, S. 259–262.

sen Instinkt sicher geleiteten Genies, verworfen hat. Die Annahme eines moralischen Instinkts aber, wenn man Fichtes Standpunkt so bezeichnen will, ist ausgesprochen ungenialisch, einmal weil sie nicht nur bei Enthusiasten des Sturm und Drang begegnet, sodann aber weil dieser Instinkt als eine jedem Menschen mitgegebene Qualität gedacht wird. Fichtes inneres Gefühl des Wahren und Guten ist nicht mit dem naturhaften leidenschaftlichen Gefühl des Sturm und Drang oder mit religiöser „Ahndung" oder auch mit dem Gefühl, von dem Jacobi so weitreichenden Gebrauch macht[169], zu verwechseln. Die Feststellung verbaler Übereinstimmungen, die Gelpcke unermüdlich zusammenträgt, ist wertlos[170].

Die Sprache des jungen Fichte weist uns eher in eine andere Richtung. Die häufige Verwendung des Wortes „Rührung", die Betonung der „sanften, zärtlichen Affekte", schließlich auch die Bezeichnungen „Religion des Herzens", „Religion guter Seelen" usw. lassen einen Einfluß der E m p f i n d s a m k e i t vermuten.

Es ist bekannt, daß Fichte in seiner Jugend Klopstock sehr verehrt hat[171]. In einem als Vorwort zu den ersten zehn Gesängen des Messias geschriebenen Aufsatz „Von der heiligen Poesie", 1756, verlangt Klopstock von dem religiösen Dichter, er müsse die Wahrheiten der christlichen Lehre „so sagen, saß sie das Herz ebensosehr als den Verstand beschäftigen", und er fährt fort: „Das Herz ganz zu rühren, ist überhaupt,

---

[169] vgl. z. B. Fr. H. Jacobi: Werke, Bd. II, 1815, S. 60—63, 76 (David Hume über den Glauben, oder Idealismus und Realismus. Ein Gespräch, 1787). Das Gefühl war für Fichte niemals ein „Organ für die Wahrnehmungen des Übersinnlichen" (a.a.O., S. 62), mit dem sich metaphysische Probleme lösen lassen.

[170] Dieses Gesamturteil über Fichtes Verhältnis zum Sturm und Drang wird durch die Feststellung nicht eingeschränkt, daß die radikalen politischen Ideen, die von einzelnen Dichtern der Geniezeit — aber nicht nur von ihnen! — mit Vehemenz verfochten wurden, auch den jungen Fichte in ihren Bann gezogen haben. Seine politischen Äußerungen in den „Zufällige(n) Gedanken einer schlaflosen Nacht" (G II 1, S. 103—110), erst recht seine beiden Schriften zur französischen Revolution, reihen sich in den Chor der zahlreichen Stimmen ein, die W. Krauss in seinen „Studien zur deutschen und französischen Aufklärung", 1963, S. 331 ff. effektvoll zusammengestellt hat.

[171] vgl. vor allem den Brief an Klopstock, Schulz I, S. 291. Bereits in der Valediktionsrede spielt Fichte mehrfach auf den Messias an. G II 1, S. 10, 13 ff. Seine Aufsätze über den Dichter, den Oheim seiner Braut (s. o. S. 65 Anm. 165), scheinen ihm aber ein kühleres Gesamturteil ermöglicht zu haben.

in jeder Art der Beredsamkeit, das Höchste, was sich der Meister vorsetzen, und was der Hörer von ihm fordern kann. Es durch Religion zu tun, ist eine neue Höhe, die für uns, ohne Offenbarung, mit Wolken bedeckt war"[172]. Vom Leser erwartet Klopstock als allgemeine Voraussetzung des Nacherlebens „eine unverdorbne natürliche Empfindung, und ein gutes Herz"[173]. Man sieht, wesentliche Momente von Fichtes „Religion des Herzens" erscheinen bereits hier als Prädikate der „heiligen Poesie". Es darf angenommen werden, daß Fichte diesen Aufsatz gekannt hat; spätestens bei der Abfassung seiner Abhandlung über das religiöse System im Messias wird er ihn studiert haben[174].

Noch mehr aber stoßen wir bei Gellert auf Formulierungen und Gedanken, die Fichtes Anschauung von der Bedeutung des Gefühls sehr nahe kommen. Wir greifen noch einmal auf Gellerts „Betrachtungen über die Religion" zurück[175].

Der Ort, an dem der Mensch der Wahrheit der Religion inne wird, ist für Gellert weniger die „Vernunft", als vielmehr die „Empfindung". Das gilt nicht nur für diejenigen Wahrheiten, die man auf Offenbarung zu gründen pflegt, sondern auch schon für die Frage des Daseins Gottes[176]. Gegen die falschen Gründe des Gottesleugners ist dem Menschen ein „Schild durch die innerliche Empfindung" gegeben[177]. An ihr lassen sich zwei Seiten unterscheiden. Zunächst: das Gemüt fühlt sich unwiderstehlich getrieben, zur wunderbaren Schöpfung den Schöpfer hinzuzudenken und ihn zu verehren[178]. Sodann aber ist sich der tugendhafte Mensch selbst ein unmittelbarer Beweis Gottes und seiner Hoheit. „Ich höre, wenn ich die Begierden schweigen heiße, eine Stimme in mir, die mir sagt, dieses sei gut, und jenes böse! Von wem kömmt diese Stimme? Ihr will ich folgen. Irre ich, so irre ich mit Vernunft. Aber nein, diese Stimme spricht zu göttlich, als daß sie die Stimme des Irrthums seyn sollte; sie sagt mir, daß ich den Allmächtigen, durch den ich bin, über alles verehren

---

[172] Fr. G. Klopstock: Ausgewählte Werke, 1962, S. 1009.

[173] a.a.O., S. 1000.

[174] Auf die Ähnlichkeit der Sprache Fichtes mit der Klopstocks hat schon M. Wundt: Fichte und Klopstock, Beiträge zur Philosophie des Deutschen Idealismus, Bd. II, 1921/22, H. 1, S. 41 hingewiesen.

[175] s. o. S. 22 ff.

[176] Chr. F. Gellert: Sämtl. Schr., 5. Th., 1769, S. 99 f.

[177] a.a.O., S. 97.

[178] a.a.O., S. 98.

soll. Hierinnen besteht mein Glück und meine Pflicht[179]. " Gellert spricht
hier auch von „Empfindungen des Erlaubten und Unerlaubten, des Guten und Bösen, welche der Allmächtige den Herzen der Menschen ein-
gedrückt hat"[180], oder — mit einem an Rousseaus savoyischen Vikar erinnernden Ausdruck — vom „Gefühl des Gewissens", das sich jedem
ungläubigen Räsonnement der „grosen Geister" überlegen erweist[181].
Fichte hat mit Gellert und der Empfindsamkeit freilich nur Motive ge-
meinsam[182]. Vor allem hat er das Gewissensgefühl entschlossener als
Gellert unter dem Gesichtspunkt der Religionsbegründung systematisch
fruchtbar gemacht. Auch führt die enge Verbindung von Tugend und
Religion auf der Grundlage des Gewissensgefühls bei Gellert noch nicht
zu einer Kritik am überlieferten Lehrbegriff. Er hält z. B. entschieden
an der Lehre von der Gottheit Christi fest[183], legt zugleich aber den Ton
auf die in den herkömmlichen christologischen Anschauungen enthaltenen, das Gemüt bewegenden und veredelnden rührenden Züge, wie
besonders seine Schilderung des leidenden Erlösers zeigt[184]. In Gellerts

---

[179] a.a.O., S. 98 f.

[180] a.a.O., S. 96.

[181] a.a.O., S. 97. Ein Einfluß des „Glaubensbekenntnisses" kann aber nicht vor-
liegen, da Gellerts Aufsatz bereits 1760 erschienen ist. Allerdings kündigt
sich die im vierten Buch des Émile und in der Nouvelle Héloïse enthaltene
Gefühlslehre bereits in früheren Schriften Rousseaus an; vgl. z. B. den Schluß
des ersten Discours. — Zahlreiche weitere Belege für Gellerts Annahme eines
von Gott eingestifteten moralischen Gefühls finden sich vor allem in dem
Aufsatz „Von der Beschaffenheit, dem Umfang und dem Nutzen der Moral",
1765, a.a.O., S. 187—212, s. bes. S. 189 ff., 192 ff.; ferner in den „Moralischen Vorlesungen", Sämtl. Schr., 6. Th., 1770, s. bes. S. 34—53.

[182] Die Gefahr des Abgleitens ins Sentimentale scheint er stark empfunden zu
haben, wie die ironische Bemerkung über das Genre larmoyant in seiner
Kritik eines Schauspiels von Chr. A. Vulpius erkennen läßt. Kantstudien 59,
1968, S. 55 f. Im „Plan anzustellender Redeübungen", 1789, warnt er vor
einer „pretiösen, blumenreichen und empfindelnden Sprache, die man hie
und da für Eins mit schönen Sprachen zu halten angefangen hat." G II 1,
S. 132. Auch in dem 1790 entworfenen „Plan zu einer Zeitschrift über
Litteratur und Wahl der Lektüre" spricht er von der „Seuche der Weichlichkeit und Empfindelei". G II 1, S. 260. Derselbe Plan zeigt aber auch, daß
Fichte im ganzen ein positives Verhältnis zu den großen Dichtern der Empfindsamkeit hatte.

[183] a.a.O., S. 101.

[184] a.a.O., S. 100.

Abhandlung über die Religion halten sich Orthodoxie, Aufklärung und Empfindsamkeit die Waage. Fichtes Überlegungen sind stärker von spezifischen Tendenzen der Theologie der Aufklärung beherrscht.

Wir sind bei Gellert auf Formulierungen gestoßen, die an die Gefühls- und Gewissenslehre R o u s s e a u s erinnerten. Da die Fichte vertraute empfindsame Dichtung überhaupt von Rousseau mannigfache Anstöße empfangen hat — ich erwähne nur Salomo Geßners Idyllen —, schließe ich hier noch einmal einen Vergleich mit Gedanken des Genfer Philosophen an. Er muß sich freilich auf einige Hinweise beschränken; Rousseaus Gefühlslehre kann wegen ihrer engen Verflechtung mit erkenntnistheoretischen und metaphysischen Voraussetzungen nicht zusammengefaßt werden[185].

Während Rousseaus Schriften eine vollständige Gefühlstheorie enthalten, stoßen wir bei Fichte nur auf die bloße Vorstellung von einem Gefühl des Wahren und Guten. Dieses Gefühl ist ihm zwar die systematische Grundlage seines Religionsbegriffs und Christentumsverständnisses, aber über seine genaue Tragweite scheint er sich damals doch noch keine umfassende Rechenschaft gegeben zu haben. Fichte hat offensichtlich zunächst nur das Motiv als solches aufgegriffen und in origineller Weise auf die christologische Frage angewandt. Seine Anschauung weist in folgenden Punkten eine Verwandtschaft mit Rousseaus Ausführungen auf:

a) Beide sind sich darin einig, daß die freie kritische Vernunft, wenn sie in Fragen der Religion und der Moral eine Entscheidung fällen will, einer leitenden Instanz bedarf. Dafür eignet sich, da beide allein auf natürliche, psychologische Bedingungen der Aneignung der religiösen Wahrheit reflektieren und daher eine Berufung auf übernatürlich begründete Autorität direkt oder indirekt ablehnen[186], nur ein in der Natur des menschlichen Gemüts verwurzeltes ursprüngliches Wahrheitsge-

---

[185] Ich verweise auf die ausführliche Darstellung bei M. Rang: Rousseaus Lehre vom Menschen, 2. Aufl. 1965, S. 523—573. — Aus der häufigen Erwähnung Rousseaus in den Briefen der Zürcher Zeit geht hervor, daß Fichte sich in den Jahre 1789/90 intensiv in die Hauptschriften Rousseaus vertieft hat. Vgl. Schulz I, S. 52, 55, 65, 75, 79. Wie weit seine Kenntnisse zur Zeit der Abfassung des Fragments über den Tod Jesu reichen, ist nicht exakt zu bestimmen.

[186] vgl. den zweiten Teil des „Glaubensbekenntnisses des sav. Vikars", in dem die Kritik der positiven Religion vollzogen wird. Hach. 2, p. 266—286.

fühl[187]. Dieses Gefühl erhält bei beiden die Qualität eines Prinzips, einer autonomen Quelle der sittlichen und religiösen Gewißheit[188].

b) Wir haben von einer Ethisierung von Fichtes Menschenbild gesprochen. Auch für Rousseau beruht die Würde des Menschen weniger auf seinem Denkvermögen als auf der Güte des Herzens, deren Voraussetzung das sentiment intérieur oder das Gewissen ist[189]. Die Gewissensbildung, wie er sie im vierten Buch des Émile beschreibt, ist das Kernstück und der Zielpunkt seines Erziehungsplans[190]. Beide verstehen die Individualität unter ethischen Kategorien; beide stützen sich dabei auf ein angeborenes Vermögen, das entwicklungsfähig ist, aber auch verkümmern kann[191].

c) Das Gewissensgefühl ist für Rousseau nicht nur ein Kriterium, das Gute zu erkennen, sondern auch eine Kraft, es zu tun[192]. Auch hier ist eine Verwandtschaft mit Fichtes Ansicht, daß die den Verstand und das Herz in Übereinstimmung setzende Überzeugung das entsprechende Verhalten von selbst nach sich ziehe, zu erkennen.

Durch Wendungen wie „sanfte Empfindungen des Herzens" und „Religion des Herzens" könnte man sich zu weiteren Vergleichen, besonders mit Gedanken und Sprache der Nouvelle Héloïse verleiten lassen; die grundlegenden Übereinstimmungen sind aber wohl in den drei dargelegten Gesichtspunkten zu erblicken. Fichtes Vorliebe für Rousseau wird vor allem auf diesen gemeinsamen Überzeugungen beruhen[193].

Die Übereinstimmung wird aber durch einen charakteristischen Unterschied, der unmittelbar mit Fichtes Anwendung des Gefühlsbegriffs

---

[187] Hach. 2, p. 239 f., 261 f., 266; s. a. 246, 249, 251, 257.

[188] vgl. G. Gurwitsch: Kant und Fichte als Rousseau-Interpreten, Kantstudien, 27, 1922, S. 140 f.

[189] Hach. 2, p. 262.

[190] vgl. M. Rang, a.a.O., S. 197 f.

[191] Da Rousseau auf der Grundlage seiner vom englischen und französischen Sensualismus beeinflußten Erkenntnislehre (vgl. Hach. 2, p. 240 ff.) die cartesische Annahme eingeborener Ideen verwerfen muß, hat seine Gefühlsethik nicht zuletzt die Funktion, seine Anthropologie über die sensualistische und relativistische zu erheben. Vgl. M. Rang, a.a.O., S. 542—549.

[192] Hach. 2, p. 205, 294; M. Rang, a.a.O., S. 550 f.

[193] Im „Beitrag zur Berichtigung der Urteile des Publikums über die französische Revolution" preist der Kantianer Fichte Rousseau als den Anfänger der geistigen Erneuerung, die in Kants Philosophie ihren vollendeten Ausdruck gefunden hat. Er sieht in ihm den Entdecker der Autonomie des Sittlichen. G I 1, S. 229, 240; vgl. G. Gurwitsch, a.a.O., S. 154 ff.

auf das christologische Problem zusammenhängt, erheblich eingeschränkt. Im Blick auf Jesu Gesinnung und Tat erkennt Fichte, daß der
Mensch nur ein gebrochenes Verhältnis zum Guten hat. Das sittliche Gefühl erfährt hier nicht nur seine Bestätigung, insofern es die Voraussetzung aller Erkenntnis der christlichen Wahrheit ist, sondern es reflektiert sich zugleich am Bilde Jesu als Gefühl der eigenen Verderbtheit und
Bedürftigkeit[194]. Rang hat mit Recht davor gewarnt, Rousseaus Lehre
vom Gewissen oder vom inneren Gefühl und die dieser Lehre entsprechende Frömmigkeit in ein unmittelbares Verhältnis zur christlichen
Lehre zu setzen; nur von einer Affinität kann gesprochen werden[195].

Der Entwurf des jungen Fichte läßt sich daher wohl mit noch größerem Recht als ein Produkt der theologischen Bestrebungen der N e o -
l o g i e begreifen.

Nach einer Äußerung Fichtes während des Atheismusstreits hat Joh.
Joachim Spaldings „Bestimmung des Menschen" „den ersten Keim der
höheren Spekulation" in seine jugendliche Seele geworfen[196]. Das bedeutet nach dem Zusammenhang der Stelle, daß diese Schrift ihn zuerst die
Existenz einer über der Sinnenwelt liegenden intelligiblen Welt, in der
der moralische Wille herrscht, ahnen ließ. Geht man diesem Hinweis
nach, so stößt man am entsprechenden Ort in der „Bestimmung des
Menschen", d. h. dort, wo Spalding in seiner Entwicklung der möglichen
Standpunkte des Denkens und Wollens den des moralischen Selbstverständnisses einführt, auf eine Lehre vom moralischen Gefühl, die Fichtes
Prämisse nahe verwandt ist. Auch für Spalding ist eine dem Menschen
eingeborene sittliche Empfindung eine gleichsam transzendentale Voraussetzung alles ethischen und religiösen Bewußtseins. „Ja wahrlich, ich
kann es nicht läugnen: Ich spüre Empfindungen in mir, dabey ich
mich selbst vergesse, die nicht mich und meinen Vortheil, in so fern
i c h es bin, und in so fern es mein Vortheil ist, sondern ganz etwas anders zum Zweck haben; Empfindungen der Güte und der Ordnung, die
mein blosser Wille nicht gemacht hat, und die auch mein blosser Wille
nicht vernichten kann; ursprüngliche und unabhängliche Triebe meiner
Sele zu dem, was sich schickt, zu dem, was anständig, großmütig und

---

[194] G II 1, S. 91.

[195] a.a.O., S. 562 ff.; vgl. S. 522 ff. Die Differenz ist in Rousseaus Lehre vom
natürlichen Leben begründet.

[196] M III, S. 191.

billig ist, zu der Schönheit, Uebereinstimmung und Vollkommenheit überhaupt, und vornehmlich in den Wirkungen verständiger und frey-handelnder Wesen[197]." Diese Sätze sind der Angelpunkt in Spaldings Schrift, denn sie formulieren die Notwendigkeit, sich über die Stand-punkte der niederen Glückseligkeit, der Legalität und der Bildung zu er-heben. Spalding selbst nennt diese Empfindungen, die „Neigung der Güte und wohlthätigen Liebe, die mir eingepflanzt ist", ein „Prinzi-pium"[198].

Das ethische Bewußtsein geht nach Spaldings Darstellung ohne Sprung in das Bewußtsein von Gott als dem Urbild und Urheber aller sittlichen Vollkommenheit, Schönheit und Ordnung über[199]. Die „Empfindung des Guten und Bösen, des Rechts und Unrechts" wird als „Stimme der ewigen Wahrheit" erkannt[200]. Er entwickelt nun den Inhalt der natür-lichen Religion — ohne auf das Christentum zu sprechen zu kommen. Spalding und Fichte machen also einen unterschiedlichen Gebrauch von der Anschauung einer ursprünglichen sittlichen Empfindung: der eine begründet mit ihr die vernünftige Religion überhaupt, der andere die Wahrheit des Christentums. Diese Differenz ist indes geringfügig; denn das Christentum ist nach Spaldings Nachwort im wesentlichen nur eine kräftige Bestätigung und Wiederherstellung der natürlichen Religion, und wenn Fichte das Christentum mit der Religion des Herzens gleich-setzt und darin seine tiefere Begründung erblickt, so wird damit auch für ihn der Unterschied von natürlicher und positiver Religion gegen-

---

[197] J. J. Spalding: Betrachtung über die Bestimmung des Menschen, 3. Aufl. 1749, S. 10.

[198] a.a.O., S. 12 f. Aus anderen Schriften Spaldings ließen sich leicht weitere Belege zusammenstellen. So erklärt er z. B. in den „Vertraute(n) Briefe(n) die Religion betreffend", 2. Aufl. 1785, S. 207 ff. das „innere Gefühl des Wahren und Guten" ausdrücklich zur Grundlage aller Religion. Auch auf seine „Gedanken über den Werth der Gefühle im Chri-stenthum", 1761, ist hier natürlich hinzuweisen. Die Schrift bekämpft zu-gleich ein gefühlvolles pietistisches Christentum der Erfahrung. In Spaldings Gefühlsbegriff macht sich der Einfluß der Schriften Shaftesburys und Hutchesons bemerkbar, die er sorgfältig studiert und teilweise übersetzt hat. Seine „Bestimmung des Menschen" ist ein Beleg dafür, daß die Anschauung von einer untrüglichen Stimme des Gewissens bereits lange vor der Einwir-kung Rousseaus ihren Ort in der Tradition der deutschen Aufklärung ge-habt hat.

[199] a.a.O., S. 16 ff.

[200] a.a.O., S. 18.

standslos — so sehr, daß er diese Bezeichnungen nicht einmal erwähnt. Das Christentum ist als Religion des Herzens die vernünftige Religion überhaupt, aber es ist eine solche vernünftige Überzeugung, die, weil sie nicht auf ein logisches Räsonnement, sondern letztlich auf ein Überzeugungsgefühl gegründet ist, das der Offenbarung eigene Moment der Unverfügbarkeit in sich bewahrt hat. Mag diese Formulierung auch stark zugespitzt sein und über den Text des Fragments hinausgehen, sie liegt doch in der Konsequenz der gewonnenen Fichteschen Erkenntnisse. Die von Fichte vollzogene Vereinigung von natürlicher und geoffenbarter Religion stellt ihn grundsätzlich in die neologische Tradition. Daß er es auf der Grundlage der sittlichen Empfindung tut, verbindet ihn im besonderen mit Spalding[201].

Fichte nimmt aber nicht nur ein älteres Schema wieder auf, vielmehr hat sein Denken teil an den theologischen Bestrebungen seiner Zeit, die auf die Überwindung der durch den Fragmentenstreit entstandenen Krise gerichtet sind. Daher wäre die ideengeschichtliche Einordnung Fichtes nicht vollständig ohne einen Blick auf sein Verhältnis zu L e s - s i n g , dem Urheber des Streits.

So oft Lessing selbst Partei ergreift, geht es ihm um eine Begründung der christlichen Wahrheit aus ihrer eigenen, gegenwärtig erfahrbaren Kraft ohne alle stützende Autorität und historische Beglaubigung. Zwar bedurfte der Glaube einst der Autorität, er bedurfte der Offenbarung, des Wunders, der Legitimation durch einen legitimierten Stifter, oder — in der Sprache der „Erziehung des Menschengeschlechts": des verbindlichen „Elementarbuchs"[202]. So gewiß nun aber die Offenbarung eine das Menschengeschlecht auf eine neue Stufe der Erkenntnis und der Sittlichkeit erhebende Wahrheit enthält, so gewiß muß eine Zeit kommen, in der diese Wahrheit als solche erkannt wird, in der sie „um ihrer selbst willen"[203] angenommen wird; die geoffenbarte Religion schließt die vernünftige in sich[204]. Daher fragt Lessing nach den „inneren Merk-

---

[201] Statt auf Spalding kann hier auch auf andere Theologen der Aufklärung hingewiesen werden. Vgl. z. B. W. A. Teller: Die Religion der Vollkommnern, 2. Aufl. 1793, S. 21, 46, 55, 64 f., 90, 119 u. ö.

[202] vgl. §§ 59, 70, 71, 76.

[203] Lachm. 13, S. 128.

[204] Lachm. 12, S. 434.

malen" der geoffenbarten Wahrheit[205], nach ihrer „inneren Güte"[206]
oder kurz: nach der „inneren Wahrheit"[207] der christlichen Überlieferung, eine Fragestellung, die um so mehr an der Zeit ist, als jene Stützen
durch die historische Kritik des Ungenannten wankend geworden sind
und nun unter die Kategorie des Vorurteils fallen[208].

Man wird sich nun hüten müssen, bei Lessings Überführung des Offen-
barungsinhalts in die Form der Vernunftwahrheit nur an eine spekula-
tive Durchdringung der christlichen Lehre zu denken. Zwar hat Lessing
selbst einzelne Proben einer Neuinterpretation durch „Spekulation" gegeben[209], aber wenn er sich auf die Vernunft als den rechtmäßigen Erben
jener als Offenbarungsinhalte überlieferten Wahrheiten beruft, so meint
er damit nicht nur ein intellektuelles Vermögen, sondern etwas Umfas-
senderes. Lessing arbeitet hier mit einem sehr weiten und damit freilich
auch etwas undurchsichtigen Vernunftbegriff, der das Gemüt und das
moralische Bewußtsein in sich schließt. Diese Vernunft ist das der „inneren Wahrheit" entsprechende Vermögen. Ihre Sphäre ist auch die des
Gefühls und der Erfahrung. So kann Lessing immer wieder gerade den
schlichten Christen dem Theologen und seinem Kritiker gegenüberstel-
len und seine unangefochtene Überlegenheit behaupten, da er sich der
Wahrheit des christlichen Gehalts unmittelbar gewiß ist, nicht „weil er
aus der Bibel gezogen, sondern weil er einsieht, daß er Gott anständiger,
und dem menschlichen Geschlechte ersprießlicher ist, als die Lehrbegriffe
aller andern Religionen; weil er f ü h l t , daß ihn dieser christliche
Lehrbegriff beruhiget"[210]. Mag auch der Theologe, insonderheit der nach
Goezes Art, durch die historische Kritik des Ungenannten in Verlegen-
heit geraten, der lebendige Glaube, der gar nicht in der Historie, sondern

---

[205] Lachm. 13, S. 113.

[206] ebd. S. 128.

[207] ebd. S. 127: „Aus ihrer inneren Wahrheit müssen die schriftlichen Überlieferungen erkläret werden, und alle schriftliche Überlieferungen können ihr
keine innere Wahrheit geben, wenn sie keine hat." Vgl. S. 128.

[208] Lachm. 13, S. 129: „Aber ein anders ist die Wahrheit aus Vorurteil glauben;
und ein anders sie um ihrer selbst willen glauben. Beides kann vielleicht in
der Anwendung auf das Nemliche hinausführen: aber ist es darum das Nemliche?"

[209] vgl. Erz. d. M., §§ 73—75; vgl. aber auch schon das Fragment „Das Christentum der Vernunft", Lachm. 14, S. 175—178.

[210] Lachm. 13, S. 132; vgl. S. 123; Lachm. 12, S. 428. Jedesmal hebt Lessing das
Wort „fühlen" durch Sperrung heraus.

in der Gegenwart lebt[211], läßt sich nicht beirren, denn er hat die Erfahrung und das Gefühl auf seiner Seite. — Dieses Argument ist für Lessing nur innerhalb eines wesentlich ethischen Christentumsverständnisses gültig, wie er es in der „Erziehung des Menschengeschlechts" vorträgt. Die geschichtliche Tat Jesu besteht darin, daß er die „innere Reinigkeit des Herzens in Hinsicht auf ein anderes Leben"[212] gepredigt und vorgelebt hat, eine Reinheit des Herzens, die einmal auch jener „Hinsicht" nicht mehr als Beweggrund bedürfen wird, sondern „das Gute tun wird, weil es das Gute ist"[213].

Lessing führt sein Argument gleich im Anschluß an das Fragment über die Auferstehung ein als einen Hinweis, wie die neue theologische Situation zu bewältigen sei. Da wir Anlaß zu der Vermutung haben, daß Fichte diese Anregung aufgenommen hat, geben wir die Stelle in ihrem Zusammenhang wieder: „Und wenn sich auch schlechterdings nichts darauf antworten ließ: was dann? Der gelehrte Theolog könnte am Ende darüber verlegen seyn: aber auch der Christ? Der gewiß nicht. Jenem höchstens könnte es zur Verwirrung gereichen, die Stützen, welche er der Religion unterziehen wollen, so erschüttert zu sehen; die Strebepfeiler so niedergerissen zu finden, mit welchen er, wenn Gott will, sie so schön verwahret hatte. Aber was gehen dem Christen dieses Mannes Hypothesen, und Erklärungen und Beweise an? Ihm ist es doch einmal da, das Christenthum, welches er so wahr, in welchem er sich so selig f ü h l e t. — Wenn der Paralyticus die wohlthätigen Schläge des Elektrischen Funkens e r f ä h r t : was kümmert es ihn ob N o l l e t , oder F r a n k l i n , oder ob keiner von beyden Recht hat?[214]" Wie sehr es

---

[211] Lachm. 13, S. 133: „... nur daß ich die Religion von der Geschichte der Religion will getrennet wissen."

[212] Erz. d. M., § 61.

[213] ebd. § 85; vgl. § 80. Mit dieser Geschichtsdeutung und dem mit ihr verbundenen Vernunftbegriff ist Lessing nicht als ein Vorläufer der Hegelschen Geschichtsphilosophie, sondern als Wegbereiter einer ethischen Geschichtsbetrachtung, wie sie der spätere Fichte entwickelt hat, anzusehen.

[214] Lachm. 12, S. 428. — Es ist auffallend, wie wenig der hier unter dem Gesichtspunkt der Parallele zu Fichtes Ansatz freilich einseitig herausgearbeitete Gedankenkomplex Lessings, der sich an den Stichworten Gefühl, Erfahrung, innere Wahrheit ausrichtet, in der Lessingforschung beachtet wurde. K. Aner hat zwar deutlich auf die beobachtete Ausweitung des Vernunftbegriffs bei Lessing und auf ihre Wurzeln in der Neologie hingewiesen (a.a.O., S. 146 ff., 350), hat aber diesen Aspekt nicht genügend für seine Lessinginterpretation

Lessing mit diesem Einwurf Ernst war, zeigt seine Wiederaufnahme und Erläuterung in den „Axiomata"[215]. Er nennt diese Art der Religionsbegründung, die er dem verwirrten Gewissen zum Trost vorgetragen habe, „das unersteiglichste Bollwerk des Christenthums"[216].

Es braucht kaum gesagt zu werden, daß Lessing damit nicht einer reinen Gefühlstheologie das Wort reden will. Die Theologie wird, anders als das einfache gläubige Bewußtsein, nie bei einer bloß gefühlten Wahrheit stehen bleiben. Sie wird sie explizieren und prüfen müssen, ohne darum das Votum des Gefühls überflüssig zu machen. Es ist aber nicht möglich, tiefer in das Verhältnis von Denken und Fühlen in Lessings

---

fruchtbar gemacht. Seine Vorliebe gilt dem Gesichtspunkt der Einholung gewisser Offenbarungsinhalte durch die spekulierende Vernunft unter dem Vorzeichen einer angeblichen radikalen Ablehnung des Offenbarungsbegriffs. (a.a.O., S. 343—361) Man darf aber nicht übersehen, daß die „Lehren" der christlichen Religion ihren erzieherischen Sinn nur in bezug auf ein bestimmtes ethisches Bewußtsein haben, das sie begründen sollen. Aner versteht Lessing eigentümlicherweise als Vorläufer des theologischen Rationalismus, weniger des ethischen Idealismus. (a.a.O., S. 357 ff.) — Chr. Schrempf (Lessing als Philosoph, 2. Aufl. 1921) bemerkt zwar die Wichtigkeit der angeführten Stellen; er verfehlt aber ihren Sinn, wenn er der notwendigen Vernunftwahrheit eine Gefühlswahrheit gegenüberstellt und diese, die er insofern auch mit der Offenbarungswahrheit identifiziert, nur als Übergang zu jener versteht. (a.a.O., S. 155 f.; vgl. S. 147) Daß diese Deutung an Lessings Schriften keinen Anhalt hat, räumt Schrempf selbst ein. (a.a.O., S. 156 Anm.) Die Gefühlswahrheit wird nicht durch die Vernunftwahrheit überholt, sie ist vielmehr ein Moment der vernünftigen Einsicht selbst. — H. Thielicke (Offenbarung, Vernunft und Existenz, 4. Aufl. 1957) bemerkt richtig, daß das testimonium des Gefühls das Element der Gewißheit und Evidenz in der vernünftigen Einsicht ist; wenn er jedoch diese Gewißheit als „unzersetzbaren Hort" nicht nur gegen „historische Gegenargumente", sondern auch gegen „rationale Kritik" versteht (a.a.O., S. 119 f.), so leistet er einem neuen Mißverständnis Vorschub: als ob Lessing an eine Feindschaft zwischen Wahrheitsgefühl und Ratio gedacht habe.

[215] Lachm. 13, S. 134 f.

[216] Lachm. 13, S. 135. Goeze hatte hier von einem „strohernen Schild" gesprochen. Lessing entgegnet, daß „selbst in den symbolischen Büchern auf den strohernen Schild (d. h. auf das „innere Gefühl des Christenthums") noch gerechnet" werde und gibt damit der Anschauung vom testimonium Spiritus Sancti internum eine neue Wendung. ebd.

Theologie einzudringen, weil Lessing es selbst nicht unmißverständlich dargelegt hat[217].

Fichte übernimmt im Fragment über die Absichten des Todes Jesu zwar nicht Lessings geschichtsphilosophisches Gesetz der Überführung der Offenbarungswahrheit in Vernunftwahrheit, auch nicht das damit verbundene Schema von Buchstabe und Geist, wohl aber jene Art der vernünftigen Begründung durch das Gefühl sowie das im Motiv der Herzensreinigkeit zusammengefaßte Christentumsverständnis. Es geht ihm genau wie Lessing um die Annahme der christlichen Wahrheit allein um ihrer inneren Güte willen. Dabei ist es gleichgültig, ob man sich diese Übernahme als ein bewußtes Anknüpfen und Fortführen denkt, wesentlich ist nur, daß Fichte die Lösung des Problems einer neuen Christentumsbegründung auf einem Wege sucht, den auch Lessing beschritten hat. Daß bei Fichte der Gegensatz zur Argumentation mit „zufälligen Geschichtswahrheiten" noch nicht so scharf zum Ausbruch kommt, beeinträchtigt nicht die Übereinstimmung im Grundsätzlichen. Es handelt sich um eine unvollständige Anwendung desselben Grundgedankens.

Diese Berührung mit Gedanken Lessings läßt erst den genauen theologiegeschichtlichen Ort und die geschichtliche Notwendigkeit der Position Fichtes erkennen. Seine Überlegungen fügen sich in eine Entwicklung ein, die unter dem Eindruck der Bestreitung der historischen Grundlagen des Christentums darauf hinstrebt, den christlichen Glauben von aller biblisch-historischen und dogmatischen Begründung unabhängig zu machen, indem seine Vernünftigkeit aus seiner Beziehung auf Leben und moralische Denkungsart einsichtig gemacht wird. Daß Fichte sich bei diesem Versuch in ähnlicher Weise wie Lessing auf Gefühl, Herz, sittliche Empfindung berufen kann, erklärt sich motivgeschichtlich aus seiner Verwurzelung in der Tradition eines das unmittelbare moralische Bewußtsein einschließenden Begriffes der Vernunft, besser: der Vernünftigkeit, wie er etwa der Theologie Spaldings zugrunde liegt. Damit verbindet sich noch ein Einfluß der empfindsamen Dichtung und Rousseaus.

Das deutliche Heraustreten dieses im Begriff des Vernünftigen enthaltenen Elements im Denken des jungen Fichte wirft aber zugleich ein besonderes Licht auf jene neologische Tradition wie überhaupt auf die Theologie der Aufklärung. Fichte ist ganz und gar ein Schüler dieser Theologie einschließlich des sog. Naturalismus, wenn er das Ziel der Re-

---

[217] vgl. L. Tscharnack: Lessing und Semler, 1905, S. 242—247.

ligion darin erblickt, „die Welt verständig, gut u. glücklich zu machen"[218], und wenn sich ihm der Inhalt der Religion im wesentlichen auf die Lehren von der Unsterblichkeit, der Vorsehung und der göttlichen Gerechtigkeit beschränkt. Er bleibt hier ganz im Rahmen der natürlichen Religion der Aufklärung. Indem Fichte nun aber diese Religion bewußt auf das sittliche Empfinden als auf seine letzte Voraussetzung gründet — nicht einfach mehr auf die Vernunft oder das vorurteilsfreie Denken, wie es dem Anspruch nach etwa bei Reimarus geschah —, tritt der tragende Grund, die eigentliche positive Prämisse jenes vernünftigen Glaubens ans Licht: die unmittelbare Überzeugung von der Gültigkeit der allgemeinen moralischen Begriffe, ein unmittelbarer Glaube an den Wert bestimmter, in allgemeiner Geltung stehender Tugenden. Der Sitz dieser sittlichen Überzeugung in ihrer Unmittelbarkeit und damit der letzte subjektive Grund des vernünftigen Glaubens ist nicht das freie Räsonnement, sondern das Gefühl, das Herz. Es ist auffällig, daß schon der junge Fichte die üblichen Gottesbeweise der Wolffischen Schule nicht wiederholt. Man kann sagen: als Grund des vernünftigen Glaubens erweist sich beim jungen Fichte ein populärer, unreflektierter ethischer Idealismus.

Dieser Ausdruck läßt sich auch im Blick auf Fichtes Verständnis des Sittlichen, wie es in seinen Aufzeichnungen aus jener Zeit sichtbar wird, verantworten. Die Verneinung aller bloß äußerlichen Rechtschaffenheit, das Fehlen jeden Räsonnements über die Nützlichkeit der Tugend und die bösen Folgen des Lasters, das Zurücktreten des Themas der Glückseligkeit, das Verlangen nach Güte und Lauterkeit des Herzens erheben das ethische Denken Fichtes schon damals über alle flache eudämonistische Moral, die er später so schonungslos an den Pranger stellen wird[219]. Der junge Fichte gehört einer Richtung innerhalb der deutschen Aufklärung an, die nach den in ihr lebendigen Impulsen und Gesinnungen ein Bewußtsein darstellt, wie der spätere Fichte es als unmittelbare weltanschauliche Grundlage des von Kant begonnenen Philosophierens voraussetzt.

---

[218] S. 91.

[219] vgl. bes. Teil II der „Appellation an das Publikum" und die zweite Vorlesung der „Grundzüge des gegenwärtigen Zeitalters." M III, S. 173—198; IV, S. 410—427. Der junge Fichte ist selbst ein Beweis für die Einseitigkeit des hier entworfenen Bildes der Aufklärung. Es ist auch bezeichnend, daß er Spalding und Lessing, Reinhard und Jacobi nicht zur Aufklärung rechnet. M III, S. 191 f., 659 f., 718 ff., 730.

## III. DIE ETHISIERUNG DER RELIGION

Wir fragen jetzt nach Fichtes Verständnis von Religion und Moral in dem letzten größeren Zeitabschnitt seiner vorkantischen Periode, also in den Jahren von etwa 1786/87 bis 1790. Fichte war damals vorwiegend als Hauslehrer tätig, zunächst in verschiedenen sächsischen Häusern, dann von September 1788 bis März 1790 bei der Familie Ott in Zürich[1]. Das uns erhaltene Material, das hauptsächlich aus den Jahren 1788 bis 1790 stammt, läßt erkennen, daß Fichte in dieser Zeit sehr mannigfachen Interessen nachgegangen ist. Vor allem hat er sich, gewiß im Zusammenhang mit seiner gelegentlichen Tätigkeit als Rezensent, eine größere Kenntnis der schönen Literatur angeeignet. Ferner scheinen ihn besonders kultur- und gesellschaftskritische[2], staatsrechtliche[3] und pädagogische Fragen[4] beschäftigt zu haben. Wir können die Einsichten, die Fichte auf diesen und weiteren Gebieten gewonnen hat, nur berühren, sofern sie mit der Frage nach dem Verhältnis von Christentum und Moral zusammenhängen.

Fichte hat den Gedanken, daß das Christentum Religion des Herzens sei, nicht fallen gelassen. So ist z. B. seine Novelle „Das Thal der Liebenden", 1790, ganz aus dieser Erkenntnis erwachsen[5]. In dieser Erzählung findet sich auch wieder ein besonders deutlicher Beleg für das Wahrheitsgefühl: „Wie könnte ich in dem, was ich so innig und so warm fühle, mich täuschen? Täusche ich mich vielleicht auch, wenn ich mein Daseyn

---

[1] Verläßliches über Fichtes sächsische Hauslehrerzeit ist wenig zu ermitteln. Im Jahre 1785, vielleicht schon 1784, war er in Elbersdorf tätig (Schulz I, S. 6; vgl. G II 1, S. 387 f.), 1786/87 in Wolfshain bei einer Familie von Helbig (Schulz I, S. 7; vgl. G II 1, S. 53, 387), danach, ebenfalls 1787, in Oelzschau (Schulz I, S. 9).

[2] G II 1, S. 103—110.

[3] Fichte hat in Zürich Montesquieus „Esprit des Lois" und Rousseaus „Contrat social" studiert. G II 1, S. 212; vgl. auch S. 218.

[4] In seinem „Invective" betitelten Schreiben an seine Zürcher Herrschaft erklärt er, er habe „seit langen Jahren" viel über Erziehungskunst gelesen. G II 1, S. 234.

[5] G II 1, S. 267—281.

empfinde?"[6] Auch das Motiv der Rührung durch die Wahrheiten der christlichen Religion begegnet uns immer wieder in den Aufzeichnungen aus unserem Zeitraum[7]. Das „weiche fühlbare Herz" ist weiterhin die natürliche Voraussetzung des christlichen Bewußtseins[8]. Die Kontinuität mit dem Fragment über den Tod Jesu wird ferner gewahrt, wenn Fichte in den Zürcher Tagebüchern den Unterschied zwischen Religiosität und Andachtsübung einschärft und in dieser Trennung nicht nur das Wesen des Protestantismus im Verhältnis zum Katholizismus, sondern darüber hinaus die Eigentümlichkeit der christlichen Religion überhaupt in ihrem unversöhnlichen Gegensatz zur jüdischen und heidnischen erblickt. „A n d a c h t s ü b u n g e n   s i n d   g a r   n i c h t   d i e   R e l i - g i o s i t ä t   s e l b s t   s o n d e r n   d i e   k r ä f t i g s t e n   u n d   w i r k - s a m s t e n   M i t t e l   j e n e   z u   e r l a n g e n... Ich sage damit so wenig etwas paradoxes, daß dieses vielmehr die wahre Grund- und Unterscheidungslehre der gesamten evangelischen Kirche ist; und daß das Gegentheil gerade auf jene Denkungsart hinführt, welche Jesus bei seinem Wandel auf Erden am lautesten, und entschiedensten mißbilligte[9]." Fichtes Religionsbegriff ist also auch weiterhin wesentlich durch die Kategorie Äußerlich/Innerlich und damit durch den Gegensatz von Verstandes-, Mund- und Gedächtnisreligion einerseits, Herzensreligion andererseits bestimmt.

Ein Zeugnis für die Beständigkeit der Grundgedanken, die Fichte im Fragment über den Tod Jesu erarbeitete, ist auch eine Rezension über K. F. Bahrdts „Versuch über die Beredsamkeit, nur für meine Zuhörer bestimmt", 2. Aufl. 1787[10]. Er lobt die dieser Schrift zugrunde liegenden „strengen Grundsätze einer gewissen philosophisch-christlichen Moral" sowie Bahrdts vorurteilsfreie „kühne Exegetik und Dogmatik"[11], kritisiert jedoch, daß seine Anweisungen für die Predigt den Gesichtspunkt der „Erbauung", der Einwirkung auf das tiefere Gefühl des Hörers, vernachlässigen[12]. Er befürchtet, daß der Prediger aus Bahrdts Schule nur

---

[6] G II 1, S. 280.

[7] G II 1, S. 176, 178, 179 f., 185, 187.

[8] G II 1, S. 178.

[9] G II 1, S. 178; vgl. die entsprechende Stelle im Entwurf zu diesem Tagebuch, G II 1, S. 186.

[10] Kantstudien, 59, 1968, S. 18—22.

[11] a.a.O., S. 20.

[12] a.a.O., S. 20 f.

„flach empfundene Wahrheiten in einem erborgten Affekte daher-
schwatzt"[13].

Es waren gewiß auch diese gleichbleibenden Grundüberzeugungen,
die Fichte in Zürich ein besonders herzliches Verhältnis zu Lavater finden ließen[14].

Die in der Identität von Christentum und Religion des Herzens enthaltene Verbindung von Religion und Moral, Frömmigkeit und ethischem Selbstverständnis durch das Medium des Gefühls für das Wahre
und Gute sollte aber nun noch klarer heraustreten und dadurch zu bestimmender, alles andere aufhebender oder an den Rand drängender
Bedeutung gelangen. War ein solcher Prozeß schon an sich als eine bloße
Klärung des bereits bezogenen Standpunkts notwendig, sobald sich die
erkenntniskritische Fragestellung geltend machen und sich gegen die im
Fragment über den Tod Jesu entwickelte unterstützende Spekulation
wenden würde, so scheinen überdies zwei neue Themenkreise die Entwicklung vorangetrieben und mitgeprägt zu haben. Das war einmal die
Beschäftigung mit sozialkritischen Fragen, zum andern die dem Haus-
lehrer Fichte auferlegte Besinnung auf Ziel und Voraussetzungen der
Erziehung.

### 1. Gesellschaftskritische Motive

Schon im Fragment über den Tod Jesu hatte Fichte den Wert einer
Religion u. a. an ihrem „Einfluß auf das praktische" gemessen[15]. Eine
kritische Analyse des gesellschaftlichen Zustandes seiner Zeit und seines
Landes mußte, sofern sie auch vor einer Kritik an Religion und Kirche
nicht stehen blieb, diesen Maßstab aufgreifen und ihn zum einzigen Kriterium der Beurteilung machen. Das ist in den „Zufällige(n) Gedanken
einer schlaflosen Nacht", die Fichte kurz vor seiner Abreise nach Zürich
niederschrieb, geschehen[16].

Der Titel kann nicht darüber hinwegtäuschen, daß es sich um reiflich
überlegte Gedanken handelt. Zufällig ist nur der Einfall Fichtes, seine
alle Gebiete des gesellschaftlichen Lebens umfassende vernichtende Kritik in der Form eines satirischen Romans vorzutragen, der seinen Lesern

---

[13] a.a.O., S. 21.
[14] G II 1, S. 180.
[15] S. 87.
[16] G II 1, S. 103—110.

die Verderbnis ihrer Zeit im Spiegel eines fremden imaginären Volkes
vorhalten sollte. Man darf annehmen, daß Fichte das eine oder andere
Beispiel eines solchen gesellschaftskritischen satirischen Reiseberichts, der
sich bekanntlich in der französischen und englischen Literatur zu einer
eigenen Gattung entwickelt hatte[17], gekannt hat, obwohl er sich nicht
auf ausländische Vorbilder beruft, sondern die von Salzmann, Sintenis
und vor allem Pestalozzi geübte Sozialkritik fortführen und übertreffen
will[18]. Fichtes Roman soll sich sogar eines mehrfachen Kontrastes bedie-
nen. Der Schilderung eines unheilbar verdorbenen Volkes soll die Beschreibung einer vollkommen weisen, tugendhaften und glücklichen Nation folgen. Das Ganze ist überdies als eine angebliche Übersetzung aus
dem Französischen geplant.

Fichte begreift das Verderben der Gesellschaft als „moralisches Verderben"[19]. Den Hauptgrund des Verfalls, der alle Bereiche des politischen, kulturellen, religiösen und wirtschaftlichen Lebens ergriffen
habe, erblickt er in der Entartung der Ehe[20]. Darauf sei die Verkümme-
rung aller „edleren geselligen Empfindungen" wie „Vaterlandsliebe,

---

[17] vgl. die geistreiche Schilderung bei P. Hazard: Die Herrschaft der Vernunft,
1949, S. 33—39.

[18] S. 104 f. Der Einfluß von Pestalozzis Roman „Lienhard und Gertrud" läßt
sich bis in Einzelheiten hinein nachweisen. A. Stein nimmt an, daß dem
Sozialphilosophen Fichte sein Gegenstand zuerst durch „Lienhard und Gertrud" sichtbar geworden sei. (Pestalozzi und die Kantische Philosophie. Heidelberger Abhandlungen zur Philosophie und ihrer Geschichte, 12, 1927,
S. 127 f.) Auf die ebenfalls bestehenden Berührungen mit den von Fichte
genannten Romanen von Salzmann und Sintenis gehe ich im folgenden
nicht ein. Pestalozzi hat eine ungleich bedeutendere Rolle in Fichtes Denken
gespielt. Vgl. M V, S. 512 ff.; VI, S. 616.

[19] S. 103. Vgl. N. Wallner: Fichte als politischer Denker, 1926, S. 12, 14.

[20] S. 103. Auf dem Boden der damals noch selbstverständlichen Anschauung,
daß das Leben im häuslichen Kreise die Schule des öffentlichen sei, ist diese
Betrachtungsweise folgerichtig. Fichte beruft sich bei seiner Ableitung zu
Recht auf „Lienhard und Gertrud". Die marxistische Fichteinterpretation,
die in den „Zufälligen Gedanken" die bedeutsamste und folgenreichste
Äußerung des jungen Fichte erblickt, hebt gewöhnlich in einseitiger Weise
nur die gesellschaftlich progressiven Gedanken hervor und übersieht den
sich gerade in jener Ableitung des gesellschaftlichen Mißstandes verratenden
konservativen und moralistischen Zug seiner Gesellschaftskritik. Ausgehend
von Fichtes Forderung nach Abschaffung des Familienadels und aller erb-
lichen Stände (S. 108) versucht sie, das Unbehagen am Ständestaat zum

Menschenliebe, Mitleid"[21], der Verlust aller „gesellschaftlichen Tugenden"[22] und das Überhandnehmen der „Lüderlichkeit"[23] auf allen Gebieten des öffentlichen Lebens letztlich zurückzuführen. Jedes Individuum ist nun „gleichsam isolirt"[24] und geht seinen egoistischen Interessen nach[25]. Es lebt nach der Maxime, „nur auf die Tage seines Lebens recht viel zu genießen"[26]. Mehr als in der Bezeichnung des moralischen Grundgebrechens erweist sich Fichtes gesellschaftskritischer Scharfblick, wenn er anhand der genannten Grundzüge des Verfalls ein düsteres Bild der Mißstände in den verschiedenen Bereichen des öffentlichen Lebens, vorab an den Fürstenhöfen, malt. Manche Einsicht scheint er dabei auch Rousseaus Gesellschaftskritik zu verdanken. Seine Klage über Luxus, Modesucht, Frivolität, Galanterie, Verweichlichung und Entnervung entspricht ganz Rousseaus Charakteristik der dekadenten Gesellschaft[27]. Dieses Bild eines durch das Verkümmern der sozialen Tugenden verdorbenen Zeitalters ist die Folie von Fichtes Kritik an der Religion und ihren Sachwaltern; so erhält sie ihre Schärfe und Bitterkeit: „ D i e R e l i g i o n — elende Streitigkeiten der Geistlichkeit, über unverständliche Dinge, die gar keinen Nuzen für die Moral haben, — Verfolgungsgeist — thörichte Begriffe vom göttl. Wesen, u. die schädlichen Folgen derselben auf Sittlichkeit..."[28]. Die rechte Religion, wie Fichte

---

Ausgangspunkt von Fichtes Kritik zu machen. Ihr relatives Recht besteht darin, daß Fichte die zu Beginn seiner Schrift gewählte Betrachtungsweise nicht durchhält — es würde ihm kaum gelungen sein, alle Mißstände und Widersprüche, die er hernach aufzählt, aus jener Quelle des Verderbens herzuleiten — und daß er, weit radikaler als etwa sein Vorbild Pestalozzi, schon in diesem Fragment — erst recht dann in seinen Schriften zur französischen Revolution — auch an eine Veränderung der politischen Ordnung denkt. Vgl. z. B. J. Streisand: Fichte und die Geschichte der deutschen Nation, Wissen und Gewissen. Beiträge zum 200. Geburtstag Johann Gottlieb Fichtes, 1962, S. 62—98. Eine Ausnahme bildet H. Schuffenhauer: Die Pädagogik Johann Gottlieb Fichtes in ihren gesellschaftlichen und philosophischen Bezügen, 1962, s. S. 24 f.

[21] S. 103.
[22] S. 106.
[23] S. 103.
[24] ebd.
[25] S. 106.
[26] S. 103.
[27] S. 103 ff.
[28] S. 105.

sie seinem Idealvolk zuschreibt, ist entsprechend „ganz einfach, bloß auf moralische Beßerung abzielend"[29]. Eine Religion ohne Bedeutung im gemeinen Leben möchte Fichte ganz „abschaffen"[30].

Hier ist unter dem Gesichtspunkt der alles gesellschaftliche Leben tragenden Sitte das Band zwischen Religion und Moral so eng geworden, daß die Religion nur noch als Beförderungsmittel und Grundlage der Moral erscheint. Aber man wird diese Wendung nur mit großer Vorsicht gebrauchen dürfen. Denn die Bestimmung, daß die Religion nur die moralische Besserung zum Ziel haben solle, ist für Fichte nicht mit dem Bewußtsein einer Abwertung, eines Gehaltverlustes verbunden. Die Verbannung aller „unverständlichen Dinge", das Einfachwerden der Religion bedeutet eine Konzentration ihrer Kraft, eine Stärkung ihres Einflusses auf das Leben des Individuums und der Gesellschaft. Allein die enge Verbindung mit der Moralität verschafft der Religion ein gesichertes Fundament. Man muß zudem in Rechnung stellen, daß die scharfen Formulierungen Fichtes, die den Anschein erwecken, als betrachte er die Religion nur als Mittel zum Zweck, sich aus der Perspektive der gesellschaftlichen Bedeutung der Religion ergeben haben. Es ist zweifellos ernst gemeint, wenn Fichte dann in den Zürcher Tagebüchern die Erziehung zur Religiosität als seine vornehmste Aufgabe bezeichnet[31]. — Diese Auslegung ist schon gerechtfertigt, wenn man die von Fichte hier ausgesprochene Ablehnung aller Spekulation über Inhalte, die in keiner Beziehung zur Moralität stehen, als einen Schritt auf dem im Fragment über den Tod Jesu eingeschlagenen Weg der Gründung der Religion auf die sittliche Empfindung versteht. Ihre Berechtigung läßt sich darüber hinaus durch einen vergleichenden Blick auf Pestalozzi bestätigen, mit dem Fichte gerade in der Frage nach der Bedeutung der Religion für das Leben in der Gesellschaft übereinstimmt[32].

---

[29] S. 108.

[30] S. 103.

[31] G II 1, S. 175.

[32] Der Vergleich kann sich nur auf „Lienhard und Gertrud" erstrecken, da sich die Kenntnis anderer Werke Pestalozzis für den jungen Fichte nicht nachweisen läßt. Fichte hat eine sehr hohe Meinung von Pestalozzis sozialem Roman gehabt. Wie aus einem Brief Pestalozzis hervorgeht, trug Fichte sich in seiner zweiten Zürcher Zeit (1793—1794) mit dem Plan einer Rezension von „Lienhard und Gertrud". Er wollte offenbar zeigen, daß der Roman den Grundsätzen der Kantischen Lehre entspricht, obwohl sein Autor keine Kenntnis dieser Philosophie besaß. Vgl.: Heinrich Pestalozzi's bis dahin

Pestalozzi predigt in seinem sozialen Roman die Religion der „wirksamen Menschenliebe"[33]. Mit diesem Ausdruck ist der Blickpunkt aller seiner Äußerungen über das Christentum als Volksreligion bezeichnet. Es geht ihm wie Fichte in seinen „Zufällige(n) Gedanken" darum, daß die Religion tragender Grund und Hort der sozialen Tugenden sein müsse[34]. In dieser ihrer Beziehung auf das Leben und seine Not besteht ihre „Realität"[35]. Pestalozzis Christentumsverständnis sucht die Mitte zwischen zwei Extremen, die er „Verstandespest" und „Herzenspest" nennt[36]. Wie Fichte unter dem Titel der „Verstandesreligion" den Intellektualismus in der theologischen Aufklärung kritisiert, so tut es auch Pestalozzi unter dem der „Verstandespest"[37]. „Herzenspest" ist Etikett für einen schwärmerischen Pietismus, für Konventikelwesen und religiöse Phantastik; auch an Lavaters gleichnishaften Ausmalungen des Jenseits nimmt Pestalozzi Anstoß[38]. Alle „hart in Kopf eingegrabene Bilder von Gott" machen auf der einen Seite blind und unbarmherzig, auf der anderen empfindungsvoll und frömmelnd[39]. Die gleiche Polemik findet sich ab 1788 auch beständig in Fichtes Schriften. „Höchster Indifferentismus der höhern Stände über das Wesentliche der Religion mit Andächtelei, u. religiöser Schwärmerei vermischt", lautet seine Anklage gegen den pietistischen Adel[40]. Beide schieben auch mit der gleichen Unbedenklichkeit alle dogmatischen und konfessionellen Streitigkeiten als unwesentlich beiseite[41].

---

unedirte Briefe und letzte Schicksale, Bern 1843, S. 10. Zu Pestalozzis Christentumsverständnis in „Lienhard und Gertrud" s. J. Offermann: Das Element des Politisch-Religiösen in seiner Grundbedeutung für das Pädagogische im Werke von Pestalozzi und Fichte, Kölner Arbeiten zur Pädagogik, o. J., S. 82 ff.

[33] J. H. Pestalozzi: Sämtliche Werke, hrsg. v. A. Buchenau, E. Spranger, H. Stettbacher, Bd. III, 1928, S. 485, vgl. S. 192.

[34] ebd., S. 476 f.; vgl. Bd. II, 1927, S. 311, 345.

[35] SW Bd. III, S. 424, 429; vgl. S. 485.

[36] ebd. S. 353—360.

[37] ebd. S. 425.

[38] ebd. S. 297 f.

[39] ebd. S. 231.

[40] G II 1, S. 105. Vgl. das abfällige Urteil über den „Herrnhutismus", Schulz I, S. 119; s. a. Schulz I, S. 55.

[41] G II 1, S. 105; Pestalozzi, SW, Bd. II, S. 171, 345; Bd. III, S. 76 ff., 170 ff. u. ö.

Fichtes Polemik gegen „unverständliche Dinge" und „törichte Begriffe vom göttlichen Wesen"[42] unterscheidet sich nur durch die Schärfe des Tons von der Kritik, die er im Fragment über den Tod Jesu am herkömmlichen Lehrbegriff übte. Wieder sind die soteriologischen Dogmen der Stein des Anstoßes; Fichte verabscheut jene Begriffe wegen ihres schädlichen Einflusses auf die Sittlichkeit[43]. Das Subjekt der Kritik ist offenbar immer noch weniger die theoretische als die praktische Vernunft. Fichte reflektiert auf die Verstehbarkeit der Wahrheiten der Religion unter dem Gesichtspunkt ihrer ausschließlichen Beziehung auf die ethischen Maximen des Menschen. Es ist die Frage, bis zu welchem Punkt Fichte diese Überlegungen damals schon vorangetrieben hat. Hat er bereits auf die Bedingungen der Gültigkeit des personalen Gottesbegriffs reflektiert? Sind ihm Zweifel an der Realität der Hauptwahrheiten der Religion der Aufklärung entstanden? Die Texte aus der Zürcher Zeit lassen uns etwas weiter sehen; aber erst die „Aphorismen über Religion und Deismus", 1790, sprechen eine deutliche Sprache.

## 2. *Pädagogische und hermeneutische Motive*

Die Besinnung auf die Bedingungen seines Wirkens als Lehrer und Erzieher führte Fichte von neuem auf die Frage nach der Möglichkeit des Verstehens. Zu solcher Rechenschaft wurde er noch besonders durch das Mißtrauen veranlaßt, mit dem das Ehepaar Ott seinen neuartigen Religionsunterricht beobachtete. Fichte erläuterte daher seine Grundsätze über Erziehung und Religion in Tagebüchern und Aufsätzen, die er seiner Herrschaft von Zeit zu Zeit zu lesen gab. Auch über ihre eigenen pädagogischen Mißgriffe mußte sie sich schonungslos belehren lassen. Nach mancherlei Mißverständnissen und Auseinandersetzungen scheint Fichte auf diesem Wege tatsächlich die Anerkennung seiner Kunst erzwungen zu haben[44].

---

[42] S. 105.

[43] ebd.

[44] Ich zitiere die verschiedenen für die Familie Ott geschriebenen Schriftstücke in der Regel ohne Nennung der (meistens von den Herausgebern hinzugefügten) Titel. Das wichtigste Dokument ist das „Tagebuch über die merklichsten Erziehungsfehler, die mir zu wissen gekommen sind", das Fichte am 5. August 1789 begann. G II 1, S. 171—181.

Fichte hat sich nicht auf die Erforschung der Verstehensmöglich-
keiten des Kindes beschränkt, so sehr dies auch seine erste Aufgabe
war, vielmehr scheint ihm die pädagogische Überlegung nur der Anlaß
gewesen zu sein, nach der Verstehbarkeit der christlichen Religion
überhaupt zu fragen. Seine Gedanken wechseln beständig zwischen der
pädagogischen und der hermeneutischen Fragestellung.

Für diesen stetigen Übergang lassen sich zwei Gründe nennen:
a) Die Frage „Wie sage ich's meinem Kinde?" enthielt für Fichte nicht
nur das sekundäre Problem einer durch bestimmte Methoden und
durch didaktische Beschränkung zu bewältigenden Anpassung. Vielmehr nötigt die pädagogische Situation zu der philosophischen Frage
nach den in der menschlichen Seele gelegenen ursprünglichen Ver-
stehensmöglichkeiten, an die alle erzieherische Einwirkung auf Charakter und Intelligenz anzuknüpfen hat. Fichte war offenbar der Ansicht, daß diese allgemeinen ursprünglichen Faktoren beim Kinde besonders rein hervortreten; ein Kind ist leicht zu durchschauen[45].
b) Läßt sich nachweisen, daß alles Verstehen religiöser Wahrheiten
einer bestimmten Bedingung, einem Gesetz unterliegt, so erscheint das
Verstehen des Kindes nur als ein Spezialfall bedingter, an das allgemeine Gesetz gebundener Erkenntnis.

Fichte entwickelt dieses Gesetz in einer Erläuterung seiner Definition
des Begriffs Religiosität. Er bestimmt diesen Begriff als „d i e  G e -
w o h n h e i t  t u g e n d h a f t  z u  d e n k e n  u n d  z u  h a n d e l n ,
d i e  a u s  e i n e m  d u r c h  d i e  W a h r h e i t e n  d e r  R e l i g i o n
l e i c h t  r ü h r b a r e n  H e r z e n  h e r k o m m t "[46]. Fichte beginnt
mit einer Erklärung des zweiten Teils der Definition. „Nichts rührt uns,
was wir nicht verstehen, deßen Zusammenhang mit uns, und deßen Würk-
kung auf unsern Nutzen oder Schaden wir nicht einsehen. Kein Mensch
kann religiös sein, der nicht wenigstens so viel von der Religion ver-

---

[45] Natürlich leugnet Fichte nicht die angeborene Verschiedenheit der Charaktere. Aber diese ist ja nur die etwa durch das individuelle Temperament
bedingte unterschiedliche Ausprägung allgemeiner Züge; man erinnere sich
der schon der Valediktionsrede zugrunde liegenden anthropologischen Formel
(s. o. S. 26 ff.). Der so verstandene individuelle Charakter ist beim Kinde
leicht zu analysieren. Fichtes psychologisch meisterhafte Charakterstudie
über die neunjährige Susanne Ott (G II 1, S. 172 ff.) erhebt den Anspruch
einer beinahe vollständigen Ableitung der Fehler wie der Vorzüge und
Möglichkeiten des Kindes aus einem dominanten Zug seines Gemüts.
[46] S. 176.

steht, als nöthig ist, diesen Zwek bei ihm zu erreichen[47]." Das Weiterführende in diesem Satz liegt vor allem darin, daß hier nicht mehr
nur auf die Güte des Herzens, das Gefühl für das Wahre und Gute
usw. als die letzte Voraussetzung verwiesen wird, sondern daß auf
die Bedingung reflektiert wird, unter der das Gefühl sich überhaupt
erst bemerkbar macht. Diese Bedingung besteht in dem Bewußtwerden
der Bedeutung der Religion für das Leben. Sie verstehen heißt die
„Beziehung auf sich" herstellen[48]. Das hier ausgesprochene Gesetz ermöglicht ihm zugleich, das echte religiöse Gefühl von aller Schwärmerei deutlich zu unterscheiden. Ihr Kennzeichen ist ein religiöses
Gefühl, das nicht von einer solchen die Beziehung des Geglaubten
auf den Glaubenden erhellenden Reflexion begleitet wird, kurz: ein
„dunkles Gefühl"[49]. Der Pädagoge schließlich wird nach diesem Gesetz
und nach seiner Kenntnis der psychologischen Eigenart des kindlichen
Gemüts entscheiden, welche Wahrheiten der Religion er dem Kinde
vermitteln will[50].

---

[47] G II 1, S. 176.

[48] G II 1, S. 177: „ V e r s t e h t  man die Lehren der Religion; erinnert man
sich derselben oft in Beziehung auf sich, oder wird an dieselben erinnert,
so ist es unmöglich, nicht durch sie gerührt zu werden; bei dem Gedanken
z. E. an die Allwißenheit, an die Allgegenwart Gottes, an seine Güte gegen
die Menschen; nicht bewegt zu werden." Wie der Vergleich mit dem Entwurf zum „Tagebuch über die merklichsten Erziehungsfehler" zeigt (G II 1,
S. 185—189, s. S. 185), hat Fichte die Wendung „in Beziehung auf sich" als
Erklärung des „Versteht", das er gleichzeitig unterstrich, hinzugefügt.

[49] G II 1, S. 185; vgl. Schulz I, S. 56.

[50] G II 1, S. 176. — Als Pädagoge drängt Fichte mit der schon aus der Valediktionsrede bekannten Entschiedenheit auf das freie und selbständige Nachdenken. (vgl. bes. G II 1, S. 159.) Die pädagogischen Maßnahmen, mit denen
er seine Kinder „unvermutet" an ein solches Denken gewöhnen will, müssen übergangen werden. Fichte ist sich bewußt, ein „Erziehungs- und Lehr-
system" zu haben, das die „Philosophen und Menschenkenner alter und
neuer Zeiten" gutheißen würden. (G II 1, S. 152; vgl. S. 179 f.) Der ständige erbitterte Kampf gegen das mechanische Auswendiglernen (G II 1,
S. 147, 152, 154, 173, 179, 236), das Bemühen um Anschaulichkeit — er hat
besonders über die didaktischen Vorzüge des Gleichnisses nachgedacht, wie
seine Anspielungen auf die „Lehrmethode Jesu" zeigen (G II 1, S. 153, 176)
—, die hohe Einschätzung des Vorbildes für die Bildung des Charakters
(vgl. bes. die Berufung auf Christian Gotthilf Salzmanns „Moralisches Elementarbuch", G II 1, S. 177), das Achten auf lernpsychologische Faktoren

Verstehen ist zugleich ein Sich-selbst-Verstehen. Die Geltung dieses Grundsatzes ist für Fichte nicht auf den religiösen Bereich beschränkt. Die Hermeneutik der Einfühlung, des Sichversetzens in den Geist eines Schriftstellers, zu der Fichte sich in dem etwa gleichzeitig entstandenen „Plan anzustellender Redeübungen" bekennt[51], ruht ihm auf der Voraussetzung, daß ich einen anderen nur in dem Maße verstehe, in dem ich mich selbst in ihm wiedererkenne. „Es ist sicher, daß Niemand einen Schriftsteller ganz versteht und mit ihm gleich fühlen kann, der es nicht selbst in einem gewissen Grade ist[52]." Versteht man einen Autor, so schwindet „dessen Nimbus um das Haupt"[53]. Das deutliche Begreifen eines fremden Gedanken ist nichts als die „jedesmalige Bestimmung seiner selbst", die sich in einer „wohlgetroffenen Abbildung" darstellt[54].

Was ist nun die besondere Art der Beziehung des Gedachten auf den Denkenden im Falle der religiösen Erkenntnis? Natürlich greift

(G II 1, S. 154, 179) — all diese Elemente seiner Pädagogik lassen eine besondere Nähe zum Philanthropinismus erkennen. Auch teilt er Pestalozzis Abneigung gegen den Katechismusunterricht. (G II 1, S. 153, 176, 231) Im übrigen kann er auf viele eigene ältere Einsichten und Erfahrungen zurückgreifen. Der Geist und die Konsequenz seines Erziehungssystems tritt vielleicht am deutlichsten zutage, wenn Fichte sich weigert, „auch das kleinste Kind durch Machtsprüche und Autoritäten nieder zu schlagen." (G II 1, S. 202; vgl. S. 201 f.) — Die pädagogische Forschung hat bisher fast ausschließlich nach dem Erziehungssystem des späteren Fichte gefragt. Bevor man jedoch die Grundlinien seiner Erziehungslehre aus den Prinzipien der WL ableitet, wie es z. B. die Arbeiten von I. Schindler (Reflexion und Bildung in Fichtes Wissenschaftslehre. Versuch einer Herausarbeitung systematischer Grundstrukturen der Pädagogik, Phil. Diss. Bonn 1962) und J. Schurr (Gewißheit und Erziehung. Versuch einer Grundlegung der Erziehungslehre Fichtes nach Prinzipien der Wissenschaftslehre, Kölner Arbeiten zur Pädagogik, 1965) unternehmen, wäre ein Blick auf die Wurzeln jener Grundgedanken im Denken des jungen Fichte sehr nützlich. Man könnte dann sauberer zwischen systematischer Neubegründung bewährter Prinzipien durch die WL und Ableitung neuer Prinzipien unterscheiden. Ist nicht z. B. der formale Grundgedanke der Fichteschen Pädagogik, daß alle Erziehung Aufforderung zur Selbsttätigkeit ist, schon Fichtes Einsicht seit der Valediktionsrede?

[51] G II 1, S. 130.
[52] ebd.
[53] ebd.
[54] ebd., vgl. S. 129.

Fichte wieder auf die Verbindung der Religion mit der Moral zurück. Er hat sie ja bereits in die Definition des Begriffes Religiosität aufgenommen. Die Erläuterung sagt es noch einmal zugespitzt: „Durch eben die Bemühungen, durch die man sucht die Kinder von Eitelkeit, von Eigendünkel, von liebloser Beurteilung zu entfernen; sie gehorsam, dankbar, geduldig, u. s. f. zu machen, macht man sie auch zu guten Christen. Das ist an sich ganz Eins[55]." Ein Ich, dem diese Tugenden zur Gewohnheit oder — wie Fichte gern sagt: zur „Denkungsart"[56] geworden sind, ist zum Verständnis der christlichen Religion befähigt, wie umgekehrt das Ergriffensein durch ihre Wahrheiten dieser Denkungsart neue Festigkeit gibt, indem es ihr neue Perspektiven eröffnet. Sie ist der bewußt zu machende Bezugspunkt des Glaubens an die „Allwissenheit", „Allgegenwart" und „Güte" Gottes[57]. Auch Fichtes Glaube an die Vorsehung, von dem im nächsten Kapitel zu sprechen ist, hat eine konstitutive Beziehung auf die moralische Denkungsart.

Die damit gesetzte Grenze der Verstehbarkeit und Realität religiöser Wahrheiten wird nicht verschoben, wenn Fichte die Weite unseres Verstehenshorizontes auch durch die Einsicht in die „Würkung auf unsern Nutzen oder Schaden" bestimmt sieht[58]. Das in der Predigt der Aufklärung so beliebte argumentum ab utili, das sogar Gellert nicht verschmäht hat[59], nimmt Fichte hier nicht auf. Das Christentum ist ihm nicht vornehmlich eine Glückseligkeitslehre[60]. Schon im Fragment über den Tod Jesu verstand er die „Ausbreitung des reinsten glücklichsten Zustands" durch die Religion Jesu nur als Folge ihrer sittlichen Kraft[61]. Die moralische Gesinnung ist stets der unmittelbare Bezugspunkt der christlichen Wahrheit.

Die moralische Betrachtungsweise war mit Fichtes Geistesart so eng verwachsen, daß sie in nahezu alle Gebiete seines Denkens eindrang. So gilt es ihm als ein Grundsatz der Kunst, „daß nichts ästhetisch schön sey, was nicht moralisch wahr ist"[62]. Entsprechend erhebt er in seinem „Plan zu einer Zeitschrift über

---

[55] G II 1, S. 177; vgl. S. 185.

[56] G II 1, S. 94, 95, 104, 152, 186, 188, 215 Anm. 62, 425 u. ö. „Denkungsart" bezeichnet in der Regel das unmittelbare Selbstverständnis.

[57] G II 1, S. 77.

[58] G II 1, S. 176.

[59] Betrachtungen über die Religion, a.a.O., S. 109 ff.

[60] Schulz I, S. 62.

[61] G II 1, S. 83; vgl. S. 77.

[62] G II 1, S. 132.

Litteratur und Wahl der Lektüre", 1790, den wechselseitigen Einfluß von Kunst und Moral zum entscheidenden Beurteilungsprinzip[63]. Fichtes Erziehungsdenken ist ganz von dem Gesichtspunkt der Charakterbildung beherrscht, wie beinahe jede Seite seiner Tagebücher über Erziehungsfehler zeigt. Ja, er hat schon damals die eigentliche Lebensaufgabe in der unermüdlichen Arbeit an der eigenen inneren Vollkommenheit erblickt: „Der Haupt-Endzweck meines Lebens ist der, mir jede Art von (nicht wissenschaftlicher — ich merke darin viel eitles) sondern von C h a r a k t e r B i l d u n g zu geben, die mir das Schicksal nur irgend erlaubt"[64]. Fichtes Schilderungen seiner Mitmenschen sind wegen der überall eingestreuten moralischen Bemerkungen für unser Empfinden oft nur schwer erträglich. „ C h a r a k t e r " verlangt er auch vom Prediger „als das erste, zweite, dritte und — e i n z i g e Erforderniß"[65].

Die Einsicht in die Notwendigkeit der Beziehung aller religiösen Wahrheiten auf die moralische Gesinnung ergab sich Fichte hier unter hermeneutischem und pädagogischem Gesichtspunkt. Diese Betrachtungsweise und die gesellschaftskritisch motivierte ergänzen sich. Mußte dort der Blick mehr auf die Bedeutung der Religion für das Bestehen der gesellschaftlichen Tugenden gerichtet sein, so läßt die Frage nach dem anthropologischen Anknüpfungspunkt den individualethischen Aspekt in den Vordergrund treten.

Es ist wieder nicht genau zu ermitteln, wie weit Fichte in Zürich von seinem nun völlig ethisierten Christentumsverständnis aus die Kritik am Lehrbegriff vorangetrieben hat. Ethisierung bedeutet jedenfalls noch nicht, daß die Religion der Moral zum Opfer gebracht wird, daß sie von ihr aufgesogen wird, sondern nur, daß die Wahrheiten der Religion streng auf ein ethisches Selbstverständnis bezogen werden und nur insofern eingesehen werden können. Daß die Wahrheit der Religion sich in ihrer ethischen Funktion völlig erschöpfe, hat Fichte nirgends angedeutet. Immerhin ist seine Rechtgläubigkeit von der Familie Ott, die sich zum konfessionellen schweizerischen Protestantismus bekannte, angezweifelt worden. Man hat ihn offenbar für „einen Deisten, Naturalisten, oder wenigstens sehr Heterodoxen" gehalten[66]. Fichte weist den Vorwurf zurück. Das ist verständlich, wenn man sich an seine Polemik im Fragment über den Tod Jesu erinnert. Auch hatte er wohl im Umgang mit den geistig führenden Kreisen Zürichs, zu

---

[63] G II 1, S. 259 ff., bes. S. 261.
[64] Schulz I, S. 60; vgl. G II 1, S. 211, ferner die „Regeln der Selbstprüfung für das Jahr 1791", G II 1, S. 379 f.
[65] Bahrdt-Rezension, Kantstudien 59, 1968, S. 21.
[66] G II 1, S. 186, vgl. S. 231.

denen er durch Lavater und durch seinen künftigen Schwiegervater
Hartmann Rahn Zutritt erhielt, keinen Anlaß, sich als Heterodoxer
zu fühlen[67]. Aber wie soll man es aufnehmen, wenn er gar zurückfragt:
„Habe ich jemals, selbst in den vertrautesten Unterredungen, einen
Grundsaz geäußert, der, ich sage nicht der gesunden Vernunft, u. der
Schrift, sondern nur dem a l l g e m e i n  a n g e n o m m e n e n , in
S y m b o l i k ,  u .  a l l g e m e i n  a n e r k a n n t e n  B ü c h e r n  z u
f i n d e n d e n  L e h r b e g r i f f e  der Evangelischen Kirche widerspricht? . . . Habe ich je etwas dergl. gesagt, so will i c h  widerrufen,
u. Ihnen für Ihre Toleranz danken[68]." Ist diese Äußerung ernst gemeint, so muß man wohl annehmen, daß Fichte kein sehr deutliches
Bewußtsein über seine wahres Verhältnis zur altevangelischen Lehre
gehabt hat. Wir haben gesehen, daß er die Satisfaktionslehre umdeutet.
Der Sinn der Rechtfertigungslehre ist ihm nur die Verneinung aller
äußerlichen Frömmigkeit und allen Strebens nach bloß äußerlicher
Rechtschaffenheit[69]. Die Lehre von der Erbsünde hat bei ihm keine
tiefere Bedeutung. Als Sünde gilt ihm die „natürliche Trägheit zum
guten"[70], die sich im Nachgeben gegen sinnliche Begierden[71] und in
den Untugenden des Eigendünkels, der Eitelkeit und der Hartherzig-
keit[72] äußert; es ist ein rein moralischer Begriff. Wenig später scheint
Fichte auch seinen Gegensatz zur Orthodoxie deutlich genug empfunden zu haben. „Wie ich denke, weiß ich wohl; ich bin weder Luthe-
raner noch Reformirter, sondern Christ; und wenn ich zu wählen
habe, so ist mir, da doch einmal eine Christengemeine nirgends existiert,
diejenige Gemeine die liebste, wo man am freiesten denkt und am
tolerantesten lebt, und das ist die lutherische nicht, wie mir's scheint[73]."
    Der Gedankengang, auf den Fichte sich im Fragment über den Tod
Jesu einließ, ist an sein Ende gekommen. Alle Konsequenzen aus dem

---

[67] vgl. M. Hürlimann: Die Aufklärung in Zürich. Die Entwicklung des Zürcher Protestantismus im 18. Jahrhundert, 1924, S. 118 ff. — Unter den zahlreichen Gelehrten und Geistlichen, die Fichte im „Tagebuch Zürich" (G II 1,
S. 209—221) und in Briefen erwähnt, findet sich mancher Schüler Breitingers.

[68] G II 1, S. 186; vgl. S. 176, wo Fichte sich mit dem Zürcher Katechismus von
1621 „in Ansehung des Inhalts wahrlich sehr einig" weiß.

[69] s. o. S. 58 f.

[70] G II 1, S. 58.

[71] G II 1, S. 65, 75; vgl. S. 429.

[72] G II 1, S. 177.

[73] Schulz I, S. 98.

damals eingenommenen Standpunkt sind gezogen. E s i s t b e z e i c h -
n e n d , d a ß v o n „ F o r s c h e n " , „ B e w e i s e n " , v o n j e d e r
ü b e r d e n Z u s a m m e n h a n g v o n R e l i g i o n u n d M o r a l
h i n a u s g e h e n d e n R e f l e x i o n n i c h t m e h r g e s p r o c h e n
w i r d . I n n e r h a l b d e s Z u s a m m e n h a n g s a b e r h ä l t
F i c h t e a n e i n e r w e c h s e l s e i t i g e n B e z o g e n h e i t v o n
R e f l e x i o n u n d G e f ü h l , d i e z u m W e s e n j e d e r l e b e n -
d i g e n u n d w i r k s a m e n Ü b e r z e u g u n g g e h ö r t , f e s t[74].
Die Reflexion beschränkt sich auf die Erhellung des Zusammenhangs, auf
das Bewußtmachen der Beziehung zwischen dem Geglaubten und dem
Glaubenden. Dabei setzt sie die unbedingte Geltung der mit dem Christentum geeinten ethischen Werte oder die Empfindung ihrer Güte als
Anknüpfungspunkt voraus. Andererseits hat das in der Rührung sich
äußernde religiöse Überzeugungsgefühl nicht nur jene sittliche Empfindung, sondern auch das Verstehen, d. h. die Leistung der Reflexion
zur Voraussetzung. — Der Standpunkt der ethischen Religion ist nun
in sich abgeschlossen und vollendet; aber es ist eine andere Frage, ob
er damit schon lebensfähig ist.

---

[74] Auch die moralische Erkenntnis, das einzelne Gewissensurteil resultiert aus
　　dem Zusammenwirken der beiden Vermögen. Wahre Reue z. B. „entsteht
　　aus N a c h d e n k e n , u n d G e f ü h l ". G II 1, S.174.

## IV. DIE KRISE DER RELIGION

So oft Fichte, wie wir ihn bis jetzt kennengelernt haben, mit dem überlieferten Lehrbegriff in Konflikt geriet, so oft er ihn — bewußt oder unbewußt — uminterpretierte oder reduzierte, immer war sein Motiv ein praktisch-kritisches: das Bestreben, den christlichen Glauben zu einer lebendigen inneren Überzeugung zu machen, seine Verstehbarkeit, seinen Einfluß auf das Leben und die Moralität, seine pädagogische Kraft aufzuweisen und festzuhalten. Theoretische Skepsis verriet sich höchstens darin, daß er von theoretischer Begründung nach seinem ersten theologischen Entwurf nicht mehr sprach und dogmatische Detailfragen als unnütz und fruchtlos abtat.

Wir wissen aber, daß Fichte schon seit 1784 im Besitz einer philosophischen Theorie war, die auch sein Denken in ein spannungsvolles Verhältnis zur überlieferten christlichen Lehre führen mußte. Der Gedanke einer vollständigen Determination alles Seins und Geschehens hatte sich seines philosophischen Triebes bemächtigt[1]. Fichte wollte sogar eine Abhandlung darüber schreiben[2]. Der Grund, aus dem er die Überzeugung von diesem metaphysischen Prinzip vorerst gar nicht in seine theologischen, religionsphilosophischen und religionspädagogischen Überlegungen einfließen ließ, ist leicht zu erkennen. Es hätte sich nicht mit seiner aus praktischen Motiven erwachsenen Kritik verbündet, sondern sich selbst gegen seinen Ansatz, von dem aus er reduzierte und interpretierte, gegen die Tendenz aller seiner theologischen Gedanken über Christentum und Moral gewendet. Damit ist der große Gegensatz bezeichnet, der das Denken des jungen Fichte auseinanderriß und der am Ende unseres Zeitraums mit aller Schärfe und Gewalt hervortritt und nun auch seine schriftliche Formulierung erhält. Vor den „Aphorismen über Religion und Deismus" hat Fichte sich offenbar bemüht, seine Gedanken über Religion und Philosophie, Christentum und Metaphysik behutsam auseinanderzuhalten. Wie ist es sonst zu erklären, daß z. B. das Fragment über den Tod Jesu auch nicht

---

[1] Schulz I, S. 6 f., Brief Carl Gottlob Fiedlers an Fichte, 28. 1. 1785.
[2] ebd.

den geringsten Hinweis auf eine deterministische Weltanschauung enthält?

Nun muß man allerdings damit rechnen, daß Fichte den Determinismus zunächst nur als eine ernst zu nehmende philosophische Hypothese angesehen hat. Wir wissen, daß Fichte in Zürich mit Hartmann Rahn und mit seinem Freund Henrich Nikolaus Achelis philosophische Gespräche über das Problem der Determination geführt hat[3]. Es ist wahrscheinlich, daß erst diese Diskussionen seine Überzeugung von der Notwendigkeit und Unwiderlegbarkeit der deterministischen Denkweise, wie er sie kurze Zeit später in den Aphorismen ausspricht, begründet haben. Damit ist nun aber auch die Auseinandersetzung mit seinen ethischen und religiösen Anschauungen nicht mehr zu umgehen. Das Denken des jungen Fichte endet mit dem Eingeständnis einer Aporie. Wir wollen versuchen, sie als den Endpunkt eines Prozesses zu verstehen.

Seit 1784/85, vielleicht auch schon früher, muß Fichtes Denken gleichsam in zwei Ebenen verlaufen sein, die sich im Laufe der Zeit immer deutlicher voneinander abgehoben haben, bis sie in den Aphorismen zu unversöhnlichem Gegensatz auseinandertraten. Die eine nennen wir — Fichtes Ersatzwort für „Philosophie" aufnehmend — die Ebene der S p e k u l a t i o n; die andere ist im Anschluß an seinen Sprachgebrauch am treffendsten als die der D e n k u n g s a r t zu bezeichnen[4]. Diesen zuletzt genannten Bereich seines geistigen Werdens haben wir bereits durchlaufen, soweit wir ihn als abgesonderten überblicken konnten. Die Texte gestatten nun nicht, mit gleicher Sicherheit auch eine Geschichte seiner Spekulation zu schreiben. Wir können daher die das Problem des Determinismus berührenden Gedanken Fichtes, soweit sie sich noch ermitteln lassen, nur nach sytematischen Gesichtspunkten gliedern und aufeinander beziehen.

Die beiden Pole, zwischen denen Fichtes Überlegung verlaufen sein muß, sind sein immer wieder bezeugter Glaube an eine göttliche Vorsehung einerseits und die Theorie einer strengen, ethisch indifferenten

---

[3] vgl. Schulz I, S. 127, 143. Die Briefstellen zeigen auch, daß Rahn sich Fichtes Argumenten nicht entziehen konnte, Achelis ihm aber widersprach.

[4] Die Benennungen werden auch schon im Hinblick auf die spätere Sprache des Philosophen gewählt. In einer Erläuterung seiner Unterscheidung von Philosophie und Leben sagt Fichte: „Der Idealismus kann nie D e n k a r t sein, sondern er ist nur S p e k u l a t i o n." M III, S. 39 Anm., Zweite Einleitung in die WL.

Determination, die er auch als das „rein deistische System" bezeichnet[5], andererseits. Wir beginnen mit der Analyse des ersten Pols, denn der Vorsehungsglaube bildet offensichtlich das Mittelglied und Verbindungsstück zwischen beiden Gedankenreihen Fichtes, der ethischreligiösen und der spekulativen. Es kann gezeigt werden, daß sich in ihm beide Linien zu einem gespannten Gedankenknäuel verschlingen. Wenn wir dann eine Bewegung von diesem Pol zu seinem Gegensatz konstruieren, so soll damit nur die innere Logik des Gedankens dargestellt werden. Ob die zeitlich-biographische Entwicklung dieser Logik entsprach, muß dahingestellt bleiben.

## 1. Die Vorsehung

Der Glaube an eine göttliche Vorsehung gehört zum festen Bestand der Wahrheiten, die Fichte mit seinem ethischen Christentumsverständnis verband. Die Stellen, an denen er dieser Gewißheit Ausdruck verleiht, reichen selbst bis in die erste Zeit seines Kantianismus hinein[6]. „Gott sorgt für uns und verläßt keinen ehrlichen Mann", diese Überzeugung bezeichnet er als seinen „Lieblingsgrundsatz"[7]. Der gütigen Vorsehung erscheint es nicht zu gering, „sich bis zu unsern kleinen Grillen und Konventionen herabzulassen"[8].

Aus diesen Sätzen ist schon zu ersehen, daß Fichtes Vorstellung der göttlichen Vorsehung durch zwei Komponenten bestimmt ist: e r s t e n s , alles Geschehen, auch das geringfügigste, ist vorherbestimmt, alles ist bereits „entworfen"[9]; z w e i t e n s , diese Bestimmung geschieht nicht nach einem blinden Mechanismus, vielmehr nimmt sie Rücksicht auf den „ehrlichen Mann"; seine Gesinnung und die Gesinnung Gottes als des Herrn der Vorsehung stimmen überein. Mit dem Gedanken der Vorsehung hat Fichte also eine sittliche Welt-

---

[5] G II 1, S. 290, Aph. 16.

[6] Besonders häufig kommt er in seinen Briefen auf die Vorsehung zu sprechen. Vgl. Schulz I, S. 9 f., 51, 61 f., 67, 70, 72, 77, 148, 152 u. ö. Es handelt sich fast ausschließlich um Briefe an Johanna Rahn. Zum Thema sind ferner die Predigt an Mariä Verkündigung, 1786 (G II 1, S. 53—66), und die Novelle „Das Thal der Liebenden", 1790, (G II 1, S. 267—281) zu vergleichen.

[7] Schulz I, S. 77.

[8] Schulz I, S. 70.

[9] Schulz I, S. 61.

ordnung gedacht. Von einer systematischen Analyse und Darstellung des Begriffs, wie Fichte sie geplant, aber nicht ausgeführt hat[10], hätte man erwarten können, daß sie auch seinen Glauben an eine sittliche Vervollkommnung des Menschengeschlechts durch das Christentum in den Gedanken der göttlichen Vorsehung integriert hätte.

Die zweite Komponente hat die erste zur Voraussetzung. Gerade die Annahme einer durch einen höheren Willen bedingten unabänderlichen Notwendigkeit in allem Geschehen ermöglicht es, diesen notwendigen Gesamtzusammenhang nach einem einheitlichen Gesetz zu deuten und in den allbedingenden göttlichen Willen ein sittliches Prinzip einzutragen. Durch die sittliche Komponente, die es erlaubt, überall den gütigen christlichen Gott am Werke zu sehen[11], ist der Vorsehungsglaube mit Fichtes Gedanken über Religion und Moral verbunden.

Das Wort „Vorsehung" hat daher für Fichte im allgemeinen einen tröstlichen Klang. Nur selten mischt sich ein fatalistischer Unterton hinein. Fichtes Gemüt hält sich vorwiegend an die zweite Komponente. „Es ist unsere Sache, es an uns nicht fehlen zu lassen; aber der Erfolg steht g a n z in den Händen des Ewigen", schreibt er an Johanna Rahn und erläutert den zweiten Teil seines Satzes durch einige Verse aus Klopstocks Ode „An Bodmer", in denen die wunderbaren und unerwarteten göttlichen Fügungen besungen werden[12]. Die Härte des Lebens versteht Fichte als das erzieherische Wirken Gottes an unserem Herzen: „Glüklich ist der, den die Gottheit mit einer liebreichen Strenge erzieht, den sie bei jeder Thorheit, bei jeder Unbedachtsamkeit, bei jeder Vernachläßigung seiner Pflicht, bei jeder Vergeßenheit eines über ihre Ausübung wachenden Gottes, durch Leiden u. Schmerz an ihr Daseyn erinneret; den sie bei jeder lobenswürdigen Absicht, bei jeder edlen u. redlichen Bemühung Ruhe u. Zufriedenheit in seiner Seele, u. sichtbaren Seegen empfinden läßt[13]." Fichte glaubt also an eine

---

[10] Schulz I, S. 57.

[11] Ich erinnere an die Prädikate, die Fichte der Gottheit beilegte: Allwissenheit, Allgegenwart, Güte. G II 1, S. 176; s. o. S. 90.

[12] Schulz I, S. 51.

[13] G II 1, S. 60, Predigt an Mariä Verkündigung. Die Stelle, wie auch die ganze Predigt, zeigt, wie sich in Fichtes Frömmigkeit eine beinahe schon Kantische Moral mit einem von der lutherischen Tradition bestimmten Gottesbild („liebreiche Strenge"!) verbindet.

innere Übereinstimmung und ein Zusammenwirken von Tugend und
Weltlauf, Tugend und Schicksal.

Wo und wie diese Einheit anschaubar und erfahrbar wird, darüber
hat er sich unterschiedlich geäußert. Seinem Lieblingsgrundsatz entsprechend erkennt er in einzelnen glücklichen Wendungen seines Lebens die Spuren der Vorsehung. Er hält Ausschau nach ihren Winken[14].
Neben diesen Einblicken in die providentia specialissima stehen Aussagen, in denen er sich der Unerforschlichkeit der Wege der Vorsehung
bewußt ist. Schon der Blick auf das Schicksal Jesu lehrte ihn die Ehrfurcht vor einer göttlichen Führung, deren Gerechtigkeit sich erst in
einem neuen Leben erweisen wird[15]. Dieser Gesichtspunkt und diese
Stimmung scheinen einen immer stärkeren Einfluß erhalten zu haben.
„O, was ist doch MenschenSchicksal!" schreibt er 1790 anläßlich des
frühen Todes eines Freundes. „So oft ich so eine Geschichte höre, oder
lese, so verstärkt sich mein Blick in jene Welt, wo alles gleich sein wird,
und wo die Arbeit der Mühevollen herrlich enden wird. O könnte
man doch allen Geplagten diesen Gedanken recht stark ins Herz
rufen[16]." Die Welt betrachtet er ihrer Bestimmung nach als Land der
Mühe, wahre Glückseligkeit sei erst nach dem Tode möglich[17].

Dieses Schwanken ist wohl notwendig mit der Sache selbst verbunden, die in sich nicht mehrdeutig ist und die daher auch in Fichte das
Bewußtsein eines Widerspruchs oder auch nur einer Unklarheit offenbar nicht aufkommen ließ. Immer ist ja jene Übereinstimmung zwischen dem Walten Gottes und der sittlichen Gesinnung und Tat eine
Voraussetzung, mit deren Hilfe Fichte seine Erfahrungen subjektiv
deutet, nicht selbst eine Erfahrung. Als im Vertrauen gewagte Voraussetzung ist sein Vorsehungsglaube nicht von der Möglichkeit seiner
Anwendung auf einzelne Begebenheiten abhängig. So kann er das der
Tugend entsprechende Glück von der Vorsehung bald in diesem, bald
in jenem Leben erwarten. Im letzteren Falle läßt sich das individuelle

---

14 Schulz I, S. 9 f., 62, 102, 148. Fichtes Gottvertrauen reicht bis zu der gut-
gläubigen Erwartung, Gott werde ihn nie in unüberwindliche finanzielle
Notlage geraten lassen; Schulz I, S. 70.

15 s. o. S. 54.

16 Schulz I, S. 134.

17 Schulz I, S. 62, 143; vgl. S. 127. Die Stellen zeigen auch, daß ihn der erste
Eindruck durch die Kantische Philosophie in dieser Ansicht zwar bestärkte,
daß er sie aber bereits vorher vertreten hat.

Schicksal immer noch durch den Gedanken der Prüfung und Erziehung durch Gott auf jene sinngebende Voraussetzung beziehen. Beide Arten der Beziehung bestimmen erst zusammen den Charakter und den Spielraum der Frömmigkeit, die dem Vorsehungsglauben, wie Fichte ihn versteht, entspricht.

Diese Frömmigkeit und ihre Kraft wird in der Novelle „Das Thal der Liebenden" veranschaulicht[18]. Die mit wunderhaften Begebenheiten ausgeschmückte romantische Geschichte aus der Zeit der Kreuzzüge ähnelt in vielem einer Legende. Fichte will nicht nur menschliche Schicksale schildern, sondern darstellen, wie in dem Zusammenwirken von verborgener göttlicher Führung und edler menschlicher Tat die Herzen der beteiligten Personen aus dem Leiden zu einem „Seelenfrieden"[19] und einer „höheren Glückseligkeit"[20] hinfinden, die die Seele über alles irdische Wesen erheben und einer jenseitigen Vollendung entgegenführen. Die Erzählung gipfelt in dem Satz: „Ich habe die Wege der Vorsehung erkannt; sie waren nichts als Güte[21]."

Nur wenn man dem Ganzen diese Idee zugrunde legt, wird der verwickelte, von einer wundersamen Fügung zur anderen schreitende Gang der Handlung für den Leser erträglich. Auf eine Zusammenfassung des Inhalts kann hier verzichtet werden. Wichtiger sind die Aussprüche der Personen, in denen sie verraten, wie sie ihr dunkles Schicksal ertragen und mit Sinn erfüllen. Sie verstehen ihr Los als von Gott gewirkte Einübung in die völlige Hingebung an seinen Willen. „Noch hing mein Herz an etwas Irdischem; es hing an dir", sagt die Einsiedlerin Laura, nachdem sie ihre Pflegetochter wiedergefunden hat. „Du musstest mir genommen werden. Musste durch so rauhe Wege Gott mich zu meinem Heile führen? — Nichts war mir nun übrig,

---

[18] Fichte hat von seinem Erzeugnis keine sehr hohe Meinung gehabt, falls es, was das Wahrscheinlichste ist, zu den „Novellen" und „kleinen romantischen Erzählungen" gehört, die er im Sommer 1790 geschrieben hat, um seiner damaligen großen finanziellen Notlage abzuhelfen, und von denen er, sicher mit übertriebener Bescheidenheit, urteilt, sie seien „eine Leserei, die zu nichts gut ist, als die Zeit zu tödten." Schulz I, S. 99, an Johanna Rahn.

[19] S. 274, 278.

[20] S. 280.

[21] S. 279 f. Immer wieder spricht Fichte von der Vorsehung oder — im gleichen Sinne — vom Schicksal. Vgl. S. 268, 271, 273.

7*

als Er. Nur in sein Herz konnte ich meine Empfindungen ausgießen; nur von ihm Gegenliebe erwarten. O, hätte ich es doch eher gewusst, welchen süßen Frieden dies über mein Herz ausgießet, wie völlig dies eine Seele befriediget! — Welch eine Menge von Leiden hätte ich mir ersparen können[22]!"

Die Herausgeber der neuen Gesamtausgabe halten es für auffällig, daß die Novelle „ein katholisches Milieu voraussetzt"[23]. Aber wie könnte es in einer im Mittelalter spielenden Geschichte anders sein? Auffällig ist vielmehr, daß die Frömmigkeit der dargestellten Personen im Gegensatz zum Milieu nicht katholisch ist, zumal wenn man Fichtes eigenen Begriff des Katholischen zum Maßstab nimmt[24]. Die Anrufung der Gottesmutter[25] ist Ausdruck vertrauensvoller kindlicher Gläubigkeit. Maria versinnbildlicht das Ideal der Reinheit und Unschuld, von dem die Frauen der Erzählung beseelt sind. Das Fegefeuer, in dem der unselige Ritter schmachtet, ist nichts als die quälende Erinnerung seiner Verfehlungen[26]. Das weltabgewandte, eremitenhafte Leben, das Laura führt, ist nicht durch ein asketisches Streben nach Vollkommenheit und Seligkeit begründet, sondern durch das Schicksal, in das sie gestoßen wurde und das sie zwingt, ihre Hoffnung allein auf Gott zu setzen. Daher ist ihrem demütigen Sinn auch jeder Gedanke an Verdienst völlig fremd[27]. Freilich läßt die Vorsehung ihre Tugend und die der anderen Gestalten nicht unbelohnt. Die sittliche Komponente von Fichtes Vorsehungsglaube ist in der Novelle besonders deutlich zu erkennen. Die deterministische ist fast ganz zurückgedrängt.

Das gewonnene Bild läßt sich bestätigen und vervollständigen, wenn man einem Hinweis folgt, den Fichte in einem gegen Ende seiner Zürcher Hauslehrerzeit geschriebenen Briefe gibt. Als Ersatz für einen eigenen Aufsatz über die Vorsehung, den er Johanna Rahn versprochen hatte, verweist er auf eine Predigt des Kopenhagener Hofpredigers

---

[22] S. 278; vgl. S. 274, 277.

[23] S. 265.

[24] s. o. S. 80.

[25] S. 272.

[26] S. 271.

[27] S. 274: „Ich dankte dir (Gott) für den Seelenfrieden und die Heiterkeit, die du mir gabst, meinen letzten und härtesten Verlust zu ertragen. Aber jetzt hilf mir die Freude tragen, daß sie mein Herz nicht von dir abziehe ... ich ergebe mich in deinen Willen."

Christian Bastholm, die ganz seine Überzeugung über diese Materie
enthalte und die er deshalb „um jeden Preis" gemacht zu haben
wünscht[28].

In Bastholms Predigt über den „Einfluß der Lehre von der göttlichen Vorsehung auf die Herzen der Menschen"[29] tritt die deterministische Komponente stärker hervor. Alles ist „Wirkung der allgemeinen und besonderen Vorsehung Gottes"[30]. „Eure Schicksale sind
bestimmt, jeder Zug in eurem Leben ist durch die Hand der Vorsehung gezeichnet, alle Umstände, auch die kleinsten Umstände eures
Lebens sind festgesetzt: Es steht nicht in eurer Gewalt eine Veränderung hierin zu machen ... alles muß nach dem ewigen Entwurfe
des allgemeinen Beherrschers so gehen, wie es gehen soll[31]." Bastholm
wendet sich nun gegen das quietistische Mißverständnis dieser Lehre.
Die Kräfte des Menschen und ihre Anwendung sind mit der Vorsehung
unzertrennlich verbunden[32]. Die theoretische Schwierigkeit, wie man
sich diese Verbindung vorzustellen habe, löst Bastholm, indem er das
Vorherbestimmen Gottes auf sein Vorhersehen zurückführt, also durch
den Rückgriff auf eine traditionelle Form der Abschwächung der Prädestinationslehre. Nachdem Gott „unsere freyen Handlungen, unsern
ganzen Wandel" vorhergesehen hat, nachdem er vorhergesehen hat,
„daß wir die Wohlthaten des Herrn wohl brauchen oder mißbrauchen,
unsere Freyheit und unsere Kräfte zur Wohlfart oder zum Nachtheil
unserer Nebenmenschen anwenden wollten: Nach dieser unbetrüg-
lichen Allwissenheit, hat er uns Glück und Unglück, Freude und Trau-
rigkeit, Wohlstand und Widerwärtigkeit zugetheilet, unsere Schicksale
festgesetzt, den ganzen Plan unsers Lebens verordnet"[33]. Damit hat
Bastholm nicht nur den Sinn und Nutzen des menschlichen Handelns
gesichert, sondern auch zugleich, wie Fichte, den Gedanken einer nach
moralischen Maßstäben handelnden Vorsehung vorgetragen. Die Vor-

---

[28] Schulz I, S. 57; vgl. S. 64. Aus den Stellen läßt sich erschließen, daß Fichte
Bastholms Predigten, die er „für die schönsten, welche existieren" hält, ge-
raume Zeit vor seinem Zürcher Aufenthalt gelesen hat.

[29] Chr. Bastholm: Geistliche Reden über wichtige Wahrheiten der Religion
Jesu, Copenhagen 1781, Th. II, S. 219—244.

[30] a.a.O., S. 231.

[31] a.a.O., S. 234.

[32] a.a.O., S. 228, 230.

[33] a.a.O., S. 235 f.

herbestimmung, der all unser Tun und Erleiden unterliegt, ist kein blindes, notwendiges Verhängnis[34].

So sehr sich diese Gedanken mit denen Fichtes berühren, soweit beide nur den Begriff der gütigen Vorsehung entfalten, so ist doch ein wesentlicher Unterschied zu bemerken. Die philosophische Unbekümmertheit, mit der Bastholm über das Problem der Vereinigung der freien sittlichen Handlung mit der göttlichen Vorherbestimmung hinweggleitet, wird von Fichte nicht geteilt. Schon die Tatsache, daß Fichte von der menschlichen Freiheit nie spricht, dürfen wir als ein Indiz werten, daß er die Begriffe Vorsehung und Freiheit für einander ausschließende angesehen hat. Zumindest muß er die Freiheit für einen sehr problematischen Begriff gehalten haben. Zwar gelang ihm in der Vorstellung einer gütigen und gerechten Vorsehung eine notdürftige Synthese von Spekulation und ethisch-religiöser Denkungsart, aber eine echte Freiheit des Willens und des Handelns ließ sich darin nicht einbeziehen. Daher mußte die unvermeidliche Frage nach der die Freiheit voraussetzenden Verantwortlichkeit des Menschen und die Frage nach der gerechten Zurechnung ihm den Blick für die Brüchigkeit der Synthese schärfen. Die Ebenen mußten unter dieser Fragestellung auseinandertreten und gegeneinander in Bewegung geraten. Die Doppelheit der Momente, die Fichtes Begriff der Vorsehung konstituierte, mußte sich als eine widersprüchliche erweisen. Das Verhältnis von göttlichem und menschlichem Tun ist dadurch, daß man beides unter die gleichen sittlichen Prinzipien stellt, noch nicht geklärt. Daß Fichte in der Tat das Bewußtsein dieser Unklarheit besessen und daß er um eine Lösung gerungen hat, erhebt sein Denken über Bastholms Leichtsinn.

Ein lebendiges Zeugnis für die skizzierte Auseinandersetzung ist die am 25. März 1786 gehaltene Predigt über Lk 1, 26—35, die Verkündigung des Engels an Maria. Schon die Thematik der Predigt ist bezeichnend. Fichte gewinnt sie allein aus dem Satz. „Du hast Gnade bei Gott gefunden." Die Auszeichnung, die Maria zuteil wurde und die es ihr besonders leicht machte, der Lehre Jesu zu glauben und die ihr entsprechende persönliche Vollkommenheit zu erreichen, veranlaßt ihn, seiner Predigt folgende Sätze zugrunde zu legen:

„1. Gottes Gnade erstreckt sich über alle Menschen: oder: Gott giebt jedem Menschen Gelegenheit, u. Mittel gut zu werden.

---

[34] a.a.O., S. 237.

2. einige Menschen finden vorzügliche Gnade bei G. oder, er giebt einigen Menschen so viele Gelegenheit, u. Mittel gut zu werden, daß sie bei deren gewißenhaften Gebrauch eine sehr hohe Stuffe der Vollkommenheit erlangen können.

3. Gott richtet die Menschen nach diesen so sehr verschiedenen Bemühungen, die er an ihrer Seele angewendet hat, u. fordert von einigen mehr, von andern nur weniger[35]."

Das Problem, das Fichte beunruhigt, verbirgt sich im zweiten Satz. Die beiden anderen Thesen sind Fichtes Gerechtigkeitssinn entsprungen und sollen das Problem teils entschärfen (1), teils lösen (3). Der mittlere Satz enthält, wie seine Entfaltung zeigt, die Aussage, daß dem Menschen bei der Verwirklichung seiner Bestimmung, die in der sittlichen Vollkommenheit und in der Erkenntnis der Wahrheit der christlichen Religion besteht, durch den Willen der Vorsehung unüberschreitbare Grenzen gesetzt sind. Einigen legt Gott „die Erkenntniß der Wahrheit so nahe, daß sie sie ergreifen müßen, er arbeitet so an ihrem Herzen, daß sie gebeßert werden müßen, er ordnet alle Umstände ihres Lebens so, daß sie immer beßere, immer rechtschafnere, u. edlere Menschen werden müssen ..."[36]. Dieses Müssen hat er im Eingang der Predigt an der Erwählung Mariens veranschaulicht. Fichte wagt nun aber nicht, dem Müssen der einen ein Nicht-Können der anderen gegenüberzustellen, wie es folgerichtig gewesen wäre. Stattdessen führt er seinen Satz durch einen aus der Theologiegeschichte bekannten ausweichenden Gedanken zu Ende: „da er unterdeßen andere mehr sich selbst überläßt, u. ihnen wenigere u. nicht so dringende Gelegenheiten zur Beßerung giebt." Im Hintergrund seiner Überlegungen steht das Prädestinationsdogma, wie sowohl seine mehrfache Bezugnahme auf Röm 9[37] als auch die Verquickung mit der lutherischen Rechtfertigungslehre[38] zeigen. Eigentlich hätte Fichte damals streng prädestinatianisch denken müssen. Er hat einen so scharfen Blick für die Abhängigkeit nicht nur unserer Handlungen und seelischen Stim-

---

[35] S. 57.

[36] S. 55; vgl. S. 59.

[37] S. 55, 59, 61.

[38] S. 55: „Nicht aus Verdienst ihrer Werke also, sondern aus freyer Gnade Gottes ...“; vgl. S. 62: „Es ist kein Verdienst beßer zu sein, Er selbst hat uns beßer gemacht: kein Verdienst mehr Stärke zu haben, er selbst hat sie uns gegeben."

mungen[39], sondern auch unserer Gesinnungen, unseres ganzen Charakters von der Gesellschaft, in der wir leben, von der Erziehung, die uns zuteil wurde, von den Erlebnissen, die uns prägen, gar nicht zu reden von angeborenen Charaktereigenschaften und geistigen Fähigkeiten[40], daß er die Anschauung der Konkordienformel von einer Freiheit wenigstens in rebus externis[41] kaum teilen konnte. In diesen Erfahrungen und in seinem Glauben an eine göttliche Vorherbestimmung besitzt er bereits alle Voraussetzungen für ein streng deterministisches Weltbild, das eine Bejahung der Prädestination einschließen müßte. Trotzdem schrickt er vor dieser Konsequenz zurück, um die Verantwortlichkeit des Menschen und den Gedanken der Gerechtigkeit Gottes festhalten zu können[42]. Die Lehre von der gratia irresistibilis schwächt er ab zu einer elastischen Formel: „Gott arbeitet an den Herzen einiger Menschen fast unwiderstehlich, u. überläßt andere ihrem selbstgewählten Verderben, u. mit vollem Recht[43]." Das streng prädestinatianische Denken mit seinem absoluten Entweder-Oder, das durch die von ihm zitierten harten paulinischen Urteile aus Röm 9 in seine Predigt einbricht, löst er in die quantitierende Betrachtungsweise seines dritten Satzes auf. Der Konflikt zwischen dem deterministischen und dem ethischen Moment des Vorsehungsglaubens, zwischen Spekulation und Denkungsart wird durch die Theorie geschlichtet, Gott fälle sein Urteil über den einzelnen Menschen nach dem Maßstab, ob er die von der Vorsehung ihm gewährten Möglichkeiten ausgeschöpft hat, ob er d e n Grad der moralischen und religiösen Reife erlangt hat, der für ihn nach dem individuellen Maß der Vorsorge Gottes erreichbar war. Also, nicht der objektive Grad der Reife, sondern der Grad der subjektiven Bemühung ist entscheidend[44]. Damit ist die Möglichkeit des Vertrauens auf ein gerechtes göttliches Urteil offengehalten, ja Gottes Gerechtigkeit muß nun der unsrigen unendlich überlegen sein, da er allein nicht nur das Herz eines Menschen, sondern auch die Totalität der Ursachen,

---

[39] S. 60: „Es giebt einen Grad des Elendes, der uns an der Hülfe, an der Vorsorge Gottes für uns verzagen läßt."

[40] S. 59 ff.; auch das Fragment „Zufällige Gedanken ..." ist hier zu vergleichen.

[41] Die Bekenntnisschriften der evangelisch-lutherischen Kirche, hrsg. 1930, 6. Aufl. 1967, S. 778.

[42] S. 61.

[43] S. 59.

[44] S. 63.

denen es seine individuelle Beschaffenheit verdankt, kennt[45]. Ebenso ist der Weg frei zu einem echten Appell an das Gewissen. Mit ihm beschließt Fichte seine Predigt.

Die Feinheit, mit der Fichte in seiner Predigt argumentiert, die Subtilität und Präzision seiner Unterscheidungen können keinen Augenblick darüber hinwegtäuschen, daß die vorgetragene Lösung als ein mühsam errungener Ausgleich zu betrachten ist. Fichte hat seine Theorie auch in späteren Texten nicht mehr aufgenommen. Statt Übergänge zwischen den Ebenen zu konstruieren, scheint er im Gegenteil versucht zu haben, den Streit durch die strikte Trennung der Ebenen als grundverschiedener Perspektiven zu schlichten.

Einen Einblick in diese Art des Umgangs mit dem Problem gibt uns eine Stelle im „Tagebuch über die merklichsten Erziehungsfehler, die mir zu wissen gekommen sind"[46]. Gegen Fichtes religionspädagogische Grundgedanken, die ganz aus dem Blick auf die natürliche Genesis religiöser und moralischer Gesinnungen und Gefühle entstanden sind, könnte eingewendet werden: „Aber der heilige Geist würkt auf eine übernatürliche, uns unbegreifliche, mystische Art die Heiligung in den Herzen der Kinder." Fichte antwortet: „Ja! wenn das aber g a n z o h n e u n s e r Z u t h u n geschehen sollte, so brauchten wir gar nichts zu thun, und könnten diese Arbeit ganz dem heiligen Geiste überlaßen. — Sollen wir aber auch etwas dabei thun, so können wir, da diese Wirkungen des heil. Geistes unsichtbar sind, immer nicht wißen, wo sie angehen; und wir handeln also am klügsten, wenn wir alles thun, was durch n a t ü r l i c h e Mittel möglich ist, ohne ü b e r - n a t ü r l i c h e zu erwarten." Ein Vergleich mit der Vorlage zeigt, daß es ihm ganz auf die Scheidung der natürlichen Perspektive von der uns unerforschlichen übernatürlichen ankommt. Dieses Auseinanderhalten der Ebenen allein ermöglicht ein vernünftiges und verantwortliches Handeln nach den Einsichten, die Fichte über das Wesen und die Genesis der Religiosität gewonnen und dargestellt hat. Damit spricht die Stelle aber indirekt aus, daß jene Einsichten auch nur unter der Voraussetzung dieser Trennung und damit nur als natürliche, den Bereich des unmittelbaren Erlebens nicht überschreitende religiöse Den-

---

[45] S. 61 f.

[46] G II 1, S. 177 f. Auch die Parallelstelle im Entwurf des Tagebuchs ist zu vergleichen; S. 186.

kungsart gültig sind. Diese Einschränkung ist der Engpaß, durch den Fichtes Verständnis von Religion und Sittlichkeit in der sich nun zuspitzenden Krise hindurch muß.

## 2. Religion und Spekulation

In der Vorstellung einer göttlichen Vorsehung, die alles menschliche Tun und Leiden auf verborgene Weise beeinflußt, greift die christliche Religion in den Bereich der Spekulation, der Metaphysik, des Ansich über. So nimmt die Religion unvermerkt eine philosophische Fragestellung in ihren eigenen Vorstellungskreis auf: das Problem des Verhältnisses von göttlichem und menschlichem Tun, göttlicher und menschlicher Verantwortlichkeit. Mit dem Gedanken einer gütigen und gerechten Weltregierung, den Fichte aus der Tradition der deutschen Aufklärung — weniger aus reformatorischen Quellen — übernehmen konnte, ist das Problem nur scheinbar gelöst. Nur ein unreflektierter Glaube, wie ihn etwa die in der Novelle geschilderten einfachen Charaktere vorleben, kann sich mit diesem Gedanken zufrieden geben und in ihm Ruhe finden. Beim jungen Fichte haben wir beides sehen können: einerseits, wie seine religiöse Denkungsart vereint mit seinem sittlichen Empfinden den Gedanken der Vorsehung um der in ihm versuchten Synthese willen mit Leidenschaft ergriff, andererseits, wie die in ihm verborgene Spannung sein Denken in eine unruhige Bewegung versetzte und ihn zu notdürftigen Lösungsversuchen trieb. Diese Unruhe war jedoch nur ein Vorzeichen der großen Krise, in die sein Denken durch eben jene Spannung hineingetrieben werden sollte. Dabei sollte sich freilich das Problem selbst verschieben. Sobald ein von allen christlichen Prämissen freies philosophisches Denken sich des Themas als seines eigenen Gegenstandes bemächtigte, mußte aus dem innerreligiösen und dadurch neutralisierten Konflikt ein Konflikt zwischen religiösem Glauben und freier Spekulation werden, der sich unter der Voraussetzung von Fichtes Art der Religionsbegründung letztlich zu einem Streit zwischen Gefühl und Denken zuspitzen mußte.

Neben der hier konstruierten systematischen Verbindung zwischen dem Gedanken der Vorsehung und dem einer alles Geschehen bestimmenden Determination lassen sich auch einige äußere Indizien in Fichtes Texten aufweisen, die es sinnvoll erscheinen lassen, beide Gedanken als entgegengesetzte Pole eines Problemzusammenhangs anzusehen[47]. Ist es wohl zufällig, daß Fichte zu eben der Zeit, da er mit Hartmann Rahn und Achelis Gespräche über die Unfreiheit des menschlichen Willens und das vollständige Bestimmtsein alles Geschehens durch einen alles umfassenden Plan führt, gegenüber Johanna Rahn so überaus häufig von den Wegen der Vorsehung spricht? Man hat den Eindruck, daß er ihr die freundliche Seite, gleichsam die christianisierte Form desselben Gedankens entgegenhält, den er mit ihrem Vater in philosophischer Strenge entwickelt. Er scheint versucht zu haben, seinem auf dem Satz vom zureichenden Grunde erbauten metaphysischen System[48] durch das entschlossene Festhalten am Vorsehungsglauben einen komplementären und freundlicheren Gesichtspunkt entgegenzustellen. Aus dieser Zusammenordnung erklärt sich andererseits der leise fatalistische Unterton, der sich nun gelegentlich in seine Äußerungen über die Vorsehung hineinmischt[49]. Die geheime Spannung des Gedankens äußert sich in der Ambivalenz des Gefühls. Es kann Fichte jedoch kaum verborgen geblieben sein, daß die beiden Pole sich gegenseitig ausschließen. Es ist bezeichnend, daß die Vorsehung in den „Aphorismen über Religion und Deismus" nicht mehr erwähnt wird. Sie fügt sich weder ein in das dort entwickelte Schema der Religion, noch in das rein deistische System, das Ergebnis seiner Spekulation. Hier bestätigt sich noch einmal die Richtigkeit unserer Interpretation des Fichteschen Vorsehungsglaubens, die in ihm ein synthetisches Mittelglied zwischen christlicher „Denkungsart" und Spekulation erblickt. In den Aphorismen scheiden sich die Ebenen endgültig. Sie werden unter den Bezeichnungen Religion und Deismus in ihrer Reinheit dargestellt[50].

Die Aphorismen wurden bekanntlich zu einem Zeitpunkt niedergeschrieben, als Fichte bereits Kants „Kritik der reinen Vernunft" ganz

---

[47] Auch H. Heimsoeth hat Fichtes Vorsehungsglauben mit seinem Determinismus verbunden. „Die ,Vorsehung', als Gefühlsgewißheit noch frei für mancherlei Ausdeutungen (wie Fichtes spätere Entwicklung als Philosoph zeigt), kann sein Verstand zu dieser Zeit nur rational-deterministisch fassen." a.a.O., S. 17. Unsere Deutung hat die ethische Komponente und die synthetische Funktion des Begriffes klarer herausgearbeitet.

[48] vgl. Schulz I, S. 227 mit Aph. 15c, S. 290.

[49] vgl. z. B. Schulz I, S. 72.

[50] Ich zitiere die kurze Schrift im folgenden nur nach den Nummern der Aphorismen.

oder zum größten Teil, noch nicht aber die „Kritik der praktischen Vernunft" gelesen hatte. Die Befreiung seines Denkens durch den mit dem Sittengesetz verbundenen Freiheitsbegriff Kants steht also noch bevor[51]. Fichte verdankt der Kantlektüre bislang nur eine Reihe von logischen Distinktionen, die ihm eine auch begrifflich saubere Trennung der herausgearbeiteten Ebenen gestattet. So bedient er sich nun vor allem der Unterscheidung von objektiver und subjektiver Gültigkeit. Daß der Kantische Kritizismus auch seine von ihm als objektive Wahrheit angesehene Spekulation zerstören mußte, scheint ihm noch nicht zum klaren Bewußtsein gekommen zu sein. Die Frucht seiner Kantlektüre besteht daher zunächst nur in der deutlichen Erkenntnis, daß seine im vergangenen Jahrzehnt entwickelten Grundgedanken über Religion, Moral und ihr wechselseitiges Verhältnis nur subjektive Gültigkeit beanspruchen können[52]. Der erste Eindruck, den Fichte von der Kantischen Philosophie empfing, hat ihn also in seinen eigenen Überlegungen und Befürchtungen bestätigt. —

Es scheint nach den Aphorismen, daß Fichte über die Religion bedeutend mehr zu sagen weiß als über den konsequenten Deismus. Er hat ihn in einem einzigen Aphorismus dargestellt. Ja, er teilt uns nicht einmal die Gründe mit, die zur Annahme des „rein deistischen Systems" zwingen; er entwickelt es nicht, sondern nennt nur das Ergebnis seiner Überlegungen:

„Geht man mit seinem Nachdenken gerade vor sich hin, ohne weder rechts noch links zu sehen, noch sich zu kümmern, wo man ankommen wird: so kommt man, scheint es mir, sicher auf folgende Resultate:

---

[51] Die Annahme von F. Medicus (Fichtes Leben, 2. Aufl. 1922, S. 32), daß Fichte in den Aphorismen einen bereits überwundenen Standpunkt darstelle, läßt sich nicht halten. Die Anmerkung zum Aph. 15 spricht aus, daß er den Begriff der Freiheit, wie er in der „Kritik der reinen Vernunft" untersucht wird, noch für ein fremdes Element im Kantischen Kritizismus hält, das nur infolge einer Inkonsequenz in seine Philosophie eingedrungen sein könne. Ich kann mich daher auch nicht entschließen, die Aphorismen als ein Fragment anzusehen, wie es die Herausgeber in ihrem Vorwort tun. Nach dem damaligen Stand seines Denkens konnte Fichte nach der im 18. Aphorismus festgestellten Aporie nicht fortfahren. Der Zusatz „Fragment" hinter dem Titel wird auf I. H. Fichte zurückgehen. Das Manuskript liegt nicht mehr vor.

[52] vgl. Aph. 16.

a) es ist ein ewiges Wesen, dessen Existenz, und dessen Art zu existieren, nothwendig ist.

b) nach und durch den ewigen und nothwendigen Gedanken dieses Wesens entstand die Welt.

c) jede Veränderung in dieser Welt wird durch eine zureichende Ursache nothwendig so bestimmt, wie sie ist. — Die erste Ursache jeder Veränderung ist der Ur-Gedanke der Gottheit.

d) Auch jedes denkende und empfindende Wesen also muß nothwendig so existieren, wie es existiert. Weder sein Handeln, noch sein Leiden kann ohne Widerspruch anders seyn, als es ist.

e) Was die gemeine Menschen-Empfindung S ü n d e nennt, entsteht aus der nothwendigen, größern oder kleinern Einschränkung endlicher Wesen. Es hat nothwendige Folgen auf den Zustand dieser Wesen, die ebenso nothwendig, als die Existenz der Gottheit, und also unvertilgbar sind[53]."

Diese in strenger Folgerichtigkeit vorgetragenen fünf Sätze können nur als Frucht einer intensiven geistigen Anstrengung verstanden werden. Die Fragen nach dem philosophiegeschichtlichen Hintergrund und nach den möglichen Quellen, aus denen Fichte diese Gedanken während seines akademischen und autodidaktischen Studiums geschöpft haben mag, werden erst im folgenden Kapitel behandelt, da sie im Rahmen dieser Arbeit nur von sekundärem Interesse sind. In erster Linie kommt es uns auf die Folgen an, die sich aus diesem System für die christliche Religion und für die mit ihr verbundene Moral ableiten lassen. Dieser Gesichtspunkt scheint auch Fichte bei der Abfassung der Aphorismen geleitet zu haben. Die zitierten Sätze werden daher nur soweit erläutert, als es für die Hervorhebung dieser Folgen notwendig ist.

1. Das Prinzip, auf dem das System des reinen Deismus erbaut ist, ist der Satz vom zureichenden Grunde (c). Alles Geschehen, alles scheinbar spontane Handeln unterliegt einer unerbittlichen Notwendigkeit; diese Kategorie beherrscht alle fünf Sätze. Die Möglichkeit einer Freiheit des Willens ist ausgeschlossen (d)[54]. Das gemeine Bewußtsein, das, was „die gemeine Menschen-Empfindung" für wahr hält (e), ist als eine standpunktbedingte Täuschung anzusehen.

---

[53] Aph. 15.
[54] vgl. die Ablehnung des Freiheitsbegriffes Aph. 15 Anm.

2. Der Gottesbegriff wird als das Woher der Notwendigkeit gedacht (a—c). Seine Setzung und Bestimmung beruht insofern auf dem
argumentum e contingentia mundi[55]. Gott wird aber weiter als intelligente Ursache vorgestellt (b, c)[56]. Als solche wirkt er mit Notwendigkeit, also unfrei, obschon er als Urgrund allein frei ist. — Indem
Fichte Dasein, Gestalt und Bewegung der Welt auf den notwendigen
Gedanken der Gottheit zurückführt, wird deutlich, daß er die Verknüpfung nach dem Satz vom zureichenden Grunde nicht allein als
materielle mechanische Kausalität denkt.

3. Daß Fichte sein System „Deismus" nennt, beruht wohl allein auf
jener Fortbestimmung der ersten Ursache als Intelligenz. Sein Deismus
hat mit dem englischen Deismus-Theismus[57] oder mit dem Deismus
des Reimarus nichts gemein. Fichte unterscheidet ihn selbst von der
gleichnamigen „philosophischen Religion" der „muthigeren und witzigeren neueren Theologen"[58]. Alle moralischen Prädikate wie Güte,
Gerechtigkeit usw. sind aus dem Gottesbegriff entfernt. Daher ist es
auch wohl nicht möglich, oder wenigstens nicht angebracht, die ewige
unveränderliche Notwendigkeit durch den Gedanken der Vorsehung,
wie Fichte ihn verstand, zu interpretieren, auch wenn ihm gelegentlich
der Ausdruck „Plan" Gottes unterläuft[59]. Nach dem Prinzip des Systems zu schließen, wird man die erste Ursache nicht einmal als causa
finalis, sondern nur als causa efficiens auffassen dürfen. Es wäre eine
Subreption, in das allbedingte Geschehen irgendeine Teleologie einzutragen. Die Glückseligkeit aller Wesen ist in dem „Urgedanken der
Gottheit" offenbar nicht unmittelbar enthalten. Es fällt auch auf, daß

---

[55] Zu diesem von Leibniz und Wolff entwickelten, von Kant unter der irreführenden Bezeichnung des kosmologischen Arguments kritisierten Gottesbeweis vgl. die knappe Darstellung bei E. Hirsch: Geschichte der neuern
evangelischen Theologie, Bd. II, S. 65.

[56] W. Kabitz weist mit Recht darauf hin, daß Fichte die Schöpfung „aus dem
Denken der Gottheit, nicht aus ihrem Willen" herleitet. Studien zur Entwicklungsgeschichte der Fichteschen Wissenschaftslehre aus der Kantischen
Philosophie, 1902, S. 5.

[57] Die Begriffe Deismus und Theismus wurden ursprünglich nicht unterschieden, wie sich vielleicht am besten an Humes Sprachgebrauch belegen läßt.

[58] Aph. 14. Er denkt dabei wohl vorzüglich an Reimarus und Bahrdt.

[59] Aph. 17.

kein Wort über die Güte oder Weisheit des allumfassenden Schöpfungs-
zusammenhanges gesagt wird[60].

4. Diese Abgrenzungen sind unumgänglich, weil Fichte sein System
nicht auf die Empfindung des Menschen oder sein Wollen oder seine
Erfahrung, sondern allein auf das folgerichtige Denken gründet. Es ist,
so meint er wenigstens, aus den „fortlaufenden Schlüssen aus den ersten
Grundsätzen der menschlichen Erkenntniß" entstanden[61]. Es ist „Spekulation"[62]. Fichte protestiert gegen jede Verunreinigung dieses Systems
durch religiöse Motive, und zwar sowohl im Interesse der Spekulation
als auch in dem der Religion. Eine „religiöse Philosophie" wird ebenso
verworfen wie eine „philosophische Religion"[63].

Man mag sich wundern, daß Fichte an seinem metaphysischen System
auch noch nach dem Studium der „Kritik der reinen Vernunft" festhält. Es besteht kein Zweifel, daß er ihm — in der Sprache Kants —
objektive Gültigkeit zuschreibt. Dieses Festhalten zeigt jedenfalls, wie
sehr es schon „mit der ganzen Wendung seines Geistes verwebt" war[64].
Aber sieht man einmal davon ab, daß er die Annahme eines intelligen-
ten Welturhebers für ein gesichertes Ergebnis notwendiger Vernunftschlüsse hält, daß er also in irgendeiner Form an der von Kant vernichteten alten rationalen Theologie festhält — der so erschlossene tote
Gott ist außerdem der Sache nach ja kaum mehr als das Woher der
Notwendigkeit, als eine Chiffre für ihre Absolutheit —, so beschränkt
sich der Gegensatz zur Kantischen Kritik auf einen einzigen Differenz-
punkt: Der Nerv seiner Spekulation und damit, von Kant aus beurteilt: ihr einziger Fehler besteht darin, daß sie das Kausalprinzip, nach
dem die Welt und alles Leben in ihr als eine einzige Kette notwendiger
Bedingtheit erscheint, verabsolutiert und es damit zu einem metaphysischen Gesetz erhebt oder, anders gesagt, daß sie die Realität der Freiheit apodiktisch verneint, während die Kritik der theoretischen Vernunft doch wenigstens die Möglichkeit dieses Begriffes einräumen muß,

---

[60] Fichtes philosophischer Standpunkt entspricht damit ziemlich genau dem,
was Kant in der „Kritik der Urteilskraft" (§ 72 Anm.) als die Hypothese
vom „leblosen Gott" bezeichnet. Daß Kant sich dabei auf Spinoza bezieht,
während Fichtes Gottesbegriff, da er als Intelligenz gedacht wird, mehr der
Leibnizschen Philosophie nahesteht, fällt hier nicht ins Gewicht.

[61] Aph. 15 Anm.

[62] Aph. 4, 14, 17, 18.

[63] Aph. 14.

[64] Aph. 18.

wenn auch nur mit problematischem Modus[65]. Fichte erklärt für entschieden, was die Vernunft doch offen lassen muß. Diese Differenz ist
ihm insoweit bewußt, als er die unterschiedliche Stellungnahme zum
Freiheitsbegriff klar in den Blick faßt[66], aber er reflektiert nicht genügend auf die Modalität seines eigenen Philosophierens, so daß ihm
die Willkür seines Schließens verborgen bleibt.

Welche Folgerungen ergeben sich nun aus dieser Spekulation für den
christlichen Glauben? Fichte gibt zunächst eine ausweichende Antwort:
„Dieses rein deistische System widerspricht der christlichen Religion
nicht, sondern läßt ihr ihre ganze subjective Gültigkeit; es verfälscht
sie nicht, denn es kommt mit ihr nirgends in Collision . . .“[67]. Hier
wird der Schlichtungsversuch wiederholt, durch den man sich durch die
Unterscheidung der Ebenen der Spekulation und der Denkungsart,
durch die Unterscheidung der Perspektiven zu retten versucht. Aber
schon die unmittelbare Fortsetzung zeigt, daß diese Beilegung des
Streits selbst unter der Bedingung einer Einschränkung steht, die so
einschneidend ist, daß jene erste Auskunft dadurch doch praktisch aufgehoben wird[68]. Es erweist sich nämlich als nicht möglich, beides, Religion und Deismus, in einem Subjekt zu vereinigen. Die Überzeugung
von jenem System „wirkt eine gewisse Unbiegsamkeit, und hindert für
seine eigene Person an den angenehmen Empfindungen, die aus der
Religion fließen, Antheil zu nehmen“[69]. Das behauptete ungestörte
Verhältnis zwischen beiden bedeutet daher nur, daß die Spekulation
kein Hindernis ist, die christliche Religion „als die beste Volksreligion
zu verehren, und sie denen, die ihrer bedürfen, wenn man nur ein wenig Consequenz und Empfindlichkeit hat, mit der innigsten Wärme zu
empfehlen“[70]. Damit ist das Christentum zum bloßen Beförderungs-

---

[65] Kant 3, S. 362—377.

[66] Aph. 15 Anm.; Fichte nennt Kant den „scharfsinnigsten Verteidiger der
    Freiheit, der je war“, aber er kann noch nicht einsehen, wie ihm dieser Be-
    griff überhaupt entstehen konnte.

[67] Aph. 16.

[68] Auch X. Léon hält diesen Lösungsversuch für scheinhaft; a.a.O., S. 84.

[69] Aph. 16.

[70] ebd. — Da die Spekulation zu einem solchen Wohlwollen gegenüber der
    Volksreligion geneigt ist (offenbar weil sie selbst zu einer echten Begründung
    der Moralität nicht fähig ist), kann Fichte ihr sogar „bei dem, der es ganz
    übersieht, einen überaus nützlichen Einfluß auf Moralität“ zuschreiben.

mittel der Moral und zum Trost der Einfältigen herabgesunken[71]. Der
Zynismus, der in diesem Ausgleich beider Denkreihen liegt, wird nur
dadurch gemildert, daß Fichte selbst sich wohl doch nicht über den
Standpunkt der Religion erhaben fühlt, daß er, weil er sich nicht rein
auf die Seite der Wissenden zu stellen wagt, bei aller Einsicht in die
Unmöglichkeit einer harmonischen Kombination im Grunde doch versucht, Religion und Deismus in einer Subjektivität zu vereinigen. Be-
schriebe er nicht einen Zwiespalt, an dem er selbst zu zerbrechen droht,
wie könnte er dann von Augenblicken sprechen, in denen „das Herz
sich an der Speculation rächt"[72].

Solche Augenblicke sind unvermeidbar, da die Religion sich offenbar
gar nicht mit dem ihr zugewiesenen Bereich der nur subjektiven Gültigkeit zufrieden geben kann. Wir haben ja gesehen, wie sie im Begriff
der Vorsehung in den Bereich der Spekulation übergreift. Sie könnte
sich höchstens dann bescheiden, wenn die ihr gegenüberstehende Spekulation sich nicht als objektive, sondern als eine ebenso durch die
Endlichkeit des menschlichen Denkens bedingte und damit letztlich
ebenfalls subjektgebundene Erkenntnis verstünde.

---

(ebd.) Daß Fichte sich hier bemüht, der bitteren Erkenntnis durch einen
überaus künstlichen Gedanken noch eine positive Seite abzuringen, wird
deutlich, wenn man dieser Stelle eine ganz anders lautende Äußerung aus
einem Brief gegenüberstellt, den der Kantianer Fichte wenig später an
Achelis schreibt: „Es ist mir ferner sehr einleuchtend, daß aus dem ange-
nommenen Saze der Nothwendigkeit aller menschlichen Handlungen sehr
schädliche Folgen für die Gesellschaft fließen, daß das große Sittenverder-
ben der sogenannten beßern Stände größtentheils aus dieser Quelle entsteht; u. daß es ganz andere Gründe hat, als die Unschädlichkeit oder wohl
gar Nüzlichkeit dieses Sazes, wenn jemand der ihn annimmt sich von diesem Verderben rein erhält." Mit diesen anderen Gründen ist natürlich das
unverdorbene sittliche Gefühl gemeint. Schulz I, S. 143.

[71] Einen solchen Schluß durften wir im Teil „Die Ethisierung der Religion"
noch nicht ziehen. Die Berechtigung des harten Urteils wird im folgenden
noch stärker einleuchten.

[72] Aph. 17. Es ist ein Rückblick auf diesen quälenden Konflikt, wenn Fichte
in den sog. Penzenkuffer-Vorlesungen (1795?) sagt, die Idee des Schicksals
sei „das Niederdrückendste und Schrecklichste, was es für den Menschen
geben kann, — der Gedanke: er steht unter einem unerbittlichen Herrscher,
ist ihm unerträglich." J. G. Fichte. Ideen über Gott und Unsterblichkeit.
Zwei religionsphilosophische Vorlesungen aus der Zeit vor dem Atheismusstreit, hrsg. von Fr. Büchsel, 1914, S. 45.

Fichte hat nun den Gegensatz zunächst nicht an dem Problem von Freiheit und Schuld erläutert — die in dem Satz über die Sünde (e) ausgesprochene Einsicht klingt nur in vereinzelten Wendungen der Aphorismen wieder an —, sondern er hat ihn als Streit grundverschiedener Gottesvorstellungen beschrieben. „Es scheint allgemeines Bedürfniß des Menschen zu seyn, in seinem Gotte gewisse Eigenschaften zu suchen, die der erste Schritt zur Speculation ihm a b s p r e c h e n muß. Diese wird ihm Gott als ein unveränderliches, keiner Leidenschaft fähiges Wesen zeigen; und sein Herz heischt einen Gott, der sich erbitten lasse, der Mitleiden, der Freundschaft fühle. Diese zeigt ihn als ein Wesen, das mit ihm und mit jedem Endlichen gar keinen Berührungspunkt gemein habe; und jenes will einen Gott, dem es sich mittheilen, mit dem es sich gegenseitig modifiziren könne."[73] Aus diesem Antagonismus hat Fichte nun neue Erkenntnisse über das Wesen der Religion und insonderheit der christlichen abgeleitet, die seine schon gewonnenen Einsichten in einer bestimmten Richtung fortentwickeln und vertiefen. Die in den Aphorismen enthaltene Religionskritik vollendet zugleich seine Religionsphilosophie in ihrem ersten, von Kant unabhängigen Entwicklungsstadium.

Das Prinzip aller Religion, ihr Sitz und ihre anthropologische Grundlage ist das Herz des Menschen, das in seinem innersten Wesenskern gegründete Gefühl[74]. Dieses Gefühl, das sich in den verschiedensten Vorstellungen von Gottes Wesen und seinem Verhältnis zu uns ausspricht, ist ein allen Menschen gemeinsames, das nur nach der individuellen Stärke seiner Äußerung einer Abwandlung fähig ist. So ist z. B. die Lehre von der Sünde des Menschen und von der Notwendigkeit einer Aussöhnung mit Gott „in der allgemeinen Empfindung der nicht speculierenden Menschheit gegründet"[75]. Fichte übernimmt hier die Ergebnisse seines Nachdenkens über Grund und Verstehbarkeit der christlichen Religion, wie vor allem der z. T. wörtliche Anklang an das Fragment über den Tod Jesu beweist[76].

Mit den übernommenen Motiven wird nun aber ein neuer Gesichtspunkt verbunden. Während Fichtes erste religionsphilosophische Überlegungen, die aus der Auseinandersetzung mit Reimarus er-

---

[73] Aph. 4.
[74] Aph. 4, 5, 6 Anm., 8—10, 12, 17.
[75] Aph. 9; vgl. Aph. 6 Anm.
[76] Aph. 12; vgl. auch Aph. 10.

wachsen waren, ganz unter der Leitidee einer den Menschen zugleich
von der Wahrheit der Religion Jesu überführenden, zugleich innerlich
verwandelnden „christlichen Überzeugung" standen, reflektiert er nun
explizit auf den Zusammenhang der dort entwickelten Art der Religionsbegründung mit dem Inhalt der Religion, vor allem mit dem
Gottesbegriff. Da alle Religion dem Bedürfnis des Herzens entspricht
und aus dieser Entsprechung ihre Bedeutung und ihre Wahrheit emp-
fängt, trägt sie notwendig in ihr Gottesbild die Züge des menschlichen
Herzens hinein. Im Gegensatz zu dem aus philosophischem Räsonnement entstandenen Begriff eines abstrakten und leblosen Gottes ist das
Kennzeichen aller Religion der Anthropomorphismus[77]. Diese kritische
Einsicht ist an sich ein geläufiger Gedanke, eine gewisse Originalität
liegt hier aber in seiner Verbindung mit der von Fichte entwickelten
Art der Religionsbegründung[78].

Jener Antagonismus eröffnet Fichte ferner den Ausblick auf ein
Entwicklungsgesetz der Religionsgeschichte. „Die Religionen vor Jesu,
selbst die jüdische, anfangs mehr und hernach stufenweise weniger,
bedienten sich des Anthropomorphismus, um diese Bedürfnisse des
Herzens zu befriedigen[79]." „Dieses Mittel war nur solange zureichend,
bis sich die Vernunft der Menschen zu einem consequentern Begriffe
von der Gottheit erhob. In eine Religion für alle Zeiten und Völker
paßte sie nicht. In der christlichen Religion, die das seyn sollte, wurde
das System der Mittlerschaft erwählt[80]." Fichte schwebt offenbar der
Gedanke vor, daß die Religionsgeschichte die am Gegenbilde eines
vernünftigen Gottesbegriffs sich entwickelnde Geschichte einer immer
geistigeren, immer abstrakteren Gottesvorstellung, die Geschichte einer
fortschreitenden Entmythologisierung ist. Man sollte dann aber auch
erwarten, daß sich die Religionsgeschichte schrittweise der objektiven

---

[77] Aph. 5. Wenn die christliche Religion hier scheinbar vom Anthropomorphismus freigesprochen wird, so zeigen die folgenden Aphorismen, inwiefern
er sich auch noch in ihr geltend macht.

[78] Mit ähnlichen Gedanken, nur nicht in kritischer Absicht, trug sich z. B. Lavater. Vgl. P. Wernle: Der schweizerische Protestantismus im XVIII. Jahrhundert, Bd. III, 1925, S. 271—275. Abhängigkeit braucht aber nicht angenommen zu werden, da Fichte seinen Grundgedanken, aus dem das Entwickelte mit Leichtigkeit folgt, schon lange vor seiner Zürcher Zeit gefaßt
hatte.

[79] Aph. 5.

[80] Aph. 6.

Wahrheit annähert, also schließlich nicht mehr nur subjektive Gültigkeit beanspruchen darf. Das Maximum an objektiver Gültigkeit käme dann der letztgenannten Religion zu, der christlichen, falls man den ganzen Prozeß nicht sogar als Entwicklung zum reinen Deismus verstehen müßte[81]. Aber so sehr eine solche Folgerung in der Logik des Gedankens liegt, sie würde gerade dem Hauptanliegen der Aphorismen, der grundsätzlichen Unterscheidung von Religion und Deismus, widersprechen. Daß die Religion nur subjektive Gültigkeit besitzt, wird ja gerade an dem Verhältnis des christlichen Selbstbewußtseins zum philosophischen erläutert. Was sich in dem Entwicklungsprozeß der Religionen vollzieht, ist daher wohl nur — will man die religionshistorische Theorie in das Grundschema der Aphorismen einfügen — eine schrittweise Reinigung der Gottesbilder von allem Überschwenglichen, von allen Vorstellungen über Gottes Wesen an sich, die, obwohl sie der Vorstellungswelt des Menschen entnommen sind, doch mit dem Selbstverständnis des Menschen, mit seiner „Denkungsart" in keinem notwendigen Zusammenhang stehen[82]. Die Richtigkeit dieser Deutung bestätigt sich an dem Bilde, das Fichte vom Christentum als der höchsten Religion entwirft. Sein Maßstab des wahrhaft Christlichen ist dabei wieder das Urchristentum.

Die Weisheit dieser Religion zeigt sich darin, daß sie sich um ihrer Vollmacht über das menschliche Herz willen aller überschwenglichen

---

[81] So W. Kabitz, a.a.O., S. 7. Kabitz möchte ferner in den religionsphilosophischen Äußerungen der Aphorismen einen starken Einfluß von Lessings „Erziehung des Menschengeschlechts" erkennen (S. 6 f.). Dazu besteht m. E. bei dieser Schrift kein unmittelbarer Anlaß. Der Gedanke einer göttlichen Erziehung zu immer größerer sittlicher Vollkommenheit ist hier nicht ausgesprochen. Man mag auch zweifeln, ob Fichtes philosophischer Gottesbegriff die Aufnahme des Gedankens und seine Verbindung mit den religionsphilosophischen Einsichten der Aphorismen noch gestattet hätte. Kann ein göttliches Wesen, das „mit jedem Endlichen gar keinen Berührungspunkt gemein" hat (Aph. 4), noch als Träger eines Geschichtsprozesses verstanden werden? Kabitz ist aber auf der richtigen Spur, wenn er seine Deutung an eben die Sätze anschließt, die Fichte aus dem Fragment über die Absichten des Todes Jesu übernommen hat.

[82] Es ist aus diesen kurzen Andeutungen über den Verlauf der Religionsgeschichte, die in den Aphorismen doch nur exkursorischen Charakter haben, zu erkennen, daß Fichte dem klassischen deistischen Aufriß, der die Entwicklung mit einer natürlichen monotheistischen Vernunftreligion und ihrem Verfall beginnen läßt, nicht folgt.

Vorstellungen und aller nur der theoretischen Neugier dienenden Spekulation enthält. Fichte möchte behaupten, daß sie sich mit ihren Lehren freiwillig in den Grenzen der nur subjektiven Gültigkeit hält, die ihr von der folgerichtigen Spekulation vorgeschrieben werden; es ist aber aus dem Vorhergehenden schon klar, daß er diesen Gedanken nicht durchhalten kann[83]. „Gott betrachtet sie nur, inwiefern er Beziehung auf Menschen haben kann. Ueber sein objectives Daseyn sind die Untersuchungen abgeschnitten[84]." In diesem Satz, der an sich nur das Selbstverständnis der christlichen Religion beschreiben will, erhält das Ergebnis der Überlegungen über die Verstehbarkeit religiöser Aussagen in den Zürcher Tagebüchern seine schärfste Formulierung. Aus ihm wird auch das christliche Prinzip der Mittlerschaft abgeleitet: „Jesu werden alle Eigenschaften Gottes, die sich auf Menschen beziehen können, beigelegt; er ist zum Gotte der Menschen gesetzt. Weiter hinaus, über das objective Wesen Jesu, sind die Untersuchungen abgeschnitten[85]." Die Lehre vom Gottmenschen, nach deren theoretischer Möglichkeit man nicht fragen darf, ist das gemeinsame Produkt des freiwilligen Verzichts auf den Mythos und der unverzichtbaren Ansprüche des Herzens. Die Eigenschaften, die ihm aus diesem Bedürfnis zugeschrieben werden, sind die uns schon bekannten „sanften Neigungen": „Mitleiden, herzliche Freundschaft, Beweglichkeit"[86].

Die Kernsätze der christlichen Religion — Fichte denkt vor allem an die Lehren von der Sünde und von der Versöhnung — bezeichnet er als „Empfindungssätze"[87]. Sie gründen sich „auf das Bedürfniß, sich mit Gott zu vereinigen, auf das Gefühl seines Sündenelendes und

---

[83] s. o. S. 113.

[84] Aph. 3.

[85] Aph. 7; vgl. Aph. 8. Der Begriff der Mittlerschaft wurde in den christologischen Erörterungen des Fragments über den Tod Jesu nicht berücksichtigt. Fichte hält ihn in der von ihm gebrauchten Bedeutung überhaupt für ein ganz neues Moment: „Betrachtungen der S c h i c k s a l e  J e s u aus diesem Gesichtspunkte, als B i l d u n g und D a r s t e l l u n g zum m e n s c h - l i c h e n  G o t t e  d e r  M e n s c h e n , würden ein neues Licht über das Ganze der Religion werfen, und dem geringsten Umstand des Lebens Jesu eine neue Fruchtbarkeit geben." (Aph. 8 Anm.) Der Gedanke ist auf jeden Fall eine Weiterentwicklung von Fichtes Christologie, die jetzt von einem philosophischen Standpunkt aus neu interpretiert wird.

[86] Aph. 8.

[87] Aph. 9, 10.

seiner Strafbarkeit usw.“[88]. Auch nach der objektiven Gültigkeit dieser Sätze darf nicht gefragt werden, von ihnen ist einfach auszugehen[89]. Die Apostel handelten aus einem richtigen Instinkt, wenn sie sie schlechthin voraussetzten und sich nicht auf Untersuchungen über ihre Möglichkeit einließen, eine Bescheidung, die nachträglich durch die Kantische Kritik ins Recht gesetzt wird, welche ebenfalls „die Gränze zieht — bei Untersuchungen des objectiven Wesens Gottes; bei den Untersuchungen über Freiheit, Imputation, Schuld und Strafe“[90]. Schon Paulus beging dann freilich den verhängnisvollen Fehler, mit seinen „subtilen Untersuchungen über die Gnadenwahl diese Gränzlinie des Christenthums“ zu überschreiten[91]. Er erscheint als der Anfänger des durch die Theologisierung der einfachen Empfindungswahrheiten eingeleiteten Abfalls vom ursprünglichen Christentum.

Die Kritik am altprotestantischen Lehrbegriff, die sich in diesen Ausführungen verbirgt, braucht nicht eigens entfaltet zu werden. Nur das muß hervorgehoben werden, daß Fichte seine aus ethischen Motiven begonnene Dogmenkritik nun auch mit rein philosophischen Argumenten stützt. Daß er Kants Erkenntniskritik sofort auf den traditionellen Lehrbestand anwendet, um so das Christentum von aller dilettantischen Spekulation zu reinigen, noch nicht aber auf seinen eigenen Dogmatismus, hat sicher darin seinen Grund, daß er in diesem kritischen Unternehmen bereits eigene Fertigkeit erworben hat. Hinterfragt man die Grundlehren des Christentums, „so verwickelt man sich in unendliche Schwierigkeiten und Widersprüche“[92]; diese Einsicht ist ihm aus eigener theologischer Arbeit erwachsen.

Wie wir gesehen haben, versucht Fichte die Radikalität seiner Folgerungen durch die Hypothese zu entschärfen, daß sie dem Wesen des Christentums, wenigstens des Urchristentums, gemäß seien. Die „ersten Grundsätze der Religion gründen sich mehr auf Empfindungen als auf Überzeugungen ... Die christliche Religion scheint also mehr für das Herz bestimmt als für den Verstand; sie will sich nicht durch Demonstrationen aufdringen, sie will aus Bedürfniß gesucht seyn; sie scheint eine Religion guter und simpler Seelen ... Daher die Dunkelheit, die

---

[88] Aph. 12.
[89] Aph. 10 f.
[90] Aph. 13.
[91] Aph. 11 Anm.
[92] Aph. 11.

sie umschwebt und umschweben s o l l t e : daher, daß sehr mögliche
Mittel einer dringenden Ueberzeugung, z. E. die Erscheinung Jesu vor
der ganzen jüdischen Nation nach seiner Auferstehung, das begehrte
Zeichen vom Himmel u. dgl. — nicht angewendet wurden[93]." Die neuen
Akzente in diesem Rückgriff auf das Fragment über den Tod Jesu ver-
deutlichen den Wandel von Fichtes Christentumsverständnis. Die Religion ist nicht mehr in einer den ganzen Menschen ergreifenden Überzeugung verwurzelt, sie wendet sich nur an sein Herz[94]. Die Dunkelheit des geschichtlichen Ursprungs der Osterbotschaft soll nicht mehr
zu eindringlichem Forschen anreizen, sondern die Religion allein zur
Sache des Herzens machen. Der Zusatz „simpel" in der alten Formel
bringt die Beschränkung auf das unphilosophische Bewußtsein zum
Ausdruck. Auch diese ihrer Absicht nach nur beschreibenden Sätze verraten noch das erschrockene Bewußtsein Fichtes, daß die christliche
Religion in eine bedrohliche Enge geraten ist.

Wir können zusammenfassen und wiederum durch Bestimmung der
Funktion des Gefühlsbegriffs im Verhältnis zur freien, prüfenden Re-
flexion den genauen Standpunkt angeben, den Fichtes theologische
Überlegungen in den Aphorismen erreicht haben. Unsere Unter-
suchung hat verfolgen können, wie das innere Gefühl, das zuerst nur
als Moment der Verinnerlichung den mit dem selbsttätigen rationalen
Erfassen beginnenden Akt der religiösen Überzeugung vollendete, im
Fragment über den Tod Jesu als sittliche Empfindung, als Gefühl des
Wahren und Guten begründende und bestimmende Funktion erhielt.
Dabei trat es aber mit dem rationalen Moment, mit dem freien Nach-
forschen, in eine lebendige Wechselwirkung, die ein immer tieferes
Erfassen der christlichen Wahrheit ermöglichen sollte. Die Überlegenheit der Religion Jesu, ihre zugleich aufklärende und moralisch ver-
vollkommnende Kraft erwies sich in der Möglichkeit, sie in eine lebendige gegenwärtige Überzeugung zu überführen, in der sich beide
Erkenntnisvermögen des Menschen, Denken und Fühlen, miteinander
verbanden. Von der die Stimme des Herzens begleitenden und hinter-

---

[93] Aph. 12.

[94] Die komparativische Formulierung („mehr") der ersten Sätze des Zitats
erklärt sich leicht aus dem relativen Recht, das dem auf e i g e n e Gewißheit ausgehenden Nachdenken auf dem unphilosophischen Standpunkt des
Lebens noch zugestanden werden muß.

fragenden Reflexion war in der Folgezeit nicht mehr die Rede. Wurde
der Wahrheitsbeweis in der ersten Phase ganz, in der zweiten wenigstens noch teilweise von der Ratio erbracht, so wurde er jetzt still-
schweigend dem sittlichen Gefühl zugemutet. Das freie Denken kon-
zentrierte sich nur auf die Erhellung des Zusammenhangs der christlichen Inhalte mit dem sittlichen Empfinden, mit Leben und Selbstverständnis des Menschen. D i e s e r Gebrauch des Reflexionsvermögens
wird freilich auch von den Aphorismen über Religion und Deismus
vorausgesetzt. Innerhalb der Beschränkung, die durch die Beziehung
der Religion auf das unmittelbare Selbst- und Lebensverständnis gesetzt ist, läßt sich immer noch die Vernünftigkeit der christlichen Religion nachweisen[95]. Aber dieser Zusammenhang mit der dritten Phase
ist weniger charakteristisch als die Tatsache, d a ß  d a s  z u v o r  n u r
ü b e r g a n g e n e  M o m e n t  d e r  ü b e r p r ü f e n d e n  R e -
f l e x i o n  n u n  a u s  d e m  B e g r ü n d u n g s z u s a m m e n h a n g
d e s  c h r i s t l i c h e n  G l a u b e n s  e n t s c h i e d e n  a u s g e -
s c h l o s s e n  w i r d. Da die unbekümmerte philosophische Untersuchung den auf die Empfindungen des Herzens gegründeten christlichen Grundanschauungen über das Wesen Gottes und des Menschen
notwendig alle objektive Wahrheit absprechen muß, ist sie gänzlich
zu unterdrücken, wenn jene Vorstellungen wenigstens ihre subjektive
Wahrheit und Wirksamkeit behalten sollen. Denn wenn sie den Wissenden daran hindert, „für seine eigene Person an den angenehmen
Empfindungen, die aus der Religion fließen, Antheil zu nehmen"[96], so
liegt offenbar alles daran, daß dem Glaubenden jene Differenz von
objektiver und subjektiver Gültigkeit gar nicht erst zum Bewußtsein
kommt. „Das einzige Rettungsmittel . . . wäre, sich jene Speculationen
über die Gränzlinie hinaus abzuschneiden[97]." — Damit sinkt das Christentum de facto zu einer Welt- und Lebensanschauung für das unauf-
geklärte Volk herab. Es ist „die beste Volksreligion", nicht mehr[98]. Das
Gefühl, das Herz ist ihr alleiniges Element. Der Philosoph bedarf ihrer
nicht mehr[99], auch wenn seine kalte Gewißheit mitunter durch die

---

[95] vgl. Aph. 11: „Wenn man von diesen Sätzen (sc. den Empfindungssätzen)
ausgeht, so erscheint Alles in der Religion in dem richtigsten Zusammen-
hange . . ."

[96] Aph. 16.

[97] Aph. 18.

[98] Aph. 16.

[99] vgl. Aph. 12 u. 16.

Kraft des religiösen Gefühls heftig angefochten wird[100]. Es „ist ihm unmöglich, zu glauben"[101].

Das theologische und ethische Denken des jungen Fichte endet mit einer offen eingestandenen Aporie. Fühlen und Denken, Glauben und Wissen, die Fichte in einer vernünftigen und wirksamen Überzeugung vereinigen wollte, stehen sich fremd und feindlich gegenüber. Dem moralischen Gefühl, das Fichte zwar noch als ein allgemeines und als eine produktive Kraft in der „nichtspekulierenden Menschheit" anerkennt, ist damit das Element des unmittelbar Wahren entzogen worden. Der philosophisch Gebildete kann in seinen Empfindungen nicht mehr die Stimme Gottes vernehmen. Nicht allein ein dogmatisches Christentum, nicht allein eine bestimmte Gestalt der Religion ist ins Wanken geraten, sondern ihr Fundament selbst, das Überzeugungsgefühl. Fichtes innere Unruhe ist in dem Bewußtsein dieser Bedrohung begründet.

### 3. Zur Herkunft von Fichtes Spekulation

Es läßt sich weder nachweisen, noch ist es überhaupt wahrscheinlich, daß der junge Fichte sich als Schüler eines bestimmten großen Philosophen der Aufklärung verstanden hat. Ob er in seiner Studien- und Hauslehrerzeit schon Schriften von Leibniz, Wolff oder Spinoza studiert hat, entzieht sich der Nachforschung. Mancherlei Vermutungen wurden darüber geäußert[102]. Man darf aber als sicher annehmen, daß ihm wie allen seinen gebildeten Zeitgenossen aus sekundären Quellen bestimmte Grundbegriffe der Leibniz-Wolffischen Philosophie vermittelt wurden.

In Leipzig, Fichtes Studienort, las damals Ernst Platner, ein namhafter Gelehrter der Leibniz-Wolffischen Tradition, dessen Hauptwerk „Philosophische Aphorismen nebst einigen Anleitungen zur philosophischen Geschichte" (1. Teil 1779, 2. Aufl. 1784, 2. Teil 1782) Fichte spä-

---

[100] Aph. 17.

[101] Aph. 18.

[102] So ist z. B. L. Noacks Behauptung, der junge Fichte habe „Spinozas Sittenlehre, widerlegt durch den berühmten Weltweisen Christian Wolff", 1744, gelesen, von den meisten Forschern mit Recht zurückgewiesen worden. L. Noack: Johann Gottlieb Fichte nach seinem Leben, Lehren und Wirken, 1862, S. 31.

ter seiner Jenenser Vorlesung über Logik und Metaphysik zugrunde legte[103]. In einem Brief an den Studienfreund Weißhuhn vom September 1790 bemerkt Fichte, daß es jetzt „mit Platner sehr bergab geht"[104]. Fichte hat also aus früheren Vorlesungen des Philosophen Bedeutenderes gelernt.

Eine weitere Quelle für dieses Gedankengut, die wir ebenso sicher annehmen dürfen, war eine damals bekannte popularphilosophische Schrift aus der Feder des Leipziger Juristen Carl Ferdinand Hommel (Pseudonym: Alexander von Joch): „Ueber Belohnung und Strafe nach Türkischen Gesezen", 1770, 2. Aufl. 1772. Daß Fichte dieses Buch, auf das er in seinen späteren Schriften verschiedentlich anspielt, wenn er auf den seiner Freiheitslehre extrem entgegengesetzten Determinismus zu sprechen kommt[105], schon in seiner vorkantischen Zeit gelesen und einen bleibenden Eindruck von ihm empfangen hat, ist von H. Nohl nachgewiesen worden[106].

Ob Fr. H. Jacobis Briefe „Ueber die Lehre des Spinoza", 1785, ebenfalls einen Einfluß auf den vorkantischen Fichte ausgeübt haben, ist wiederum nicht sicher zu ermitteln[107]. Auch war Fichte schon vor Erscheinen des aufsehenerregenden Buches ein Verfechter des Determinismus, wie aus dem Brief C. G. Fiedlers an ihn hervorgeht[108]. Ferner ist auch schon von verschiedenen Interpreten der Aphorismen bemerkt worden, daß das dort skizzierte philosophische Schema eine größere Nähe zu der Leibniz-Wolffischen Weltanschauung als zu der Spinozas

---

[103] Nachgelassene Schriften, Bd. II, hrsg. von H. Jacob, 1937, S. 1—337. Fichte kommentierte die vierte Fassung des ersten Teils (1793), in die auch Platners Auseinandersetzung mit Kant eingegangen ist.

[104] Schulz I, S. 130.

[105] G II 2, S. 64; G I 1, S. 139; M III, S. 23 f.; M VI, S. 435.

[106] Miscellen zu Fichtes Entwicklungsgeschichte und Biographie, Kantstudien, 16, 1911, S. 373—381.

[107] H. Nohl nimmt an, daß Fichte auch später die Lehre Spinozas nur aus der Darstellung Jacobis gekannt habe, a.a.O., S. 373; ebenso H. Heimsoeth, a.a.O., S. 17. Man wird aber doch wohl vorsichtiger urteilen müssen. Außerdem ist hier auch auf Kants knappe Darstellung des Spinozismus in der „Kritik der praktischen Vernunft" hinzuweisen. Kant 5, S. 100 ff. Ebenso wie in Fichtes späterer Philosophie wird die Lehre Spinozas hier schon als der einzige konsequente Gegenentwurf zum transzendentalen Idealismus angesehen. Die Art der Bezugnahme Fichtes auf Spinoza dürfte stark durch diese Stelle beeinflußt sein.

[108] Schulz I, S. 6 f.

erkennen läßt[109]. Die Berufung auf den Satz vom zureichenden Grunde, die Vorstellung durch den göttlichen Geist bewirkter Schöpfungsakte, der Gottesbegriff selbst, die Ableitung der Sünde aus der Endlichkeit weisen auf diese Tradition hin[110]. Indem Fichte aber sein metaphysisches System allein auf das logische Räsonnement gründen will und infolgedessen alle moralischen Prinzipien sowie alle religiösen Motive entschlossen aus der Erklärung des Zusammenhangs von Gott, Welt und Mensch ausscheidet, entfernt er sich wieder von dem Boden jener Philosophie. Er zieht daher auch aus den Leibniz-Wolffischen Begriffen eigentümlich radikale Konsequenzen und gelangt so zu einer Weltanschauung, die man de facto doch eher als spinozistisch, denn als Leibniz-Wolffisch bezeichnen muß. Die deutsche Schulphilosophie bot ihm jedenfalls keinen Schutz gegen einen „intelligiblen Fatalismus"[111], dem sich alles auf den Freiheitsbegriff gegründete ethische Bewußtsein in Schein verwandelte[112].

Unter dem Gesichtspunkt der Herkunft von Fichtes Spekulation können wir uns im wesentlichen auf einen Vergleich mit Platner und Hommel beschränken. Auf die Briefe über Spinoza wird das folgende Kapitel noch eingehen.

In seiner Jenenser Vorlesung über Logik und Metaphysik nach Platners Aphorismen rechnet Fichte Platner unter die „Deterministen und Fatalisten"[113]. Platner selbst möchte aber einen Standpunkt über dem Gegensatz von Determinismus und Indeterminismus einnehmen[114]. Den Wolffischen Vergleich der Welt mit einer Maschine weist

---

[109] W. Kabitz, a.a.O., S. 6: „In seinen letzten metaphysischen Begriffen steht er, wie auch Lessing, in jedem Falle dem Leibniz-Wolffischen System näher." Vgl. H. Heimsoeth, a.a.O., S. 17 ff.

[110] Monad. §§ 37—48, G. W. Leibniz. Opera philosophica, ed. J. E. Erdmann, 1840, S. 708.

[111] vgl. M I, S. 456 Anm.

[112] Auch der junge Lessing gelangte schon vor seinem eigentlichen Spinozastudium durch ein bei Leibniz' Gottesbegriff anknüpfendes folgerichtiges Denken zu spinozistischen Anschauungen. Vgl. „Das Christentum der Vernunft", bes. § 13, Lachm. 14, S. 176 f.; dazu: H. Leisegang: Lessings Weltanschauung, 1931, S. 77 f.

[113] a.a.O., S. 242.

[114] Teil I, 1776, § 922. Die wesentlichen Aussagen Platners zum Thema finden sich in dem Abschnitt über „Freyheit, Moralität und Schicksal", §§ 894—922.

er zurück[115]. Zwar gilt auch ihm der Satz vom zureichenden Grunde
als unumschränktes, nicht nur für die äußere Erscheinungswelt gültiges
Grundgesetz, aber er wehrt sich gegen alle fatalistischen Folgerungen.
„Wenn die obigen Grundsätze von der Kausalverbindung[116], die un-
gefähre Zufälligkeit, auch der geistigen Wirkungen moralischer Wesen,
aufheben, und an deren Stelle eine von der göttlichen Vorsehung ab-
hängige Nothwendigkeit setzen, so wird dadurch weder die Freyheit und
Moralität aufgehoben, noch ein Democritisches Schicksal eingeführt[117].“
Die Möglichkeit des Freiheitsbegriffes gründet sich in Platners Sub-
stanzenlehre, die die Anschauung von den entia spontanea, semi spontanea und mere passiva aufnimmt. „Eine Substanz ist um so viel mehr
frey, je vielfältiger die Möglichkeiten ihrer zufälligen Theilchen sind,
und also je mehr sie der ursprünglichen Anlagen und der erworbenen
Fertigkeiten hat. Je geringfügiger die Möglichkeiten ihrer zufälligen
Thätigkeiten an sich sind, desto bestimmender ist jede äußerliche Ursache zu einer gewissen Art von Wirkung[118].“ Damit ist aber nicht
aufgehoben, daß jeder einzelne physische oder geistige Akt aus den
jeweiligen bestimmenden äußeren oder inneren Ursachen mit Notwendigkeit nach dem Satz vom Grunde erfolgen muß. Aus der unter der
Führung des göttlichen Willens stehenden Wechselwirkung der mehr
oder weniger freien Substanzen kann daher nur jeweils ein bestimmter
neuer Gesamtzustand hervorgehen[119]. So kann auch Platner die „größte
Schwierigkeit“, nämlich das Problem der „Vereinigung der göttlichen
Vorherwissenheit mit der Zufälligkeit der Begebenheiten, und vornehmlich mit der Moralität freyer Handlungen“ nicht beheben, sondern nur durch Hinzufügen einiger Gesichtspunkte „erleichtern“[120].

---

[115] a.a.O., § 884.

[116] vgl. §§ 885—892.

[117] § 915.

[118] § 868. In der zweiten Auflage setzt er hinzu: „Daher ist die Willkühr in
gleichen Verhältnissen mit der geistigen Vollkommenheit, und am grösten
in dem unendlichen Geiste“ (§ 1007). Platner entwickelt ziemlich genau den
nur „komparativen“ oder „psychologischen“ Begriff von Freiheit, der von
Kant zu Recht verurteilt wird als „elender Behelf, womit sich noch immer
einige hinhalten lassen und so jenes schwere Problem mit einer kleinen
Wortklauberei aufgelöst zu haben meinen, an dessen Auflösung Jahrtausende
vergeblich gearbeitet haben...“ Kant 5, S. 96.

[119] Platner, a.a.O., § 886.

[120] § 921.

Dabei handelt es sich um durchaus bekannte und erprobte Gesichtspunkte, wie etwa, „daß Selbstanstrengung, Mittel, Maaßregeln, Gebet und andere Ausübungen der Religion und Tugend, nichts von ihrer Nützlichkeit und Kraft verlieren, weil alle diese Dinge in die Zahl der bestimmenden Gründe gehören, aus denen der Erfolg, das Schicksal, die göttliche Billigung, als die Summa resultirt"[121].

Platners Wolffianismus, vornehmlich sein Glaube an die Vortrefflichkeit der Weltordnung und des Gesamtgeschehens in der Schöpfung, die durch die göttliche Weltregierung dem Ziel der größtmöglichen Vollkommenheit und Glückseligkeit aller Wesen entgegengeführt wird[122], sowie sein komparativer Freiheitsbegriff überdecken und entschärfen die Gegensätze, die im Denken des jungen Fichte aufeinanderprallen. Religionsphilosophisch hat Platner sich dementsprechend in seinem Gespräch „Ueber den Atheismus" zum Theismus bekannt[123]. Man kann sagen: Platners Religionsphilosophie entspricht dem synthetischen Begriff der Vorsehung, wie wir ihn in Fichtes Denken angetroffen haben. Im wesentlichen dürfte Platner für den Studenten Fichte die Bedeutung eines Vermittlers des deterministischen Gedankengutes in der gemilderten Form der akademischen Schulphilosophie gehabt haben.

Auch Hommels Schrift bekennt sich zu der versöhnlichen weltanschaulichen Grundüberzeugung der deutschen Aufklärung seit Leibniz: „Got nach seiner unendlichen Güte verwandelt das scheinbare Uebel im Ganzen zur Vollkommenheit, darum ist und bleibet er der gröste E u e r g e t e , der die Welt aus keiner andern Ursache, als bloß um wohl zu thun erbauet hat[124]." Trotzdem sind die Gegensätze zwischen kausaler Weltbetrachtung und der Vorstellung einer Freiheit des Willens, Denkens und Handelns zwischen philosophischem und gemeinem Bewußtsein erheblich schärfer als bei Platner herausgearbeitet.

---

[121] § 921.

[122] § 997; vgl. 2. Teil, 1782, § 1. Eine lebendige Darstellung und Verteidigung seiner von Leibniz und Wolff geprägten Weltanschauung gibt Platner in seinem Gespräch „Ueber den Atheismus", 2. Aufl. 1789. Die Schrift ist ein Gegendialog zu Humes „Dialogues concerning natural religion", die Platner 1781 dem deutschen Publikum in einer Übersetzung bekannt gemacht hatte.

[123] a.a.O., S. 80.

[124] C. F. Hommel (Alexander von Joch): Ueber Belohnung und Strafe nach Türkischen Gesezen, 1770, S. 136; vgl. S. 137, 141 f.

Die Radikalität des Hommelschen Standpunktes beruht freilich nicht
nur auf folgerichtigem Räsonnement, sondern zu einem guten Teil
auch auf popularphilosophischer Vereinfachung.

Mit Hilfe des Satzes vom zureichenden Grunde, mit dem er ziemlich
dogmatisch verfährt[125] — nur gelegentlich tritt dazu die Berufung auf
Erfahrung[126] —, löst Hommel alle feinsinnigen philosophischen Distinktionen zwischen materialer und geistiger, näherer und entfern-
terer Ursache, zwischen causa occasionalis, efficiens und finalis zugun-
sten einer mechanisch-deterministischen Betrachtungsweise auf[127]. Der
psychologische Freiheitsbegriff, wie ihn Platner vertritt, wird als Begriff
einer bloß „leidenden" Freiheit für irrelevant erklärt[128]. Die entscheidende Frage lautet, ob man eine „thätige" Freiheit annehmen dürfe,
d. h. ein „Vermögen etwas ohne eingelegtes Gewichte zu wollen und
sich von selbst ohne äusere Triebe, kurz, ohne alle Ursache, zu bewegen"[129]. Das ist jedoch eine widersprüchliche Vorstellung[130]. Der Wille
ist vielmehr durch die Vernunft bestimmt, diese aber ist nur ein Vermögen bestimmter Vorstellungen, die auf der Wahrnehmung der
Sinne und damit auf der Einwirkung der äußeren Dinge beruhen; so
ist die geistige Welt völlig durch die physikalische determiniert[131]. Der
Anschein eines freien, eigenmächtigen Handelns beruht nur auf der
Unkenntnis der wahren Ursachen in der Situation des Handelns[132].
Kurz: „nachdem Got der Welt die erste Bewegung gegeben, so ist in

---

[125] a.a.O., S. 22, 31; vgl. S. 164.
[126] vgl. a.a.O., S. 35 ff.
[127] a.a.O., S. 5, 10 f., 13.
[128] a.a.O., S. 21.
[129] a.a.O., S. 21.
[130] a.a.O., S. 22; vgl. S. 34.
[131] a.a.O., S. 22 f.; vgl. S. 5, 60. Hommel hat übrigens bemerkt, daß der auf-
gewiesene Mechanismus doch das philosophische Problem, wie eine Einwirkung der körperlichen und geistigen Welt aufeinander denkbar sei, nicht
löst. „Wie die Bewegung und der Eindruck äuserlicher Dinge in der Seele
eine Gedanke und, umgekehrt, die Gedanke eine Bewegung des Leibes,
also jedes ein Heterogeneon erzeugen könne, bleibet allemal ein Geheimnis
und man muß sich begnügen, wenn man die Sache nur einigermaßen vor-
stellig machen kan" (a.a.O., S. 141). Er behilft sich mit Leibniz' Monaden-
lehre, freilich ohne den Spiritualismus dieser Lehre durchzuhalten. Hommel
hat hier das Problem bezeichnet, an dem Fichte später immer wieder das
Unvermögen des sog. Dogmatismus dargelegt hat. Vgl. z. B. M I, S. 435 ff.
[132] a.a.O., S. 46 ff.

selbiger nichts möglich, als das, so wirklich geschiehet[133]." Der Gottesbegriff wird als „erste Nothwendigkeit" gedacht[134].

Sieht man von der optimistischen Grundvoraussetzung ab, so enthalten diese Gedanken manche Züge, die Fichtes System des reinen
Deismus verwandt sind. Die Ähnlichkeit tritt noch deutlicher zutage, wenn man auf Hommels Aussagen über das philosophische und
das natürlich-menschliche Bewußtsein achtet. Die beiden Bewußtseinsebenen werden von ihm ebenso scharf geschieden wie von Fichte[135].
Diese Unterscheidung ist mit der von physikalischer und moralischer
Welt verbunden[136]. Die Freiheit, die der Wissende für eine Illusion
hält, ist nun aber doch eine notwendige Voraussetzung des gemeinen
Bewußtseins. „Ich betrachte sie (sc. die Eigenmächtigkeit) als eine Fiktion, aus welcher in der moralischen Welt sich viel gutes schließen
läßt. In dieser muß sie bleiben, aber die physikalische Welt weis nichts
davon, weil in selbiger alles und jedes seine Ursache hat[137]." Es ist nun
in unserem Zusammenhang wichtig, daß nach Hommels Darstellung
der fiktive Begriff der Freiheit oder Eigenmächtigkeit dem Menschen
durch „das innere und allzu verführerische Gefühl, daß wir frey
wären", aufgedrungen wird[138]. Ebenso vermutet Fichte in den Aphorismen den Ursprung des Freiheitsbegriffes in der Empfindung. Von
ihr habe Kant sich „ohne Zweifel" den Begriff geben lassen, den er
dann so scharfsinnig verteidigt[139].

Im Unterschied zu Fichte nimmt Hommel aber keinerlei Anstoß an
dem trüglichen Charakter des inneren Gefühls der Freiheit, „auf
welche die ganze moralische Welt gebauet ist"[140]. Gott selbst pflanzte
uns jene angenehme Illusion ein, „damit uns die Ketten nicht drücken
möchten, mit welchen er uns gebunden"[141]. Nur die tatsächliche Freiheit wäre ein Übel. Denn wäre der Mensch wirklich frei, so wäre er

---

[133] a.a.O., S. 17.

[134] a.a.O., S. 123.

[135] vgl. z. B. a.a.O., S. 12 ff.

[136] a.a.O., S. 31.

[137] ebd.

[138] a.a.O., S. 44; vgl. S. 40: „Nicht Vernunftschlüsse", wird der gemeine Mann
    sagen, „sondern deutliche und unleugbare Empfindungen beweisen dieses."
    Vgl. ferner S. 39, 89, 91.

[139] Aph. 15 Anm.

[140] a.a.O., S. 91.

[141] a.a.O., S. 89.

auch unberechenbar und nicht durch Lohn oder Strafe zur Einhaltung
der bürgerlichen Ordnung zu bewegen, schließt Hommel etwas vor-
eilig, da er nur die Alternative Zwang oder völlige Willkür kennt[142].
Die Grundsätze der beiden Bewußtseinsebenen mögen sich theoretisch
aufheben, der Philosoph kann sich im gemeinen Leben doch aus praktischen Gesichtspunkten der Logik des einfachen rechtschaffenen Mannes anschließen. Der Weise ist ein „Amphibion", er hat „als Mensch
und als Philosoph ein doppeltes Bürgerrecht"[143].

Hommels Überlegungen bieten also eine nahezu vollständige Parallele zu Fichtes Behelfsschema der beiden Ebenen von Philosophie und
Denkungsart. Das Element der Philosophie ist beiden das folgerichtige
vorurteilsfreie Denken, das Element der moralischen Denkungsart ist
das Gefühl. Es ist nun aufschlußreich, die tieferen Gründe freizulegen,
die erklären, weshalb Hommels Gedankengang nicht wie der Fichtes
in einer schmerzvollen Zerrissenheit des Bewußtseins, sondern in einem
schiedlich-friedlichen Nebeneinander der verschiedenen Denkreihen und
Weltbilder endet. Wir haben sie bereits in Gestalt der Weltanschauung
Leibniz', dessen Theodizee Hommel sich anschließt[144], berührt. Der
Unterschied zwischen beiden beruht letztlich auf der verschiedenen Art,
wie das Problem des Verhältnisses von Freiheit und Notwendigkeit
ins Theologische transponiert wird. Für Hommel besitzt das moralische
Gefühl, das Gefühl des Guten und das Schuldgefühl, keine gleichsam
transzendentale Funktion für die Begründung der christlichen Religion
als lebendiger Überzeugung. Das Christentum ist ihm nicht wesentlich
Religion des Herzens. Entsprechend fehlt bei ihm auch das dieser Religiosität korrespondierende anthropomorphe Gottesbild. Hingegen
haben sich christliche Motive und Lehrstücke schon unvermerkt mit
den Voraussetzungen und den Ergebnissen seiner Spekulation ver-

---

[142] a.a.O., S. 75, 78.
[143] a.a.O., S. 97 f.
[144] a.a.O., S. 85 (vgl. S. 81). Hier fällt auch das Stichwort von der „besten
Welt", in der auch das Übel eine dem Ganzen und der Verherrlichung
Gottes dienende Rolle spielt. Auch auf Descartes, Pope und Malebranche
beruft sich der gebildete Autor (S. 56, 85, 103, 107). Dagegen grenzt er sich
gegen Lamettrie und Spinoza ab (S. 58, 121). Als seinen Hauptgegner betrachtet er Epikur (S. 25, 31, 33, 78, 104, 117). Ich erwähne diese Einzelheiten, weil sie ein Bild vermitteln von der verwirrenden Vielschichtigkeit
der philosophischen Tradition, der auch die Gedanken des jungen Fichte
ausgesetzt waren.

knüpft. Daher ist nicht nur „nicht zu besorgen, daß die unvermeidliche Nothwendigkeit irgendeine Religion zernichten werde"[145], Hommel weiß sich vielmehr mit zentralen Inhalten des christlichen Glaubens im Einvernehmen. Insbesondere hat er die calvinische Prädestinationslehre[146], den Gedanken der allein wirksamen Gnade in der evangelischen Rechtfertigungslehre[147] und den Vorsehungsglauben[148] auf seiner Seite, also all die Elemente, die auch in Fichtes Religion eine Affinität zur deterministischen Spekulation enthalten. Diese Kombinationen ermöglichen es ihm, den Fichteschen Konflikt zu umgehen.

Es genügt, diese Berührungs- und Differenzpunkte der beiden Denker hervorzuheben. Ob Fichte einzelne Gedanken übernommen hat oder ob er, was freilich sehr unwahrscheinlich ist, ganz selbständig zu ähnlichen Ergebnissen gelangt ist, braucht nicht näher untersucht zu werden[149]. Es wird vor allem die unerbittliche Konsequenz in der Durchführung des philosophischen Ansatzes und die damit verbundene Entlarvung des natürlichen sittlichen Selbstbewußtseins als notwendige Fiktion gewesen sein, die Fichtes Denken grundlegend und dauernd beeinflußt haben. In seinem handschriftlichen Arbeitsexemplar des „Versuch(s) einer Kritik aller Offenbarung" urteilt Fichte: Daß das sich frei dünkende Selbstbewußtsein „Schein sein kann, hat deucht mich, niemand einleuchtender gezeigt als Alexander von Joch . . ."[150]. — Allerdings hat Fichte die Scheidung von Gefühl und Denken und der auf beide Vermögen gegründeten Inhalte noch radikaler durchgeführt. Die freie Kombination von philosophischen und christlichen Gedanken und Motiven im Bereich der Spekulation war ihm nicht mehr möglich,

---

[145] a.a.O., S. 104.

[146] a.a.O., S. 103, 162.

[147] a.a.O., S. 135.

[148] a.a.O., S. 41: „Freyheit und Vorsehung sind zwey Dinge, davon eines das andere aufhebet."

[149] Auf das Wiedererscheinen Hommelscher Gedanken und Bilder in Fichtes Schriften hat Nohl zur Genüge aufmerksam gemacht. Er überschätzt den Einfluß des Buches aber doch wohl, wenn er meint, es habe beim jungen Fichte bereits bestimmte gegenläufige Gedanken und Problemstellungen ausgelöst, die dann zur eigentümlichen Denkbewegung seiner WL gehören (a.a.O., S. 376). Das deistische System der Aphorismen, die Nohl ganz außer acht gelassen hat, läßt noch keinerlei Widerspruch gegen Hommels Prinzipien erkennen.

[150] G II 2, S. 64 Anm.

da er in ihr allemal eine Umdeutung der deterministischen Spekulation aus nichtrationalen Motiven erkennen mußte.

Daß es ihm entscheidend auf diese Trennung ankommt, bestätigt sich schließlich auch durch sein negatives Urteil über Christian August Crusius: aus Furchtsamkeit vertrete er eine „religiöse Philosophie"[151]. Man wird Fichte Recht geben müssen. Was Crusius daran hindert, die unbeschränkte Gültigkeit des Satzes vom zureichenden Grunde anzuerkennen, und was ihn glauben läßt, er widerlege den Satz in seiner Leibniz-Wolffischen Form schon durch den Nachweis, daß alle Argumente, die ihn stützen sollen, ihn vielmehr selbst schon voraussetzen — was ja zunächst nur seinen axiomatischen Charakter beweist —, ist tatsächlich im wesentlichen die Rücksichtnahme auf religiöse und moralische Grundsätze, die er durch den Satz vom Grunde bedroht sieht[152].

Indem sich Fichte vor den Genannten durch den Mut zur radikalen Scheidung auszeichnet, erscheint er zugleich als konsequenter Vollstrecker derjenigen im reinen Determinismus enthaltenen Tendenzen, die eine Bedrohung der lebendigen religiösen Subjektivität darstellen[153].

### 4. Die Krise der Theologie des jungen Fichte und die Krise der Theologie der deutschen Aufklärung

Schon das Beispiel der beiden Leibniz-Wolff-Schüler Platner und Hommel hat deutlich werden lassen, wie sehr das Denken des jungen

---

[151] G II 1, S. 289, Aph. 14; vgl. auch die Bemerkung über Crusius' Freiheitsbegriff, G II 2, S. 268. Es scheint, daß C. G. Fiedler Fichte auf Crusius aufmerksam gemacht hat. Crusius sollte Fichte in seiner deterministischen Weltanschauung erschüttern. Schulz I, S. 6. Fiedler dachte zweifellos an die gegen Leibniz und Wolff geschriebene „Ausführliche Abhandlung von dem rechten Gebrauche und der Einschränkung des sogenannten Satzes vom Zureichenden oder besser Determinirenden Grunde". (Die zweite Ausgabe, Leipzig 1766, wurde von Fichtes Lehrer Chr. Fr. Pezold besorgt.)

[152] vgl. a.a.O., §§ 7—9, 16, 42.

[153] Fichte hat später im ersten Buch der „Bestimmung des Menschen" den Gegensatz von Verstand und Herz noch einmal dargestellt. Man muß darin eine Reminiszenz seines vorkantischen Denkens erblicken, es ist aber nicht möglich, von hier aus den besonderen Charakter seines damaligen Determinismus sicher zu erschließen. Wir haben uns daher bei unserem Vergleich allein an die „Aphorismen über Religion und Deismus" gehalten.

Fichte von einer Thematik ergriffen ist, die in der philosophischen und theologischen Tradition seiner Zeit ihren Ort hat. Das Thema der Determination und die mit ihm verbundenen Probleme wurden in der deutschen Aufklärung seit Leibniz immer wieder und in unterschiedlicher Form aufgegriffen. Es handelt sich um einen geläufigen, wenn auch nicht unbedingt vordringlichen Problemkreis. Durch Jacobis Briefe über Spinoza wurde er dann aus einer dem deutschen Publikum meist nur vom Hörensagen bekannten weiteren Quelle neu und in verschärfter Form in das allgemeine Bewußtsein gerückt.

Das Problem des Verhältnisses von deterministischer Weltanschauung zu ethischem Wollen und Handeln wie auch zum christlichen Glauben erhält nun bei Fichte insofern eine besondere Zuspitzung, als der Spekulation hier ein bestimmtes, durchreflektiertes und in sich abgeschlossenes Verständnis von Christentum und Moralität, das auf die Vorstellung eines verläßlichen Gefühls für das Wahre und Gute gegründet ist, gegenübersteht. Hier muß nun entweder das Gefühl seine tiefere Bedeutung und Wahrheit einbüßen oder die Spekulation widerlegt werden.

In dieser Doppelheit rivalisierender Gedankenkreise zeigt das Denken Fichtes noch einmal eine eigentümliche Verwandtschaft mit dem Lessings, dessen Spuren wir in Fichtes Werdegang immer wieder begegnen. Beide Denkreihen erscheinen auch in Lessings theologischen und philosophischen Überlegungen.

Der Gedankenkomplex Gefühl — Erfahrung — innere Wahrheit und seine Bedeutung für das Problem der Christentumsbegründung wurde bereits an anderer Stelle aus Lessings Äußerungen zum Fragmentenstreit entwickelt[154]. Die Briefe über Spinoza zeigen uns nun einen Lessing, der sich zum konsequentesten Determinismus und zum abstrakten, unpersönlichen Gottesbegriff Spinozas bekennt. So viel wird man jedenfalls der Darstellung Jacobis als zuverlässige Wahrheit entnehmen dürfen, trotz aller „Kabbalisterei", mit der Lessing seinen aufgeregten Besucher anzustacheln scheint[155].

---

[154] s. o. S. 73 ff.

[155] Jacobis Spinozabüchlein. Nebst Replik und Duplik, hrsg. von F. Mauthner, 1912, s. bes. S. 64—80. — Über Lessings Determinismus handelt ausführlich W. Dilthey: Das Erlebnis und die Dichtung, 6. Aufl. 1919, S. 152—165. Dilthey stellt das Gespräch Lessings mit Jacobi in den Zusammenhang anderer von und über Lessing erhaltener Äußerungen zum Thema Determinismus und Spinozismus. Darf man seiner Konstruktion trauen, dann war

Die mit diesem Gottesbegriff verbundenen Negationen, in denen
die Parallelität zu Fichtes philosophischem System sich abzeichnet, sind
von größerem Gewicht als die Differenz der philosophiegeschichtlichen
Traditionen, aus denen Lessing und Fichte hier ihre Denkformen beziehen. Die Willensfreiheit wird von Lessing ausdrücklich verneint[156].
Die „Idee eines persönlichen, schlechterdings unendlichen Wesens in
dem unveränderlichen Genusse seiner allerhöchsten Vollkommenheit",
also die Gottesidee des Deismus — Theismus, als dessen Anhänger Lessing in der durchschnittlichen Meinung seiner Zeitgenossen galt, wird
in ihrer Widersprüchlichkeit durchschaut[157]. So nimmt die Religionsphilosophie Lessings, ebenfalls im Namen des konsequenten Denkens[158], schließlich die gleiche radikale Wendung gegen den Anthropomorphismus auch in seiner feinsten Gestalt, wie sie für Lessing noch
der natürlichen Vernunftreligion, für Fichte der vollkommenen Religion des Herzens anhaftet. Wir sehen damit die theologischen und
religionsphilosophischen Gedankengänge Lessings in die formal und
inhaltlich gleichen Pole auseinandertreten, die wir in den „Aphorismen
über Religion und Deismus" als Zielpunkte der Fichteschen Überlegungen feststellten. Eine Differenz ist nur insofern zu verzeichnen,
als das Verhältnis der Pole bei Lessing wohl weniger als ein wider-
streitendes[159], denn als ein ungeklärtes beschrieben werden muß[160].

---

Lessings „panentheistischer" Gottesbegriff primär von der Vorstellung Gottes als unendlichem Intellekt bestimmt (a.a.O., S. 164). Auch in diesem
Punkt ergäbe sich dann eine Übereinstimmung mit Fichte. Zum Gespräch
zwischen Jacobi und Lessing vgl. ferner F. Mauthners Einleitung (a.a.O.,
S. VII—XXVII), die auch die Frage nach der Glaubwürdigkeit der aufsehenerregenden Jacobischen Darstellung hinlänglich behandelt.

[156] a.a.O., S. 77; vgl. S. 70.

[157] a.a.O., S. 84; vgl. S. 81 ff.

[158] a.a.O., S. 67; s. a. S. 72 ff., wo Spinoza als der Konsequentere vor Leibniz
den Vorzug erhält.

[159] „Ich begehre keinen freien Willen. Überhaupt erschreckt mich, was Sie eben
sagten, nicht im mindesten", antwortet er Jacobi, der ihm entgegengehalten
hatte: „Wir g l a u b e n nur, daß wir aus Zorn, Liebe, Grossmuth, oder
aus vernünftigem Entschlusse handeln. Lauter Wahn! In allen diesen Fällen
ist im Grunde das, was uns bewegt, ein E t w a s, das von allem dem n i c h t s
w e i s s, und das, i n s o f e r n, von Empfindung und Gedanke schlechterdings entblösst ist" (a.a.O., S. 70). Schon in den Zusätzen zu Karl Wilhelm
Jerusalems „Philosophische(n) Aufsätze(n)" hatte Lessing — gerade im Namen der Moral — auf den freien Willen Verzicht getan. Lachm. 12, S. 298 f.;

Diese Parallelität zwischen Fichte und Lessing, die sich sicher auch über andere Denker der Aufklärung ausdehnen ließe, nötigt zu der Frage nach der Zwangsläufigkeit der beobachteten Polarisation. Es handelt sich ja offenbar um einen typischen Vorgang. Steht der Zwiespalt, in den der Denkprozeß des jungen Fichte ausmündet, in einem notwendigen Zusammenhang mit den geistigen Voraussetzungen der theologischen Aufklärung?

Schon bei der Aufhellung des ideengeschichtlichen Hintergrundes von Fichtes Gefühlsbegriff sind wir auf den der theologischen Aufklärung eigentümlichen mehrschichtigen Vernunftbegriff aufmerksam geworden, der mit dem Pathos des vorurteilsfreien selbständigen Denkens und Sichüberzeugens die feste, in innerer Empfindung gegründete Gewißheit moralischer Grundsätze verband. Die Eigentümlichkeit dieses Vernunftbegriffs, falls man hier überhaupt schon von einem Vernunft b e g r i f f reden darf, besteht also in der unreflektierten, selbstverständlichen Verschmelzung eines rationalen Moments mit einem psychologisch-gefühlsmäßigen. Auf d i e s e Vernunft bezieht man sich letztlich, wenn man etwa mit Reimarus den Begriff der vernünftigen, natürlichen Religion bildet, wenn man das Christentum als eins mit dieser Religion versteht, wie es z. B. Spalding tut[161], oder wenn man das Christentum mit Semler als „moralische Religion" begreift[162]. Wir fanden, daß diese doppelte Vorstellung von Vernünftigkeit auch Lessings Hinweisen auf eine mögliche Neubegründung der christlichen Wahrheit zugrunde lag.

Die behauptete Doppelschichtigkeit im Begriff des Vernünftigen läßt sich sogar noch bei einem so radikalen Intellektualisten wie K. Fr. Bahrdt nachweisen.

---

vgl. E. Schmidt: Lessing. Geschichte seines Lebens und seiner Schriften, Bd. II, 4. Aufl. 1913, S. 429 ff.

[160] Sollte Fichte schon damals Einblick in die Veröffentlichung Jacobis genommen haben, so wird er sich durch das Beispiel Lessings in der Annahme der Unwiderleglichkeit seines Systems bestärkt gefühlt haben. Die spätere Bezeichnung „intelligibler Fatalismus" für das seinem Idealismus entgegengesetzte System (vgl. M I, S. 456 Anm.) hat Fichte vermutlich in Anlehnung an eine Stelle der Jacobischen Darstellung gebildet, an der der materialistische Fatalismus für unvereinbar mit der Lehre Spinozas erklärt wird (a.a.O., S. 126).

[161] vgl. den Anhang zur 3. Aufl. der „Bestimmung des Menschen".

[162] vgl. z. B.: Über historische, gesellschaftliche und moralische Religion, 1786, bes. S. 142 ff.

In seiner Programmschrift „Über Aufklärung und die Beförderungsmittel derselben. Von einer Gesellschaft", 1789, für die Fichte sich erwärmt hat[163], fehlt
zwar die Bezugnahme auf ein Wahrheitsgefühl, es stellt sich aber heraus, daß
Bahrdt die immer wieder geforderte „eigene Überzeugung" von den Wahrheiten der Religion allein mit den Mitteln des vorurteilsfreien Denkens nicht
begründen kann. An die Stelle des Wahrheitsgefühls tritt daher bei ihm eine
andere „Autorität" (S. 35 ff.), die sich den „deutlichen Begriffen" (S. 26) und
„hinlänglichen Beweisen" (S. 26 ff.) hinzugesellen muß: die „Z u s a m m e n -
s t i m m u n g   d e r   w e i s e n   u n d   a u f g e k l ä r t e n   Menschen zu  a l l e n
Z e i t e n  und unter  a l l e n   V ö l k e r n " (S. 35). Die „zusammenstimmende
Vernunft der Weisen" müsse „untrüglich seyn ... wenn — ein Gott ist" (S. 36).
Fichte macht von diesem Argument nie Gebrauch, da für ihn die das kritische
Denken leitende Stimme Gottes nicht in den Aussprüchen eines gelehrten Kon-
zils, sondern im Gefühl der einzelnen Subjektivität vernehmbar ist.

Auch Fichte begriff das Christentum von der Einheit von Gefühl
und Ratio aus, wenn er die Religion Jesu auf der Überzeugung des
Verstandes und des Herzens, kurz auf „vernünftiger Überzeugung"[164]
beruhend und zugleich als eine diese Überzeugung vollendende Kraft
beschrieb, obschon das Gefühl bereits deutlicher als der bestimmende
Faktor heraustrat. Auch seinen hermeneutischen und pädagogischen
Bemühungen um die Verständlichkeit christlicher Inhalte lag noch die
Richtung auf Vereinigung der freien Reflexion mit der Empfindung des
Herzens zugrunde. Vernünftigkeit, Einsehbarkeit, Überzeugungskraft
der Religion bedeutet immer ihre positive doppelte Beziehung auf
freie prüfende Reflexion und unableitbare innere sittliche Empfindung.
Im Lichte des doppelschichtigen Vernunftbegriffs, in dessen Namen
die theologische Aufklärung destruierte und konstruierte, erhält nun
der geistige Prozeß, den wir beim jungen Fichte durch ein Jahrzehnt
hindurch verfolgt haben, eine aufschlußreiche Bedeutung. In diesem
Prozeß, der von der Einheit von Reflexion und Gefühl ausgeht und
der durch das Streben nach Bewahrung dieser Einheit zum Zwecke der
Christentumsbegründung vorangetrieben wird, sondern sich die Momente. Sie sind nun Grundlage verschiedener Inhalte und geistiger
Gebiete. Der Philosophie und der empirischen Wissenschaft bleibt das
Denken, der Ethik, der moralischen Welt einschließlich der Religion
bleibt das Gefühl als Grundelement. Diese Sonderung wird, wie wir
gesehen haben, zum Schluß von Fichte mit Entschlossenheit durchge-

---

[163] vgl. die Eintragung im „Tagebuch Zürich" vom 2. 10. 1789; G II 1, S. 211.
[164] G II 1, S. 80.

führt. Die Religion, die Fichte zwangsläufig immer stärker dem Gefühl zuordnete, erleidet durch diese Trennung von Reflexion und Gefühl den stärksten Verlust: sie sinkt zu einem subsidiären Moment der Ethik mit nur subjektiver Gültigkeit herab. Der Prozeß geht auf ihre Kosten, obwohl die Frage nach ihrer Begründung, nach ihrer Vernünftigkeit das ihn vorantreibende Motiv ist. Fichte gewinnt die doppelte Einsicht, daß das vorurteilslose Denken, wie es zum Pathos der Aufklärung gehört, die Religion als eine das Lebensverständnis des einfachen Menschen bestimmende Macht letztlich nicht zu begründen vermag, ja daß es die Unmittelbarkeit des frommen Herzens zu zerstören droht, so wie umgekehrt das sittliche und religiöse Empfinden, wenn es die philosophisch-metaphysische Deutung des Verhältnisses von Gott, Mensch und Welt heimlich zu beeinflussen sucht, die Reinheit und Vorurteilslosigkeit des Denkens zunichte macht.

Ein solche Scheidung und wechselseitige Verbannung der beiden Grundelemente müßte auch dann eintreten, wenn die Spekulation sich nicht dem Determinismus verschriebe. Denn in Beziehung auf jenen allgemeinen doppelschichtigen Begriff von Vernunft ist die von Fichte durchlaufene Bewegung nichts anderes als die — wenn auch unbeabsichtigt vollzogene — Analyse der geistigen Grundlagen der theologischen Aufklärung. Die Verbindung von Reflexion und Gefühl wird aufgelöst, beide Faktoren werden dadurch erst in ihrer Reinheit dargestellt und in Hinsicht auf ihren je eigenen Gültigkeitsbereich bestimmt. Dieser Prozeß, der schon durch die Frage nach den psychologischen Bedingungen jeder Überzeugung, vornehmlich aber der religiösen, eingeleitet wird, liegt den in der Arbeit dargestellten Gedankengängen Fichtes als ihre innere Logik zugrunde und tritt am Ende in seiner Gesetzmäßigkeit deutlich ins Bewußtsein.

Auf diese Weise ist die Aufklärung im Denken des jungen Fichte an eine in ihren Voraussetzungen begründete Grenze gelangt. Fichte hat sie, indem er die Ambivalenz ihres Ansatzes im Vernunftbegriff offenkundig werden ließ, in einem bestimmten Sinne an ihr immanentes Ende geführt. Ähnliches ließe sich freilich auch etwa im Blick auf Lessing oder Jacobi ausführen; das Denken des jungen Fichte ist aber ein besonders glückliches Beispiel, weil wir hier einen folgerichtig und verhältnismäßig ungestört ablaufenden Prozeß nachkonstruieren können. Der analytische Vorgang in Fichtes theologischer Entwicklung besteht dabei weniger in einer sorgfältigen kritischen Prüfung der einzelnen abgesonderten Glieder als vielmehr in ihrer Absonderung selbst: nur in ihrer Verschmelzung konnten sie den christlichen Glauben in wahrhafte Überzeugung verwandeln. Eine philosophische Kritik der theoretischen Vernunft konnte Fichte ebensowenig leisten wie eine Ableitung des Wahrheitsgefühls. Fichte nahm den doppelten Impuls, der auf die Begründung der religiösen Wahrheit auf das freie Denken einerseits und auf das moralische Gefühl andererseits gerichtet war, vorbehaltlos aus der theologischen Tradition der Aufklärung auf. Erst eine gänzliche Neubestimmung der im reinen Subjekt gelegenen Vermögen in der Transzendentalphilosophie konnte hier weiterführen und eine Neubegründung der Religion ermöglichen.

Der in Fichtes Entwicklung vollzogene Auflösungsprozeß hat eine andere der Theologie der Aufklärung zugrunde liegende Polarität nicht berücksichtigt, weil sie im Denken des jungen Fichte gar nicht (oder doch nur in einer durch das Verhältnis von Reflexion und Gefühl schon gebrochenen Gestalt) erscheint: nämlich das spannungsvolle Verhältnis von Vernunft und Offenbarung. Von dieser doppelten Grundlage aus pflegt man das Denken der deutschen Aufklärung unter der Einwirkung Kants in den Gegensatz von Rationalismus und Supranaturalismus ausmünden zu lassen[165]. Hier zeigt sich, daß unsere Konstruktion nur gleichsam als Nebenrechnung innerhalb eines größeren Kalküls Geltung hat. Fichtes analytischer Prozeß entwickelte sich allein aus der Ambivalenz der Vernunft.

---

[165] vgl. E. Hirsch: Geschichte der neuern evangelischen Theologie, Bd. V, S. 3 ff.

# DER ERTRAG DER VORKANTISCHEN PERIODE

Das Schlußkapitel muß sich auf Hinweise beschränken. Alles, was aus dem Gedankengut des jungen Fichte in die Lehre des Philosophen eingegangen ist, erfuhr durch die Rezeption der Kantischen Philosophie eine gründliche Neubestimmung. Dieser Prozeß der Auslese, Umformung und Fortbildung vorkantischer Motive ließe sich nur unter Berücksichtigung der philosophischen Gesamtentwicklung Fichtes angemessen darstellen. Hingegen müssen wir etwas ausführlicher auf das Ereignis der Befreiung, die das Denken des jungen Fichte durch die Philosophie Kants erfuhr, und auf die unmittelbaren Auswirkungen dieses Ereignisses eingehen[1].

## 1. Die Rechtfertigung des moralischen Überzeugungsgefühls

Wir haben gesehen, daß die „Kritik der reinen Vernunft" Fichte zunächst in seinen eigenen Gedankengängen eher bestätigte als erschütterte. Der plötzliche Umschwung vollzog sich erst durch die Lektüre der „Kritik der praktischen Vernunft"; nun scheint er die Lehre Kants ohne jede bewußte Einschränkung übernommen zu haben. Fichte spricht von dieser Wende geradezu in Tönen überschwenglicher Be-

---

[1] Die im Schlußteil gegebenen Hinweise müßten in das von der Forschung erstellte Gesamtbild der späteren Religionsphilosophie und Ethik Fichtes einbezogen und dadurch stärker nuanciert werden. Ich verweise vor allem auf E. Hirsch: Fichtes Religionsphilosophie im Rahmen der philosophischen Gesamtentwicklung Fichtes, 1914; ders.: Fichtes Gotteslehre 1794—1802, Die idealistische Philosophie und das Christentum, Studien des apologetischen Seminars Wernigerode, H. 14, 1926, S. 140—307. — Auch die Entstehung der neuen systematischen Grundgedanken Fichtes kann und braucht in dieser Arbeit nicht mehr dargestellt werden. Den Versuch einer Nachkonstruktion unternimmt J. M. W. Gliwitzky: Die Fortentwicklung des Kantischen Freiheitsbegriffs in der Fichteschen Philosophie bis zur „Grundlage der gesamten Wissenschaftslehre" von 1794, Phil. Diss., München 1965.

geisterung. „Ich lebe in einer neuen Welt, seitdem ich die ‚Kritik der praktischen Vernunft' gelesen habe. Sätze, von denen ich glaubte, sie seien unumstößlich, sind mir umgestoßen; Dinge, von denen ich glaubte, sie könnten mir nie bewiesen werden, z. B. der Begriff einer absoluten Freiheit, der Pflicht usw., sind mir bewiesen, und ich fühle mich darüber nur um so froher. Es ist unbegreiflich, welche Achtung für die Menschheit, welche Kraft uns dieses System gibt!" so schreibt er an Weißhuhn[2]. — Es war also Kants Ethik, genauer: die Bedingung ihrer Möglichkeit, die Annahme der Freiheit, deren Begriff die praktische Vernunft objektive Realität beilegen darf, die Fichte in der Kantischen Philosophie einen ganz neuen Weg des Philosophierens erkennen ließ. Das ist durch weitere Selbstzeugnisse aus seiner damaligen Korrespondenz hinlänglich belegt[3].

Durch diese in der Literatur oft zitierten Äußerungen, die die uneingeschränkte Identifikation mit der Kantischen Lehre zum Ausdruck bringen, ist der Eindruck entstanden, als ob Fichte bei diesem Umbruch seines Denkens nur neue und fremde Erkenntnisse rezipiert hätte, als ob gar keine eigenen Gedanken in die neue Welt seines Geistes, von der er spricht, eingegangen wären. Die Befreiung durch die Transzendentalphilosophie bestünde dann allein darin, daß sie den quälenden Wahn seiner deterministischen Spekulation zerstörte und ihm durch den Begriff der Freiheit den Blick auf eine dem Glauben an die blinde Notwendigkeit entgegengesetzte philosophische Weltanschauung öffnete. Unsere Analyse der religiösen, moralischen und philosophischen Anschauungen des jungen Fichte führt dagegen zu der Annahme, daß Kant ihn nicht nur von einer falschen Metaphysik befreite, sondern ihm ebenso in wesentlichen Punkten die Kontinuität mit sich selbst ermöglichte. Gerade darin bestand für ihn die befreiende Kraft der Transzendentalphilo-

---

[2] Schulz I, S. 123.

[3] An seinen Zürcher Gesprächspartner Achelis schreibt er: „Der Einfluß, den diese Philosophie, besonders der Moralische Theil derselben, der aber ohne Studium der ‚Kritik der reinen Vernunft' nicht verständlich ist, auf das ganze Denksystem eines Menschen hat, die Revolution, die durch sie besonders in meiner ganzen Denkungsart entstanden ist, ist unbegreiflich. Ihnen besonders bin ich das Geständniß schuldig, daß ich jezt von ganzem Herzen an die Freiheit des Menschen glaube, u. wohl einsehe, daß nur unter dieser Voraussetzung Pflicht, Tugend, u. überhaupt eine Moral möglich ist; eine Wahrheit, die ich auch sonst sehr wohl einsah, u. auch ihnen vielleicht es gestanden habe." Schulz I, S. 143 f.; vgl. S. 126 f.

sophie, daß sie ihm den Glauben an die Wahrheit und Vernünftigkeit eben der sittlichen und religiösen „Denkungsart" wiedergab, die die eine Seite seines im Widerspruch befangenen Denkens ausmachte. Nur wenn man die geistige Befreiung durch Kant auf den herausgearbeiteten Widerspruch zweier mit gleicher Konsequenz und gleicher Leidenschaft verfolgter Denkrichtungen bezieht, wird deutlich, weshalb überhaupt die Vernichtung seiner alten Spekulation eine so umstürzende Bedeutung für ihn erlangte.

Die Aufhebung der deterministischen Metaphysik durch den Kantischen Kritizismus, ihre Entlarvung als unerlaubte Grenzüberschreitung braucht nicht eigens dargestellt zu werden; sie ergibt sich von selbst aus der transzendentalphilosophischen Bestimmung der Gültigkeit der Denkgesetze. Wohl aber muß die behauptete Kontinuität verdeutlicht werden. Dabei hebe ich nur die wirklich einschneidenden Modifikationen hervor, da es hier zunächst auf die Übereinstimmung im Grundsätzlichen kommt.

a) In Fichtes Äußerungen über Tugend und Moralität sind wir gelegentlich auf Auffassungen gestoßen, die der Ethik Kants außerordentlich nahe kamen. Diese Verwandtschaft beruht natürlich darauf, daß wesentliche Motive der Tugendlehre der Aufklärung durch Kant eine Neubegründung erfahren haben. Fichtes moralisierter Sündenbegriff läßt bereits den Gegensatz von Pflicht und Neigung als konstitutives Moment seiner Ethik erkennen. Die Gegenüberstellung von äußerlicher und innerlicher Rechtschaffenheit im Fragment über den Tod Jesu und in den Zürcher Tagebüchern ist in Kants Terminologie mit dem Gegensatz von Legalität und Moralität bezeichnet. Überall, besonders deutlich vielleicht in der Predigt an Mariä Verkündigung mit ihrem Grundgedanken, daß Gott nicht nach dem äußeren Erfolg, sondern nach dem subjektiven Grad der inneren Bemühung urteilt, sehen wir Fichte bereits auf dem Wege zu einer reinen Gesinnungsethik.

b) Dazu tritt der starke anti-eudämonistische Zug in Fichtes ethischem und christlichem Selbstverständnis. „Hienieden ist nicht das Land der Glückseligkeit; ich weiß es jezt: es ist nur das Land der Mühe, und jede Freude, die uns zuteil wird, ist nur Stärkung auf eine folgende heißere Arbeit[4]." Dieser bekenntnishafte Ausdruck seiner neuen Kantischen Lebensanschauung hat Fichtes Überzeugung auch schon vorher

---

[4] Schulz I, S. 148; vgl. S. 143.

entsprochen, wie besonders die Novelle „Das Thal der Liebenden"
zeigt[5]. Das Neue besteht nur darin, daß Kant ihm die theoretische
Möglichkeit dieser Weltanschauung, besser: ihre Widerspruchslosigkeit
bewiesen hat. Das geht mittelbar aus Fichtes frühester deutlicher Beschreibung der geistigen Wende in einem Brief an Johanna hervor,
in der es u. a. heißt: „Sage Deinem theuern Vater ... wir hätten uns
bei unsern Untersuchungen über die Nothwendigkeit aller menschlichen Handlungen, s o r i c h t i g w i r a u c h g e s c h l o s s e n h ä t-
t e n, doch geirrt, weil wir a u s e i n e m f a l s c h e n P r i n c i p e
d i s p u t i r t h ä t t e n. Ich sei jetzt gänzlich überzeugt, daß der
menschliche Wille frei sei und daß G l ü c k s e l i g k e i t nicht der
Zweck unsers Daseins sei, sondern nur G l ü c k w ü r d i g k e i t[6]."
Man darf aus dieser Zusammenfassung nicht schließen, daß Fichte
die Bestimmung des Menschen zuvor in der Glückseligkeit erblickt
habe, sondern nur, daß ihm der Gedanke der Glückwürdigkeit wie
der des freien Willens durch sein falsches Prinzip verwehrt war.

c) Wir haben bereits früher die Ansicht erhärtet, daß ein popularphilosophischer ethischer Idealismus die eigentliche Grundlage von
Fichtes Glaube an Gott und Unsterblichkeit sowie die Grundlage seines
Christentumsverständnisses war[7]. Von hier aus mußte ihm Kants Begründung des Gottesglaubens durch die praktische Vernunft, soweit er
sie bis 1790 entwickelt hatte, als die konsequente Durchführung seines
eigenen Anliegens erscheinen. Daß Fichte sich hier tatsächlich bestätigt
gefühlt hat, ist noch deutlich aus einer Briefstelle zu erkennen, in der
er das von Kant über die Möglichkeit der Gottesidee und des Un-
sterblichkeitsglaubens Gelernte für Johanna Rahn in einfachen Worten
zusammenfaßt: „Unser Verstand ist soeben hinlänglich für die Ge-
schäfte, die wir auf der Erde zu betreiben haben: mit der Geisterwelt
kommen wir nur durch unser Gewißen in Verbindung. Zu einer
Wohnung der Gottheit ist er zu enge: für diese ist nur unser Herz
ein würdiges Haus. Das sicherste Mittel, sich von einem Leben nach
dem Tode zu überzeugen, ist das, sein gegenwärtiges so zu führen, daß
man es wünschen darf. Wer es fühlt, daß, wenn ein Gott ist, er gnädig
auf ihn herabschauen müße, den rühren keine Gründe gegen sein Dasein, und er bedarf keiner dafür. Wer so viel für die Tugend aufge-

---

[5] vgl. bes. G II 1, S. 277.
[6] Schulz I, S. 127.
[7] s. o. S. 77 f.

opfert hat, daß er Entschädigungen in einem künftigen Leben zu erwarten hat; der beweist sich nicht und glaubt nicht die Existenz eines solchen Lebens; er fühlt sie[8]." Das Charakteristische in dieser Formulierung ist die Mischung von Motiven seiner eigenen älteren Anschauung über Religion und Moral mit Gedanken Kants. Diese Vermischung ist so vollständig, daß die Logik der Kantischen Begründung des Glaubens an Gott und Unsterblichkeit ganz verloren geht; nur die Ergebnisse Kants nimmt Fichte auf. Sie verbinden sich ihm unmittelbar mit dem Hauptbegriff seiner eigenen religionsphilosophischen Versuche, mit dem der Herzensreligion, und mit dem Prinzip seiner eigenen Religionsbegründung, dem Gefühl des Wahren und Guten. Statt von der praktischen Vernunft und ihren Postulaten spricht Fichte von Herz und Gefühl; Kants rationales Schlußverfahren ist in eine im Gefühl gegebene Unmittelbarkeit umgedeutet: der Tugendhafte „beweist sich nicht und glaubt nicht die Existenz eines solchen Lebens; er fühlt sie."

d) In dieser bewußten oder unbewußten Verschiebung wird der Nerv der durch die Transzendentalphilosophie ermöglichten Kontinuität sichtbar. Fichte glaubt nun wieder an die Wahrheit des sittlichen und religiösen Überzeugungsgefühls, an die Untrüglichkeit der in dem unverdorbenen Menschen sprechenden Stimme des Herzens. Die Vorstellung eines Gefühls für das Wahre und Gute, dieses Grunddatum seiner religionsphilosophischen, ethischen, pädagogischen Überlegungen erweist sich nun wieder als ein tragfähiger Gedanke. Von gewissen noch zu nennenden Einschränkungen abgesehen, zeigt sich, daß nicht die sittliche Empfindung trog, sondern das Räsonnement.

Dieses von der Forschung übersehene positive Ergebnis des Kantstudiums wird von Fichte selbst unmißverständlich ausgesprochen: „Achelis hatte doch Recht, freilich ohne es zu wissen, warum? Glaube nur hinfort an Dein Gefühl, wenn Du auch die Vernünftler dagegen nicht widerlegen könntest", schreibt er an Johanna[9], und Achelis bezeugt er: „Sie leitete Ihr unverdorbnes sittliches Gefühl beßer, als mich mein Räsonnement; u. — noch gestehe ich mir's — in Absicht auf das lezte ist es verzeihlich hier zu fehlen, u. eine Menge anderer, die hier nicht fehlen, haben es nicht ihrem größern Scharfsinne, son-

---

[8] Schulz I, S. 149.
[9] Schulz I, S. 127.

dern ihrer größern Inconsequenz zu danken[10]." Ganz im gleichen Sinne
äußert er sich auch gegenüber Weißhuhn: „... ich überrede mich nicht,
daß vor der Kantischen Kritik irgendjemand, der seinen Verstand
selbständig zu brauchen wußte, anders gedacht hat, als ich, und ich
erinnere mich niemand gefunden zu haben, der gegen mein System
etwas Gründliches eingewendet hätte. Ehrliche Leute habe ich genug
gefunden, die anders, nicht d a c h t e n — das konnten sie überhaupt
nicht, — sondern f ü h l t e n. So täuschte es mich durch die scheinbare Consequenz, und so täuscht es vielleicht noch tausend[11]."

Auf den Weg, den das Denken des jungen Fichte durchlaufen hat,
fällt nun noch einmal ein neues Licht. D e r G e d a n k e n g a n g,
d e r   m i t   d e r   E n t l e e r u n g   u n d   E n t m a c h t u n g   d e s
W a h r h e i t s g e f ü h l s   e n d e t e,   l ä ß t   s i c h   n u n,   d a   e r
s i c h   m i t   d e r   K a n t i s c h e n   P h i l o s o p h i e   v e r b i n d e t,
a l s   e i n   P r o z e ß   v e r s t e h e n,   d e r   d i e   R e c h t f e r t i g u n g
d e s   W a h r h e i t s g e f ü h l s   z u m   Z i e l   h a t.   Er hat einen Gedanken erbracht, der jetzt nach überstandener Krise nicht mehr verloren gehen sollte.

In den auf die geistige Wende folgenden Jahren stoßen wir be-
zeichnenderweise vor allem in Predigten wieder auf die für Fichte
charakteristische Anschauung. So interpretiert er z. B. in einer Predigt
über Joh 15, 26 (1792) den von Jesus verheißenen Geist der Wahrheit als „Beifall des eigenen Herzens", als „Ausspruch des Gewissens"
oder „inneres Gefühl", das uns nie täuschen könne, sofern unser
Herz nur von reiner Wahrheitsliebe erfüllt sei[12]. In einer Predigt über
1. Thess 4, 14—17 (1792) spricht er von dem „Gefühl des Rechts u.
des Unrechts", welches jedem Menschenherzen „unaustilgbar einge-
prägt" sei. Mit diesem sittlichen Gefühl sei zugleich der Glaube an
Gott und ein ewiges Leben „unzertrennlich verbunden"[13]. Hier wird
die alte vorkantische Anschauung von der fundierenden Bedeutung
des Gefühls für Religion und Sittlichkeit im Kern unverändert aufgegriffen; so scheint es jedenfalls nach dem Wortlaut.

---

[10] Schulz I, S. 143.
[11] Schulz I, S. 124.
[12] G II 2, S. 153, 155, 157.
[13] G II 2, S. 139; vgl. S. 142. Zur Datierung der Predigten vgl. F. Büchsel:
Zur Lebensgeschichte Fichtes in seinen Kandidatenjahren, Beiträge zur Philosophie des Deutschen Idealismus, Bd. II, 1921/22, H. 2, S. 37—39.

Es ist nun aber ebenso bezeichnend, daß andererseits das sittlich-religiöse Überzeugungsgefühl in dem „Versuch einer Kritik aller Offenbarung" keine grundlegende Bedeutung hat[14]. Wo von dem moralischen Gefühl, dem Pflichtgefühl u. ä. die Rede ist, hat es keine unersetzliche systematische Funktion, es ist nur eine andere Bezeichnung und ein Indiz für moralische Gesinnung überhaupt[15]. Allenfalls in der Häufigkeit, mit der solche Ausdrücke gewählt werden, läßt sich noch eine Nachwirkung der alten Anschauung erkennen. Dieser Sachverhalt ist zweifellos darauf zurückzuführen, daß Fichte sich in dieser Schrift ganz dem Denken und der Diktion Kants anpaßt. Kant lehnt nun aber die Begründung der Moral auf ein sogenanntes moralisches Gefühl oder einen „moralischen besonderen Sinn" ausdrücklich ab[16]. Er leugnet natürlich nicht die Existenz eines solchen Gefühls — es heißt, wenn es sich recht versteht, Achtung für das Gesetz —, er läßt es aber nicht als eigentliche Ursache der moralischen Willensbestimmung gelten[17]. Diese ist, soll die Willensbestimmung moralisch heißen, allein in der durch das moralische Gesetz wirksamen praktischen Vernunft zu erkennen, denn die Rücksichtnahme auf ein Gefühl, und sei es das Gefühl der moralischen Zufriedenheit mit sich selbst, würde jedenfalls ein Verlangen nach Glückseligkeit in die den Willen und die Handlung bestimmende Triebfeder aufnehmen[18]. Das sittliche Gefühl kann ferner gar kein urspüngliches Datum in unserm Gemüt und daher auch nicht Grundlage eines Prinzips a priori sein, denn es setzt zu seiner eigenen Möglichkeit bereits den „Beriff der Moralität und Pflicht" voraus, da es überhaupt nur aus der mehr oder weniger deutlichen Erkenntnis der Verbindlichkeit des vom Gesetz Gebotenen entstehen kann. Das moralische Gefühl ist zwar mit dem Bewußtsein der Pflicht ursprünglich verbunden, aber nicht als dessen Voraussetzung,

---

[14] Das gleiche gilt von den beiden „Der Transzendentalen ElementarLehre. Zweiter Theil" und „Versuch eines erklärenden Auszugs aus Kants Kritik der Urteilskraft" betitelten Manuskripten, die unmittelbar im Anschluß an das Kantstudium entstanden sind. Veröffentlicht: G II 1, S. 299—318, 325 bis 373.

[15] M I, S. 47 ff., 52 f., 59 f., 73, 86.

[16] vgl. zum folgenden: Kant 5, S. 38 f., 72—81, 115 f.; 6, S. 199 f.

[17] vgl. H. J. Paton: Der kategorische Imperativ. Eine Untersuchung über Kants Moralphilosophie, 1962, S. 66.

[18] Kant 5, S. 38 f.; vgl. 4, S. 442 Anm.

sondern als dessen Folge; es ist ein abgeleitetes Phänomen[19]. Daß sittliches Empfinden in mehr oder weniger ausgeprägter und kultivierter Form bei jedem Menschen nachgewiesen werden kann[20], ist nur ein Hinweis darauf, daß die praktische Vernunft durch das Sittengesetz in jedem Menschen sich vernehmbar macht.

Nach diesem Verständnis des moralischen Gefühls sind nun auch die aus Fichtes Briefen und Predigten wiedergegebenen Aussagen genauer zu interpretieren. Obwohl Fichte mit Wendungen wie „Gefühl des Rechts und des Unrechts" und dadurch, daß er die Predigthörer und Johanna an ihr moralisches Gefühl verweist, den Eindruck erweckt, als erblicke er in diesem Gefühl selbst das Prinzip aller sittlichen Erkenntnis, so wird man es doch als sicher annehmen dürfen, daß er es vom transzendentalphilosophischen Standpunkt aus nur als ein untrügliches äußeres Anzeichen moralischer, am Gesetz orientierter Denkungsart betrachtet. Die Frage Kants, ob und wie die Vernunft praktisch sein könne, der Fichte sich nun selbst verschreibt und die ihn zur Konzeption der WL führt, läßt den Rekurs auf ein naturgegebenes moralisches Gefühl nicht mehr zu. Als Indiz kann das Gefühl dann immerhin die Funktion eines homiletischen Anknüpfungspunkts, einer Appellationsinstanz ausüben. Auch kann es weiterhin als das eigentliche Element der Religion, als u n m i t t e l b a r e s Moment des Übergangs von der Sittlichkeit zum religiösen Glauben in Geltung bleiben, wohingegen der moralische Gottesbeweis Kants als die r e f l e k t i e r t e Form dieses Übergangs zu betrachten ist.

Diese allein aus der Sachlogik, der Fichtes Denken durch den Anschluß an die Kantische Philosophie unterliegt, erschlossene Interpretation läßt sich aber auch an einem etwas später (Ende 1793) entstandenen Text bestätigen. Die Frage nach der Ursprünglichkeit oder Ableitbarkeit des sittlichen Gefühls wird von Fichte in der sog. Gebhard-Rezension[21] erörtert. Sie wird im Sinne Kants entschieden, da wir andernfalls wieder auf das Gebiet der Naturnotwendigkeit geraten und alle Freiheit zunichte machen würden[22]. Es ist nun aber eine aufschlußreiche Erweiterung des Gedankens, wenn Fichte zugleich fragt: „Wird denn nicht auch das pr. Vernunftgesetz dem Bewußtseyn bloß durch

---

[19] Kant 4, S. 401 Anm. 2; 5, S. 38 f., 73 ff., 76 u. ö.
[20] Kant 6, S. 199 f.
[21] G I 2, S. 21—29.
[22] a.a.O., S. 27.

ein Gefühl gegeben; und ist denn keine Handlung rein moralisch, die sich bloß auf dieses Gefühl, und nicht auf eine klare, deutliche, und vollständige Kenntniß des kategorischen Imperativs gündet[23]?" Mit Hilfe des Schemas von Unmittelbarkeit und Reflexion wird hier dem Gefühl, das der Transzendentalphilosoph von der praktischen Vernunft ableitet[24], doch wieder ein bestimmender Einfluß eingeräumt.

Die Unterscheidung, die wir mit dem Begriffspaar „Unmittelbarkeit und Reflexion" bezeichnet haben, ermöglicht es Fichte, die Anschauung von einer fundamentalen Bedeutung des Gefühls für das Wahre und Gute auch unter den Bedingungen seiner neuen Philosophie durchzuhalten. Diese Unterscheidung hat aber selbst eine Wurzel in der vorkantischen Zeit. Sie wurde durch die Gegenüberstellung der beiden Ebenen von Spekulation und Denkungsart, Philosophie und Leben, Deismus und Religion vorbereitet. Das Zwei-Ebenen-Schema rettet sich mit durch die geistige Krise hindurch und wird in seiner engen Verflechtung mit dem Gefühlsbegriff zu einem Grundmotiv der ganzen späteren Philosophie Fichtes. Die Ebenen als solche bleiben erhalten, nur daß nun die Spannung zwischen ihnen aufgehoben ist. Der Standpunkt des Lebens, der Denkungsart, des Gefühls wird durch die neue Philosophie grundsätzlich ins Recht gesetzt. Diese neue Verhältnisbestimmung ist schon in den ersten Äußerungen Fichtes über die Bedeutung der Kantischen Philosophie für sein Leben und Denken enthalten[25]. Auf dem Boden seines späteren Systems wird sie noch sorgfältiger durchreflektiert und begründet werden[26].

---

[23] a.a.O., S. 26.

[24] ebd.; vgl. S. 28.

[25] vgl. die S. 138 f. zitierten Briefstellen.

[26] vgl. bes. „Rückerinnerungen, Antworten, Fragen", §§ 5—20, M III, S. 203 bis 216. — Die These der Einheit von Philosophie und Leben entspricht freilich mehr dem ständigen Anspruch Fichtes (Die Transzendentalphilosophie ist „nimmer im Streite und kann nicht in Streit geraten mit dem gemeinen, natürlichen Bewußtsein". M III, S. 211) als dem tatsächlichen Sachverhalt. Es ist zwar zwischen dem gemeinen ethischen Bewußtsein und dem philosophischen Standpunkt nicht wieder ein so hoffnungsloser Gegensatz aufgebrochen wie in der vorkantischen Periode, doch sind Fichte gerade an diesem Punkte neue Probleme entstanden, die die Entwicklung seiner Philosophie entscheidend beeinflußt haben. Genau genommen hat erst die reife Gestalt seiner Philosophie, wie sie uns in der WL von 1804 entgegentritt, die endgültige Versöhnung ermöglicht. Zum Verlauf der Entwicklung

Es bedarf nicht eines ausführlichen Nachweises, daß die Rechtfertigung des Gefühlsbegriffs, so wie sie hier mit Berücksichtigung der
wichtigsten Modifikationen dargestellt wurde, nicht auch die Rechtfertigung aller theologischen Theoreme nach sich zog, die in Fichtes
vorkantischer Zeit mit diesem Begriff verbunden waren. Ein Festhalten
am anthropomorphen Gottesbild, das in den „Aphorismen über Religion und Deismus" der Ableitung der Religion aus den ursprünglichen
Empfindungen des Herzens entsprach, war natürlich auf dem Boden
der Kantischen Philosophie ebenso ausgeschlossen wie auf dem der
deterministischen Spekulation. Eine wesentliche kritische Einsicht, die
sich aus jener Spekulation ergab, bleibt also auch weiterhin in Kraft[27].
Noch ein zweiter Punkt muß hervorgehoben werden. Der in der
„Anweisung zum seligen Leben" und in der sog. „Staatslehre" entwickelten Christologie ist nicht mehr an einer Deutung des Todes
Jesu gelegen[28]. Ein solches Interesse ist Fichte in der Zeit seines johan-
neischen Christentumsverständnisses sogar ein Kennzeichen des ver-
unreinigten Christentums, als dessen Urheber ihm Paulus gilt[29].

## 2. Zur Funktion des moralischen Überzeugungsgefühls in Fichtes Ethik und Religionsphilosophie

Die Vorstellung eines wahrhaften Überzeugungsgefühls als eines
Apriori aller ethischen und religiösen Erkenntnis ist der wichtigste Er-
trag der Theologie Fichtes in seiner vorkantischen Zeit. Der junge
Fichte hat aus den verschiedensten Traditionen der Aufklärung d a s
Motiv herausgegriffen und zum Bezugspunkt seiner theologischen und

---

    unter diesem Aspekt vgl. E. Hirsch: Fichtes Religionsphilosophie im Rah-
    men der philosophischen Gesamtentwicklung Fichtes, 1914, bes. §§ 5—7, 9.
[27] Die durchgeführte philosophische Destruktion des personalen Gottesbegriffs
    ist in den Schriften zum Atheismusstreit enthalten. Vgl. bes. M III, S. 131.
    Zur Fortentwicklung des Fichteschen Gottesbegriffs s. E. Hirsch: Fichtes Got-
    teslehre 1794—1802. Der Aufsatz geht auch auf die Zeit zwischen 1790 und
    1794 ein; s. a.a.O., S. 140 ff.
[28] M V, S. 187—203, 279—286; M VI, S. 565—618 passim.
[29] M IV, S. 438, 584; M VI, S. 592. Zu Fichtes Antipaulinismus vgl. H. W.
    Schütte: Lagarde und Fichte. Die verborgenen spekulativen Voraussetzun-
    gen des Christentumsverständnisses Paul de Lagardes, 1965, S. 67—77.

ethischen Überlegungen gemacht, das auch eine grundlegende Funktion in seiner späteren Philosophie erhalten konnte. Wir haben die Vorgeschichte dieses Motivs verfolgt; werfen wir zum Schluß noch einen Blick auf seine spätere Wirkungsgeschichte in Fichtes Ethik und Religionsphilosophie.

Wir haben gesehen, wie unter dem Eindruck der Kantischen Moralphilosophie das Gefühl an Bedeutung verlieren mußte. Da jedes Gefühl, also auch das sogenannte moralische, nur insofern zur Natur des Menschen gehört, als sie unter den Bedingungen der Sinnlichkeit steht, konnte das moralische Gefühl nicht mehr selbst als Prinzip der Sittlichkeit gelten, deren erstes Erfordernis ja gerade die Unabhängigkeit von jenen Bedingungen sein soll[30]. Erst als abgeleitetes Moment erhält es dann wieder eine feste Stelle in der Kantischen Ethik. Als Gefühl der Achtung für das Gesetz bzw. der Selbstachtung nach dem Maßstab der Übereinstimmung der Maximen mit dem Gesetz tritt es als subjektive Triebfeder der Neigung entgegen[31].

Kants Lehre von der Achtung als a priori erkennbarem moralischem Gefühl wird von Fichte übernommen und weiterentwickelt. Fichte reflektiert auf dieses Gefühl vornehmlich unter dem Gesichtspunkt der Erhebung des natürlichen Bewußtseins zu moralischer Gesinnung. Es ist ihm ein in der allgemeinen Menschennatur begründetes Indiz der Empfänglichkeit des Gemüts für moralische Denkungsart überhaupt. Daher hat es als Anknüpfungspunkt grundsätzliche pädagogische Bedeutung[32].

Spätestens ab 1798 erhält aber das sittliche Wahrheitsgefühl noch eine weit einflußreichere Funktion, die Fichtes Ethik über die Kants in einem wesentlichen Punkt hinausführt[33]. Die Besinnung auf dieses Gefühl entsteht Fichte aus folgendem Problem: Gemäß der Grundeinsicht der WL, daß das absolute Ich sich nach bestimmten Gesetzen als empirisches Ich findet und als praktisches Ich die Beschränkung wieder aufzuheben strebt, um das Ich als Idee zu verwirklichen, kann die philosophische Sittenlehre nur das allgemeine letzte Ziel des sittlichen

---

[30] Kant 5, S. 75 f.

[31] Kant 5, S. 79 f. Auf die terminologischen und systematischen Schwierigkeiten, die mit der Bezeichnung des moralischen Gefühls als Triebfeder verbunden sind, weist H. J. Paton hin, a.a.O., S. 66 ff.

[32] vgl. bes. M II, S. 711 ff.; M V, S. 525 ff.

[33] vgl. zum folgenden SL 98 § 15.

Handelns — jene Idee eines schlechthin freien und selbständigen Ich[34] — sowie ein formales Gesetz für die sukzessive Annäherung an das allen Individuen gesetzte Ziel angeben: „handle schlechthin gemäß deiner Überzeugung von deiner Pflicht[35]." Diese Anweisung bestimmt nur die bloße Form des sittlichen Handelns überhaupt, sie enthält kein Kriterium der Beurteilung bestimmter Handlungen als Pflicht. Auf ein solches Kriterium kommt es aber entscheidend an, da es Fichte darum geht, den Formalismus der Kantischen Ethik, deren kategorischer Imperativ nur eine rationale Regel zur Prüfung allgemeiner Normen und Maximen an die Hand gibt, durch eine konkrete, angewandte Sittenlehre zu überwinden. Wie läßt sich also im Leben mit absoluter Gewißheit der jeweilige Zweckbegriff derjenigen Handlung erkennen, die in der Reihe der sukzessiven Annäherung an das Ideal liegt[36]?

Fichte antwortet, daß es gar kein äußeres, d. h. rationales Kriterium gebe, sondern nur ein inneres[37]. Es gibt „ein G e f ü h l der Wahrheit und Gewißheit, als das gesuchte absolute Kriterium der Richtigkeit unserer Überzeugung von Pflicht"[38]. Dieses Gefühl ist das Prinzip des Gewissens, das Fichte entsprechend als „das unmittelbare Bewußtsein unserer bestimmten Pflicht" definiert[39].

Der einzelne ethische Akt stellt sich nun so dar: Von dem reinen sittlichen Triebe aus ergeht an die frei reflektierende Urteilskraft die Aufforderung, das jeweilige Materiale der Pflicht zu suchen. Sobald sie es in Erwägung zieht, wird sie durch das sich unmittelbar einstellende Gewißheitsgefühl gebunden[40]. Fichte erklärt sich dieses Gefühl aus der in diesem Augenblick eintretenden Übereinstimmung unseres empirischen Ich mit dem reinen[41]. Damit ist das im gemeinen Bewußtsein

---

[34] M II, S. 453 ff.

[35] ebd., S. 557; vgl. S. 550.

[36] ebd., S. 560.

[37] ebd., S. 564.

[38] M II, S. 561.

[39] ebd., S. 567.

[40] ebd., S. 560 f., 566.

[41] ebd., S. 563. Der Unterschied zu Kants Anschauung vom moralischen Gefühl tritt an dieser Stelle besonders deutlich hervor. Man könnte sagen, daß für beide Ethiker das moralische Gefühl aus der gleichen Übereinstimmung entsteht. Während es aber für Kant aus der schon eingesehenen Übereinstimmung des Bewußtseins mit dem reinen sittlichen Vernunftgesetz hervorgeht, wird nach Fichte die Übereinstimmung allererst durch das sittliche

erfahrene Phänomen in das Schema der WL eingegliedert; das absolute Ich der Philosophie wird in der Weise des unbedingten Gefühls Gegenstand des unphilosophischen Bewußtseins. In der gegebenen Erklärung ist zugleich das Postulat der Irrtumslosigkeit des Gewissens enthalten[42]. Das Gewissensgefühl ist, da alle Erkenntnis eine unmittelbare oder mittelbare Beziehung auf das „praktische Wesen" des Menschen enthält[43], der Quellpunkt aller Gewißheit. „Die einzige feste und letzte Grundlage aller meiner Erkenntnis ist meine Pflicht[44]."

„Das Gefühl der Gewißheit entsteht aus dem Zusammentreffen eines Aktes der Urteilskraft mit dem sittlichen Triebe[45]." Durch diese Ableitung ist das sittliche Gefühl vor jeder Verwechslung mit einem schwärmerischen, das von sich aus Urteile fällen zu können meint, geschützt[46]. Das konkrete Materiale des Gewissensurteils stammt nicht aus einem Gefühl, sondern es wird durch den unvoreingenommenen Gebrauch der Urteilskraft konstituiert und hält daher jeder Prüfung nach den Denkgesetzen der theoretischen Vernunft stand[47]. Das Gefühl äußert sich lediglich in dem mit dem Gewissensurteil verbundenen Moment der inneren Gewißheit und Evidenz[48].

Dieser Charakter des Gefühlsbegriffs erklärt zugleich seine Schlüsselfunktion in Fichtes Aussagen über das Gottesbewußtsein[49]. Auch hier

---

Gefühl erkannt. Er spricht deshalb hier auch nicht vom Gefühl der Achtung, sondern vom „Gefühl der Wahrheit und Gewißheit".

[42] ebd., S. 567.

[43] ebd., S. 566.

[44] ebd.; vgl. M III, S. 126.

[45] M II, S. 569.

[46] Wie der junge Fichte seinen theologischen Standpunkt gegen reine Verstandesreligion einerseits und schwärmerische Religiosität andererseits abgrenzte, so hält die in der SL 98 vorgetragene Lehre vom Gewissensgefühl die Mitte zwischen äußerlichem Gesetzeswesen (welchem immer ein Rest von Heteronomie anhaftet, weil es den im Gefühl sich äußernden Kern des Ich nicht zur Geltung kommen läßt) und innerer Gesetzlosigkeit. Durch diese doppelte Abgrenzung vollendet sie den Gedanken der sittlichen Autonomie.

[47] ebd., S. 569.

[48] ebd., S. 567 ff.

[49] Ich halte mich im folgenden an die mit der SL 98 in dieselbe Periode der Fichteschen Philosophie fallenden Schriften zum Atheismusstreit.

begründet er natürlich nicht den Inhalt des religiösen Bewußtseins, den Gottesbegriff. Der Inhalt erwächst ganz aus der Beziehung des ethischen Selbstbewußtseins, wie es die SL deduziert und dargestellt hat, auf den Vernunftzweck, die Verwirklichung der Ichidee durch die Vervollkommnung des Einzelnen und der Gemeinschaft sowie die Realisierung aller kulturellen, politischen, technischen, intellektuellen Voraussetzungen des Reichs der Freiheit. „Die absolute Gewißheit und Überzeugung ... von der Möglichkeit ... durch diese pflichtgemäße Bestimmung unseres Willens den Zweck der Vernunft auch a u ß e r u n s e r e m   W i l l e n zu befördern, ist das Unmittelbare der Religion[50]." Daraus entspringt der Glaube an die göttliche Weltregierung, der aller Religion als das Wesentliche zugrunde liegen muß. Auf die Darstellung der religionsphilosophischen Ableitung und Bestimmung dieses Begriffs im Aufsatz „Über den Grund unseres Glaubens an eine göttliche Weltregierung" und in der „Appellation an das Publikum" kann verzichtet werden[51]. Ich hebe nur hervor, daß in der Sicht des Philosophen Gott mit dem im Begriff der Weltregierung gemeinten Geschehen identisch ist, nicht als Person oder gesonderte Substanz über ihm steht[52].

Die Deduktion der Religion steht also bei Fichte unter ähnlichen Bedingungen wie bei Kant; der Religionsbegriff wird ganz unter moralichen Kategorien gedacht. Eine entscheidende Differenz liegt aber in der Art der Verbindung von Moral und Religion, im Übergang vom einen zum anderen. Dieser Übergang vollzieht sich nach Kant durch einen rationalen Schluß, der als solcher, ohne ein eigentlicher (d. h. theoretischer) Beweis zu sein, doch die Form eines Beweises annimmt. Das Gottesbewußtsein ist ein vermitteltes Bewußtsein. Für Fichte dagegen ist der Glaube an Gott, d. h. an die moralische Weltregierung, schon unmittelbar in der Willensbestimmung zur Moralität mitgesetzt. Seine moralische Bestimmung ergreifen und an die Realisierbarkeit des

---

[50] M III, S. 223.

[51] Eine alles Wesentliche berücksichtigende Darstellung bei E. Hirsch: Fichtes Gotteslehre 1794—1802, a.a.O., S. 203 ff.

[52] M III, S. 232: „Jenes Eine Prinzip kann nun ... lediglich als ein für sich Bestehendes und Wirkendes nicht selbst nur als Eigenschaft oder Prädikat, welches irgendeinem Substrate inhäriert, gedacht werden." Ebd., S. 233: „Gott ist nichts, als das notwendig anzunehmende Schaffen, Erhalten, Regieren selbst."

Vernunftzwecks vermittels der moralischen Weltordnung glauben sind „nicht zwei Akte, sondern ein und eben derselbe unteilbare Akt des Gemüts"[53]. „Moralität und Religion sind absolut Eins; beides ein Ergreifen des Übersinnlichen, das erste durch Tun, das zweite durch Glauben[54]." — Diese Abweichung, die keineswegs nur eine Korrektur an Kants Theorie darstellt, sondern eine differente Auffassung des ethischen Bewußtseins selbst einschließt[55], hängt zutiefst mit der Fichte eigentümlichen Unterscheidung von Unmittelbarkeit und Reflexion, gemeinem und transzendentalem Standpunkt zusammen[56]. In der Reflexion, in der begrifflichen Durchdringung stellt sich das Verhältnis von sittlicher Zwecksetzung und Überzeugung von der Ausführbarkeit des Zwecks und damit das Verhältnis von Moralität und Religion als wechselseitige Bestimmung zweier Glieder eines logischen Gedankenganges, als Schluß von einem auf das andere dar. Aber so erfaßt man gerade nicht die Gewißheit der sittlichen Erkenntnis. Diese ursprüngliche Gewißheit „kann daher nur liegen in der Unmittelbarkeit eines Gefühls, und in diesem sind auch jene beiden Glieder ursprünglich Eins"[57]. Das Gewissensgefühl des § 15 der SL 98 erweist sich hier als das lebendige Element des Gottesglaubens. „Es ist dieselbe eine und unteilbare Gewißheit, die sich mit gleicher Ursprünglichkeit nach zwei Seiten, der moralischen und der religiösen, entfaltet"[58]. Das Problem der Religionsbegründung führt Fichte von neuem auf das sittliche Ge-

---

[53] M III, S. 127.

[54] ebd., S. 169.

[55] Kants Auffassung von der in der sittlichen Gesinnung begründeten Würde des Menschen erhält gerade dadurch ihre charakteristische Zuspitzung, daß dieser Gesinnung zugemutet wird, sich gegebenenfalls auch ohne Glauben an Gott und Unsterblichkeit zu behaupten. Kant 5, S. 451 f.; vgl. hierzu Fichtes Kritik M III, S. 169 f.: der hypothetisch erörterte Fall könne gar nicht eintreten.

[56] vgl. zum folgenden „Rückerinnerungen, Antworten, Fragen", §§ 24—26, M III, S. 219—222.

[57] a.a.O., § 25.

[58] E. Hirsch: Fichtes Religionsphilosophie im Rahmen der philosophischen Gesamtentwicklung Fichtes, 1914, S. 58; vgl. G. Gurwitsch: Fichtes System der konkreten Ethik, 1924, S. 121 ff. Gurwitsch erblickt in der Verschmelzung der sittlichen und der religiösen Unmittelbarkeit eine Bedrohung der eigentlichen Absichten der Fichteschen Ethik, da die Gefahr eines Versinkens in einer „pantheistisch gefärbten Lebensreligion" bestehe.

fühl, „das erste und ursprünglichste intellektuelle Gefühl, Grund aller Gewißheit, aller Realität und Objektivität"[59].

Fichte betont immer wieder, er wolle durch seine religionsphilosophischen Überlegungen lediglich die schon bestehende Religion vom transzendentalen Gesichtspunkt aus deuten, aber nicht das wahre religiöse Bewußtsein allererst ermöglichen[60]. Diese Erklärungen, die die grundsätzliche Übereinstimmung von Philosophie und Leben proklamieren, können aber doch nicht eine tieferliegende Spannung in Fichtes Philosophieren verdecken, die gerade daraus entsteht, daß die Religionsphilosophie bei der Deutung des religiösen Lebens ansetzt. Die Gottesidee ist eine notwendige Gegebenheit im Zusammenhang des ethischen Lebensvollzuges, aber welche Funktion kommt ihr innerhalb der Ichphilosophie zu, die als ursprüngliche, noch nicht angewandte Philosophie ihren Standort oberhalb aller Gegebenheiten nimmt? Die Möglichkeit der Realisierung des Vernunftzwecks, um derentwillen auf dem Standpunkt des Lebens an Gott oder die sittliche Weltordnung geglaubt wird, ist ja schon der Idee nach durch das allen Individuen zugrunde liegende reine Ich gewährleistet. E. Hirsch hat diese Schwierigkeit, die sich aus dem Problem der Verhältnisbestimmung von Gottesidee und WL ergibt, scharf herausgearbeitet und in ihr eine treibende Kraft in der Entwicklungsgeschichte der WL erkannt[61].

Das ethisch-religiöse Wahrheitsgefühl behält seine grundlegende Bedeutung auch in der Religionsphilosophie der vollendeten WL[62]. „Was ist es denn, das uns Gottes gewiß macht, außer die schlechthin auf sich selbst ruhende und über allen nur in der Reflexion möglichen Zweifel erhabene Liebe? ... Nicht die Reflexion, E. V., welche vermöge ihres Wesens sich in sich selber spaltet, und sich mit sich selbst entzweit; nein, die Liebe ist die Quelle aller Gewißheit, und aller Wahrheit, und aller Realität"[63]." Der Begriff der Liebe, der hier alle bekannten Funktionen

---

[59]  M III, S. 221.

[60]  M III, S. 122 f., S. 229 ff. u. ö.; s. a. oben S. 145 Anm. 26.

[61]  s. bes.: Fichtes Gotteslehre 1794—1802, a.a.O., S. 183—254. Daß aber auch schon die Explikation der ursprünglichen Einsicht Fichtes, daß der Grund alles Wissens durch eine Theorie des Selbstbewußtseins aufgezeigt werden müsse, die fortwährende Umgestaltung des Systems erforderte, zeigt der Aufsatz von D. Henrich: Fichtes ursprüngliche Einsicht; Subjektivität und Metaphysik. Festschrift für Wolfgang Cramer, hrsg. von D. Henrich und H. Wagner, 1966, S. 188—232.

[62]  vgl. zum folgenden vor allem die 10. Vorlesung der „Anweisung zum seligen Leben"; M V, S. 250—263.

[63]  M V, S. 252 f.

des Gefühls der Wahrheit und Gewißheit in sich aufnimmt[64], setzt die
Fortbildung der WL, die nun ihren Ausgangspunkt jenseits der Ichform
in einem absoluten Sein findet, voraus. Er entsteht Fichte aus der Frage
nach dem aller Reflexion unzugänglichen Band zwischen dem absoluten
Sein oder Gott und seiner Erscheinung „in der Form unserer selbst, des
Ich, der Reflexion im Bewußtsein"[65]. Dieses Band kann nur eine zugleich mit der Reflexion auftretende Empfindung sein, die Fichte Liebe
nennt, weil sie die Empfindung des Einsseins des Menschen mit Gott
oder — vom Standpunkt der WL aus gesehen — Gottes mit sich selbst
ist[66].
Das Gefühl äußert sich vor allem in der alles sittliche Handeln oder —
wie man im Hinblick auf den in der „Anweisung" entwickelten Standpunkt der höheren Moralität besser sagt: in der alle Hingabe an das
Ideal begleitenden Evidenz[67]. Nur daß hier auf das Evidenzgefühl und
seinen Grund, eben weil es die Einheitsform des sittlichen Lebens ist,
nicht reflektiert wird. Erst auf den Standpunkten der Religion und der
Philosophie erfolgt eine Deutung; durch die Religion eine bloß faktische, indem der sittliche tätige Mensch sich als Werkzeug Gottes und
somit als Moment im Leben Gottes versteht; durch die Philosophie
eine genetische, indem die vorausgesetzte und im Lebensvollzug wirk-
liche Einheit mit Gott, dem Absoluten, in ihrer Bedeutung als geheimer
Grund der Welt des Wissens und der Freiheit in die Klarheit der sich
selbst begreifenden Erkenntnis erhoben wird. Religion und Spekulation unterscheiden sich jetzt lediglich als faktische und genetische Erkenntnis ein und desselben; Religion ist „metaphysische" Einsicht der
Materie nach, nicht der Form nach[68]. Die immer wieder erstrebte Versöhnung von beidem ist damit erreicht.

Diese Hinweise auf die Geschichte des Überzeugungsgefühls in Fichtes Ethik und Religionsphilosophie müssen hier genügen. Es wäre

---

[64] vgl. mit der angeführten Stelle auch M IV, S. 492, 498, 500.

[65] M V, S. 251 f. Vgl. J. Drechsler: Fichtes Lehre vom Bild, 1955, S. 140. —
Die formale Deduktion des Gewißheitsgefühls als Element des Wissens
schlechthin gibt Fichte in § 22 der WL 1801; M IV, S. 47 ff.

[66] M V, S. 252.

[67] Die in der „Anweisung" entwickelten fünf Standpunkte der Sinnlichkeit,
Gesetzesmoral, höheren Moral, Religion und Philosophie erscheinen zuerst
in der WL 1804; M IV, S. 390 f.

[68] M IV, S. 635; M V, S. 197.

leicht, weitere Varianten der Grundanschauung herauszuarbeiten und
etwa den Begriff des Glaubens, wie er im dritten Buch der „Bestimmung des Menschen" gebraucht wird, von hier aus zu interpretieren.
Daß es im ganzen dasselbe Gefühl ist, dessen Begriff der junge Fichte
aus der Aufklärung übernommen und auf die Fragen nach Wesen, Begründung und Verstehbarkeit des Christentums selbständig angewendet hat, dürfte deutlich geworden sein. Es ist stets dasselbe Phänomen
einer das sittliche und religiöse Denken und Leben begleitenden unmittelbaren Evidenz, auf das sich die verschiedenen Deutungen des Gewis-
sens- und Überzeugungsgefühls beziehen[69].

Immer wieder zitiert man die zugespitzte Äußerung Fichtes in der
„Ersten Einleitung in die Wissenschaftslehre": „Was für eine Philosophie man wähle, hängt sonach davon ab, was man für ein Mensch ist:
denn ein philosophisches System ist nicht ein toter Hausrat, den man
ablegen oder annehmen könnte, wie es uns beliebte, sondern es ist beseelt durch die Seele des Menschen, der es hat[70]." Da man diesen Satz
nicht im Sinne irgendeines Relativismus oder Individualismus deuten
darf, setzt er voraus, daß es in der „Seele" des Menschen, nicht in seiner
Reflexion, einen festen Punkt, ein unmittelbares und untrügliches Kriterium aller für das Denken und Leben gültigen Wahrheit gibt, dessen
Stimme dann freilich vernommen oder überhört und zum Schweigen
gebracht werden kann. So verstanden hat der Satz auch eine biographische Bedeutung: Seit seinen Studentenjahren hielt Fichte beständig an
der — man muß heute wohl sagen: problematischen — Vorstellung
eines unmittelbaren Wahrheitsgefühls fest.

---

[69] vgl. das Kapitel über das „Evidenzgefühl", mit dem E. Hirsch seine Darstellung von „Fichtes Religionsphilosophie im Rahmen der philosophischen
Gesamtentwicklung Fichtes" folgerichtig beschließt. Ich habe im vorhergehenden verschiedene Gedanken aus diesem Kapitel übernommen.
[70] M III, S. 18.

# LITERATURVERZEICHNIS

## 1. Quellen

a) Johann Gottlieb Fichte

Sämtliche Werke, Bd. 1–8, hrsg. von I. H. Fichte, Berlin 1845–1846.
Nachgelassene Werke, Bd. I–III, hrsg. von I. H. Fichte, Bonn 1834–1835.
Ausgewählte Werke in sechs Bänden, hrsg. von Fritz Medicus, Leipzig 1912, ND Darmstadt 1962.
Nachgelassene Schriften, Bd. 2, Schriften aus den Jahren 1790–1800, hrsg. von Hans Jacob, Berlin 1937.
J. G. Fichte-Gesamtausgabe der Bayerischen Akademie der Wissenschaften, hrsg. von Reinhard Lauth und Hans Jacob, Reihe I, Werke, Bd. 1–3, Stuttgart/Bad Cannstatt 1964 ff.
J. G. Fichte-Gesamtausgabe der Bayerischen Akademie der Wissenschaften, hrsg. von Reinhard Lauth und Hans Jacob, Reihe II, Nachgelassene Schriften, Bd. 1 und 2, Stuttgart/Bad Cannstatt 1962, 1967.
Johann Gottlieb Fichte's Leben und literarischer Briefwechsel, 2. Theil, Aktenstücke und lit. Briefwechsel, 2. sehr vermehrte und verbesserte Auflage, Leipzig 1862.
Briefwechsel. Kritische Gesamtausgabe, ges. u. hrsg. von Hans Schulz, 2 Bde., Leipzig 1925.
J. G. Fichte. Ideen über Gott und Unsterblichkeit. Zwei religionsphilosophische Vorlesungen aus der Zeit vor dem Atheismusstreit, eingel. u. hrsg. von Friedrich Büchsel, Leipzig 1914.
Predigten von Johann Gottlieb Fichte, hrsg. von Maximilian Runze, Leipzig 1918.
Maximilian Runze: Neue Fichte-Funde aus der Heimat und Schweiz, nebst einer Einleitung, Gotha 1919.
Reinhard Lauth: Vierzehn Rezensionen J. G. Fichtes aus dem Jahre 1788, Kantstudien 59, 1968, S. 5–61.
Hans Schulz: Fichte in vertraulichen Briefen seiner Zeitgenossen, Leipzig 1923.

b) Sonst benutzte Quellen

Bahrdt, K. Fr.: Briefe über die Bibel, im Volkston. Eine Wochenschrift von einem Prediger auf dem Lande, Halle 1782 f.
Bahrdt, K. Fr.: Ausführung des Plans und Zwecks Jesu. In Briefen an Wahrheit suchende Leser, Berlin 1784–1786.

Bahrdt, K. Fr.: Über Aufklärung und die Beförderungsmittel derselben von einer Gesellschaft, Leipzig 1789.

Bastholm, Chr.: Geistliche Reden über wichtige Wahrheiten der Religion Jesu, 2. Th., Copenhagen 1781.

Crusius, Chr. A.: Ausführliche Abhandlung von dem rechten Gebrauche und der Einschränkung des sogenannten Satzes vom Zureichenden oder besser Determinirenden Grunde, 2. Ausg., Leipzig 1766.

Ernesti, J. A.: Erneuerte Schulordnung für die Chursächsischen drey Fürsten- und Landschulen, Meißen, Grimma und Pforta; Evangelische Schulordnungen, hrsg. von Reinhold Vormbaum, Bd. 3, Gütersloh 1864, S. 613—648.

Ernesti, J. A.: Initia doctrinae solidioris, 5. Aufl., Leipzig 1776.

Gellert, Chr. F.: Sämmtliche Schriften, Th. 5, Abhandlungen und Reden, Leipzig 1769; Th. 6 u. 7, Moralische Vorlesungen, hrsg. von I. A. Schlegel und G. L. Heyer, Leipzig 1770.

Herder, J. G.: Sämtliche Werke, hrsg. von Bernhard Suphan, Bd. 5, Berlin 1891.

Hommel, C. F. (Alexander von Joch): Ueber Belohnung und Strafe nach Türkischen Gesezen, Bayreuth/Leipzig 1770.

Jacobi, Fr. H.: David Hume über den Glauben, oder Idealismus und Realismus. Ein Gespräch; Werke, Bd. II, Leipzig 1815.

Jacobi, Fr. H.: Ueber die Lehre des Spinoza, in Briefen an Herrn Moses Mendelssohn; Jacobis Spinozabüchlein. Nebst Replik und Duplik, hrsg. von Fritz Mauthner, München 1912 (Bibliothek der Philosophen Bd. 2).

Kant, I.: Gesammelte Schriften, hrsg. von der Königlich Preußischen Akademie der Wissenschaften, Berlin 1900 ff.

Kierkegaard, S.: Gesammelte Werke, 26. u. 29. Abt., übers. von E. Hirsch, Düsseldorf 1953, 1955.

Klopstock, Fr. G.: Ausgewählte Werke, hrsg. von Karl August Schleiden, Darmstadt 1962.

Leibniz, G. W.: Opera philosophica, instruxit J. G. Erdmann, Berlin 1840, ND Aalen 1959.

Lessing, G. E.: Sämtliche Schriften, hrsg. von Karl Lachmann, 3. Aufl. (besorgt durch Franz Muncker), Stuttgart 1886 ff., ND Berlin 1968.

Pestalozzi, J. H.: Sämtliche Werke, hrsg. von A. Buchenau, E. Spranger, H. Stettbacher, Bd. 2 u. 3, bearb. von G. Stecher, Berlin/Leipzig 1927 f.

Platner, E.: Philosophische Aphorismen nebst einigen Anleitungen zur philosophischen Geschichte, 1. Th., Leipzig 1776, 1784²; 2. Th., Leipzig 1782.

Platner, E.: Ueber den Atheismus. Ein Gespräch, 2. Ausg., Leipzig 1783.

Reinhard, F. V.: Versuch über den Plan, den der Stifter der christlichen Religion zum Besten der Menschen entwarf. Ein Beytrag zu den Beweisen für die Wahrheit dieser Religion, 2. vermehrte und verbesserte Aufl., Wittenberg/Zerbst 1784.

Rousseau, J.-J.: Œuvres complètes, Édition Hachette, Paris 1909 ff.

Salzmann, Chr. G.: Moralisches Elementarbuch, nebst einer Anleitung zum nützlichen Gebrauch desselben, Th. 1, Leipzig 1782.

Salzmann, Chr. G.: Carl von Carlsberg oder über das menschliche Elend, 2. Aufl., Carlsruhe 1789.

Semler, J. Sal.: Beantwortung der Fragmente eines Ungenannten insbesondere vom Zweck Jesu und seiner Jünger, Halle 1779.

Semler, J. Sal.: Über historische, gesellschaftliche und moralische Religion, Leipzig 1786.

Spalding, J. Joach.: Betrachtung über die Bestimmung des Menschen, 3. u. vermehrte Aufl., Berlin 1749.

Spalding, J. Joach.: Gedanken über den Werth der Gefühle in dem Christenthum, 2. Aufl., Leipzig 1764.

Spalding, J. Joach.: Vertraute Briefe die Religion betreffend, 2. Aufl., Breslau 1785.

Teller, W. Abr.: Die Religion der Vollkommnern, 2. Aufl., Berlin 1793.

Weißhuhn, Fr. A.: Ueber die Schulpforte. Nebst einigen vorläufigen Betrachtungen über die Schulerziehung überhaupt, Berlin 1786.

## 2. Literatur

a) Schriften über Fichte

Bergmann, Ernst: J. G. Fichte. Der Erzieher, 2. erhebl. vermehrte Aufl., Leipzig 1928 (Die großen Erzieher. Ihre Persönlichkeit und ihre Systeme, hrsg. von Rudolf Lehmann, Bd. XI).

Büchsel, Friedrich: Zur Lebensgeschichte Fichtes in seinen Kandidatenjahren, Beiträge zur Philosophie des Deutschen Idealismus, Bd. 2, Erfurt 1921/22, H. 2, S. 37—39.

Coreth, Emmerich: Vom Ich zum absoluten Sein. Zur Entwicklung der Gotteslehre Fichtes, Zeitschrift für katholische Theologie 59, 1957, S. 257—303.

Drechsler, Julius: Fichtes Lehre vom Bild, Stuttgart 1925.

Fichte, Immanuel Hermann: Johann Gottlieb Fichte's Leben und literarischer Briefwechsel, 1. Theil, 2. sehr vermehrte und verbesserte Aufl., Leipzig 1862.

Fischer, Kuno: Fichtes Leben, Werke und Lehre, Geschichte der neuern Philosophie, Bd. 6, 4. Aufl., Heidelberg 1914.

Gelpcke, Ernst: Fichte und die Gedankenwelt des Sturm und Drang. Eine ideengeschichtliche Untersuchung zur Ergründung der Wurzeln des deutschen Idealismus, Leipzig 1928.

Gliwitzky, Johann M. W.: Die Fortentwicklung des Kantischen Freiheitsbegriffs in der Fichteschen Philosophie bis zur „Grundlage der gesamten Wissenschaftslehre" von 1794, Phil. Diss. München 1965.

Gogarten, Friedrich: Fichte als religiöser Denker, Jena 1914.

Gurwitsch, Georg: Kant und Fichte als Rousseau-Interpreten, Kantstudien 27, 1922, S. 138—164.

Gurwitsch, Georg: Fichtes System der konkreten Ethik, Tübingen 1924.

Heimsoeth, Heinz: Fichte; Geschichte der Philosophie in Einzeldarstellungen, Abt. VII. Die Philosophie der neuesten Zeit I, Bd. 29, München 1923.

Henrich, Dieter: Fichtes ursprüngliche Einsicht; Subjektivität und Metaphysik. Festschrift für Wolfgang Cramer, hrsg. von Dieter Henrich und Hans Wagner, Frankfurt a. M. 1966, S. 188—232.

Hirsch, Emanuel: Fichtes Religionsphilosophie im Rahmen der philosophischen Gesamtentwicklung Fichtes, Göttingen 1914.

Hirsch, Emanuel: Christentum und Geschichte in Fichtes Philosophie, Tübingen 1920.

Hirsch, Emanuel: Fichtes Gotteslehre 1794—1802, Die idealistische Philosophie und das Christentum. Gesammelte Aufsätze, Studien des apologetischen Seminars Wernigerode, H. 14, Gütersloh 1926, S. 140—307.

Hirsch, Emanuel: Besprechung von Ernst Gelpcke: Fichte und die Gedankenwelt des Sturm und Drang, Leipzig 1928; Max Wundt: Johann Gottlieb Fichte, Stuttgart 1927, und ders.: Fichte-Forschungen, Stuttgart 1929, Theologische Literaturzeitung, 54, 1929, Nr. 14, Sp. 313—323.

Hirsch, Emanuel: Fichtes, Schleiermachers und Hegels Verhältnis zur Reformation, Göttingen 1930.

Kabitz, Willy: Studien zur Entwicklungsgeschichte der Fichteschen Wissenschaftslehre aus der Kantischen Philosophie, Berlin 1902.

Kroner, Richard: Von Kant bis Hegel, Bd. 1, Tübingen 1921.

Lask, Emil: Fichtes Idealismus und die Geschichte, Tübingen 1914.

Lauth, Reinhardt: Zur Idee der Transzendentalphilosophie, München/Salzburg 1965.

Léon, Xavier: Fichte et son temps, tome I, Paris 1922.

Löwe, Johann Heinrich: Die Philosophie Fichtes nach dem Gesamtergebnis ihrer Entwicklung, Stuttgart 1862.

Medicus, Fritz: J. G. Fichte. Dreizehn Vorlesungen, Berlin 1905.

Medicus, Fritz: Fichtes Leben, 2. Aufl., Leipzig 1922.

Messer, August: Fichtes religiöse Weltanschauung, Stuttgart 1923.

Noack, Ludwig: Johann Gottlieb Fichte nach seinem Leben, Lehren und Wirken, Leipzig 1862.

Nohl, Herman: Miscellen zu Fichtes Entwicklungsgeschichte und Biographie, Kantstudien 16, 1911, S. 373—381.

Offermann, Josef: Das Element des Politisch-Religiösen in seiner Grundbedeutung für das Pädagogische im Werke von Pestalozzi und Fichte, Phil. Diss. Köln; Kölner Arbeiten zur Pädagogik, hrsg. von Julius Drechsler, Ratingen o. J.

Ritzel, Wolfgang: Fichtes Religionsphilosophie, Stuttgart 1956.

Schindler, Ingrid: Reflexion und Bildung in Fichtes Wissenschaftslehre. Versuch einer Herausarbeitung systematischer Grundstrukturen der Pädagogik, Phil. Diss. Bonn 1962.

Scholz, Heinrich: Fichte als Erzieher, Kantstudien 19, 1914, S. 146—181.

Schütte, Hans Walter: Lagarde und Fichte. Die verborgenen spekulativen Voraussetzungen des Christentumsverständnisses Paul de Lagardes, Gütersloh 1965.

Schuffenhauer, Heinz: Die Pädagogik Johann Gottlieb Fichtes in ihren gesellschaftlichen und philosophischen Bezügen, Habilitationsschrift, Humboldt-Universität Berlin 1962.

Schulz, Hans: Johann Gottlieb Fichte als Hauslehrer, Pädagogisches Magazin, H. 709, Langensalza 1919.

Schurr, Johannes: Gewißheit und Erziehung. Versuch einer Grundlegung der Erziehungslehre Fichtes nach Prinzipien der Wissenschaftslehre, Phil. Diss. Köln; Kölner Arbeiten zur Pädagogik, hrsg. von Julius Drechsler, Ratingen 1965.

Steinbeck, Wolfram: Das Bild des Menschen in der Philosophie Johann Gottlieb Fichtes. Untersuchungen über Persönlichkeit und Nation, München 1939.

Streisand, Joachim: Fichte und die Geschichte der deutschen Nation; Wissen und Gewissen. Beiträge zum 200. Geburtstag Johann Gottlieb Fichtes, hrsg, von Manfred Buhr, Berlin 1962.

Vogel, Paul: Fichtes philosophisch-pädagogische Ansichten in ihrem Verhältnis zu Pestalozzi, Langensalza 1907.

Wallner, Nico: Fichte als politischer Denker. Werden und Wesen seiner Gedanken über den Staat, Halle 1926.

Weischedel, Wilhelm: Der Aufbruch der Freiheit zur Gemeinschaft. Studien zur Philosophie des jungen Fichte, Leipzig 1939.

Wenke, Hans: Johann Gottlieb Fichte; Schulpforte und das deutsche Geistesleben. Lebensbilder alter Pförtner. Almae Matri Portae zum 21. Mai 1943 gewidmet, hrsg. von Hans Gehrig, Darmstadt 1943, S. 38—46.

Wenke, Hans: Schule und Leben. Eine Würdigung des Pförtners Alumnus Johann Gottlieb Fichte, Zeitschrift für Pädagogik, 8, 1962, S. 233—252.

Wundt, Max: Fichte und Klopstock. Zur Frage der Entstehung des völkischen Gedankens bei Fichte, Beiträge zur Philosophie des Deutschen Idealismus, Bd. 2, Erfurt 1921 f., H. 1, S. 40—42.

Wundt, Max: Johann Gottlieb Fichte, Stuttgart 1927 (Frommanns Klassiker der Philosophie 28).

Wundt, Max: Fichte-Forschungen, Stuttgart 1929.

b) Sonst benutzte Literatur

Aner, Karl: Die Theologie der Lessingzeit, Halle 1929.

Bohatec, Josef: Die Religionsphilosophie Kants in der „Religion innerhalb der Grenzen der bloßen Vernunft". Mit besonderer Berücksichtigung ihrer theologisch-dogmatischen Quellen, Hamburg 1938.

Delekat, Friedrich: Immanuel Kant. Historisch-kritische Interpretation der Hauptschriften, Heidelberg 1963.

Dilthey, Wilhelm: Das Erlebnis und die Dichtung. Lessing. Goethe. Novalis. Hölderlin, 6. Aufl., Leipzig/Berlin 1919.

Hazard, Paul: Die Herrschaft der Vernunft. Das europäische Denken im 18. Jahrhundert, deutsch Hamburg 1949.

Hirsch, Emanuel: Die Reich-Gottes-Begriffe des neueren europäischen Denkens, Göttingen 1921.

Hirsch, Emanuel: Geschichte der neuern evangelischen Theologie im Zusammenhang mit den allgemeinen Bewegungen des europäischen Denkens, 2. Aufl., Gütersloh 1960.

Hofmann, Rudolf: Artikel „Accomodation", Realenzyklopädie für protestantische Theologie und Kirche, 3. Aufl., Leipzig 1896 ff., Bd. 1, S. 127—130.

Hürlimann, Martin: Die Aufklärung in Zürich. Die Entwicklung des Zürcher Protestantismus im 18. Jahrhundert, Leipzig 1924.

Korff, Hermann August: Geist der Goethezeit. Versuch einer ideellen Entwicklung der klassisch-romantischen Literaturgeschichte, I. Teil, Sturm und Drang, 7. Aufl., Leipzig 1964.

Krauss, Werner: Studien zur deutschen und französischen Aufklärung, Berlin 1963.

Leisegang, Hans: Lessings Weltanschauung, Leipzig 1931.

May, Kurt: Das Weltbild in Gellerts Dichtung, Deutsche Forschungen 21, Frankfurt a. M. 1928.

Paton, H. J.: Der kategorische Imperativ. Eine Untersuchung über Kants Moralphilosophie, deutsch Berlin 1962.

Pons, Georges: Gotthold Ephraim Lessing et le Christianisme, Paris 1964.

Rang, Martin: Rousseaus Lehre vom Menschen, 2. Aufl., Göttingen 1965.

Ravier, A.: L'Éducation de l'homme nouveau. Essai historique et critique sur le livre de l'Émile de J.-J. Rousseau, Bd. 2, Lyon 1941.

Ritzel, Wolfgang: Gotthold Ephraim Lessing, Stuttgart - Berlin - Köln - Mainz 1966.

Schmidt, Erich: Lessing. Geschichte seines Lebens und seiner Schriften. 2. Bd., 4. Aufl., Berlin 1929.

Schneider, Ferdinand-Josef: Die deutsche Dichtung der Geniezeit, Stuttgart 1952.

Schneider, Johannes: Lessings Stellung zur Theologie vor der Herausgabe der Wolfenbütteler Fragmente, Diss. Amsterdam 1953.

Schrempf, Christoph: Lessing als Philosoph, 2. Aufl., Stuttgart 1921.

Stein, Arthur: Pestalozzi und die Kantische Philosophie; Heidelberger Abhandlungen zur Philosophie und ihrer Geschichte, hrsg. von E. Hoffmann und H. Rickert, 12, Tübingen 1927.

Thielicke, Helmut: Offenbarung, Vernunft und Existenz. Studien zur Religionsphilosophie Lessings, 4. Aufl., Gütersloh 1957.

Tscharnack, Leopold: Lessing und Semler. Ein Beitrag zur Entstehungsgeschichte des Rationalismus und der kritischen Theologie, Gießen 1905.

Wernle, Paul: Der schweizerische Protestantismus im XVIII. Jahrhundert, 3. Bd., Tübingen 1925.

Wiliams, T. C.: The Concept of the Categorical Imperative. A Study of the Place of the Categorical Imperative in Kant's Ethical Theory, Oxford 1968.

Wundt, Max: Die deutsche Schulphilosophie im Zeitalter der Aufklärung; Heidelberger Abhandlungen zur Philosophie und ihrer Geschichte, hrsg. von August Faust und Hermann Glockner, Tübingen 1945.

# REGISTER

# Theologische Bibliothek Töpelmann

Nachgelassene Reden und Aufsätze. Von J. SCHNIEWIND. Mit einem Vorwort von G. HEINZELMANN hrsg. von E. KÄHLER. VI, 207 S. 1952. DM 16,— (Heft 1)

Die Gestalt Simsons bei Luther. Eine Studie zur Bibelauslegung. Von R. HERR-MANN. 30 S. 1952. DM 3,80 (Heft 2)

Sakrament nach Luther. Von E. ROTH. 38 S. 1952. DM 4,50 (Heft 3)

Natürliches und gepredigtes Gesetz bei Luther. Eine Studie zur Frage nach der Einheit der Gesetzesauffassung Luthers mit besonderer Berücksichtigung seiner Auseinandersetzung mit den Antimonern. Von M. SCHLOEMANN. VII, 137 S. 1961. DM 16,— (Heft 4)

Über den Glaubenswechsel in der Geschichte des Christentums. Von K. ALAND. 147 S. 1961. DM 12,— (Heft 5)

Die Botschaft des Thomas-Evangeliums. Von E. HAENCHEN. 76 S. 1961. DM 7,80 (Heft 6)

Das Heil des Menschen und sein Traum vom Geist. Ferdinand Ebner, ein Denker in der Kategorie der Begegnung. Von TH. SCHLEIERMACHER. XII, 189 S. 1962. DM 24,— (Heft 7)

Schleiermachers Christliche Sittenlehre im Zusammenhang seines philosophisch-theologischen Systems. Von H. J. BIRKNER. 159 S. 1964. DM 22,— (Heft 8)

Die philosophischen Wurzeln der Theologie Albrecht Ritschls. Ein Beitrag zum Problem des Verständnisses von Theologie und Philosophie im 19. Jahrhundert. Von P. WRZECIONKO. 264 S. 1964. Lwd. DM 36,— (Band 9)

Luthers Konzilsidee in ihrer historischen Bedingtheit und ihrem reformatorischen Neuansatz. Von CH. TECKLENBURG JOHNS. 214 S. 1966. Lwd. DM 28,— (Band 10)

Der Begriff der Freiheit im Neuen Testament. Von K. NIEDERWIMMER. VIII, 240 S. 1966. Lwd. DM 48,— (Band 11)

Gott existiert. Eine dogmatische Studie. Von C.-H. RATSCHOW. 2. Aufl. IV, 87 S. 1968. DM 12,— (Heft 12)

Das Evangelium und der Zwang der Wohlstandskultur. Von W. TRILLHAAS. VIII, 82 S. 1966. DM 12,— (Heft 13)

Thesen und Thesenanschlag Luthers. Geschehen und Bedeutung. Von H. BORN-KAMM. VIII, 70 S. 1967. DM 6,80 (Heft 14)

Religion und Christentum in der Theologie Rudolf Ottos. Von H.-W. SCHÜTTE. VIII, 160 S. 1969. Lwd. DM 28,— (Band 15)

Schleiermachers Einleitung in die Glaubenslehre. Eine Untersuchung der „Lehnsätze". Von D. OFFERMANN. VIII, 342 S. 1969. Lwd. DM 58,— (Band 16)

Das Skandalon als Grundlagenproblem der Dogmatik. Eine Auseinandersetzung mit Karl Barth. Von H. BINTZ. VIII, 163 S. 1969. Lwd. DM 32,— (Band 17)

Walter de Gruyter & Co · Berlin 30

HJALMAR SUNDÉN

## Die Religion und die Rollen

Eine psychologische Untersuchung der Frömmigkeit
Groß-Oktav. VIII, 451 Seiten. 1966. Ganzleinen DM 68,—


## Der christliche Glaube und die Religionen

Hauptvorträge des Evangelischen Theologen-Kongresses
Wien 26.—30. September 1966
Herausgegeben von CARL HEINZ RATSCHOW
Groß-Oktav. II, 128 Seiten. 1967. DM 12,—


EMANUEL HIRSCH

## Hauptfragen
## christlicher Religionsphilosophie

Oktav. VIII, 405 Seiten. 1964. Ganzleinen DM 19,80
(Die kleinen de-Gruyter-Bände 5)


GÜNTER KEHRER

## Religionssoziologie

Klein-Oktav. 158 Seiten. 1968. DM 3,60
(Sammlung Göschen Band 1228)


## Beiträge zur Theorie
## des neuzeitlichen Christentums

WOLFGANG TRILLHAAS zum 65. Geburtstag
herausgegeben von HANS-JOACHIM BIRKNER und DIETRICH RÖSSLER
Groß-Oktav. VIII, 142 Seiten. 1968. Ganzleinen DM 28,—


Walter de Gruyter & Co · Berlin 30

# Johann Gottlieb Fichte
## Sämmtliche Werke

Herausgegeben von I. H. FICHTE

8 Bände. 1845/1846.
Oktav. Nachdruck 1965/1966.
Ganzleinen DM 340,—

## Nachgelassene Werke

Herausgegeben von I. H. FICHTE

3 Bände. 1834/1835.
Oktav. Photomechanischer Nachdruck 1962.
Ganzleinen DM 108,—

FRIEDRICH SCHLEIERMACHER

# Kleine Schriften und Predigten

Herausgegeben von HAYO GERDES und EMANUEL HIRSCH
3 Bände. Groß-Oktav

### Theologische Aufsätze und Predigten des jungen Schleiermacher

Bearbeitet von HAYO GERDES
Etwa 400 Seiten. 1969. Englische Broschur etwa DM 32,—
Ganzleinen etwa DM 42,— (Band I)

### Schriften zur Kirchen- und Bekenntnisfrage

Bearbeitet von HAYO GERDES
306 Seiten. 1969. Englische Broschur DM 28,—
Ganzleinen DM 36,— (Band II)

### Dogmatische Predigten der Reifezeit

Ausgewählt und erläutert von EMANUEL HIRSCH
406 Seiten. 1969. Englische Broschur DM 32,—
Ganzleinen DM 42,— (Band III)

# Kants Werke
## Akademie-Textausgabe

Unveränderter photomechanischer Abdruck des Textes der von der Preußischen
Akademie der Wissenschaften 1902 begonnenen Ausgabe
von Kants Gesammelten Schriften.
9 Bände. Kunststoff kaschiert DM 88,20.
Rund 4370 Seiten. 1968. Einzeln je Band DM 9,80

# Walter de Gruyter & Co · Berlin 30

## Evangelische Religionspädagogik

Von HELLMUTH KITTEL
Oktav. Etwa 460 Seiten. 1969. Gebunden etwa DM 32,—

## Religionsphänomenologie

Von GEO WIDENGREN
Oktav. XVI, 685 Seiten. 1969. Gebunden DM 38,—

## Neutestamentliche Zeitgeschichte

Die biblische Welt 500 v.—100 n. Chr.
Von BO REICKE
2., verbesserte Auflage. Oktav. VIII, 257 Seiten. Mit 5 Karten. 1968.
Gebunden DM 28,—
*(Bisher Sammlung Töpelmann Reihe II Band 2)*

## Der Weg Jesu

Eine Erklärung des Markus-Evangeliums
und der kanonischen Parallelen
Von ERNST HAENCHEN
2., durchgesehene und verbesserte Auflage. Oktav. XVI, 594 Seiten. 1968.
Gebunden DM 32,—
*(Bisher Sammlung Töpelmann Reihe II Band 6)*

## Geschichte der israelitischen Religion

Von GEORG FOHRER
Oktav. XVI, 435 Seiten. 1969. Gebunden DM 32,—

## Walter de Gruyter & Co · Berlin 30